INTERPRETAÇÃO E CURA

V ENCONTRO PSICANALÍTICO DA
TEORIA DOS CAMPOS POR ESCRITO

Leda Herrmann
Leda Maria Codeço Barone
(Coordenadoras)

Alice Paes de Barros Arruda
Ana Cristina Cintra Camargo
Fernanda Sofio
Maria da Penha Zabani Lanzoni
Ricardo Gomides Santos
Sandra R. Moreira de Souza Freitas
(Organizadores)

Interpretação e Cura

V Encontro Psicanalítico da
Teoria dos Campos por Escrito

Teoria dos Campos
Coleção Psicanalítica
Dirigida por Leda Herrmann

© 2010 Casapsi Livraria e Editora Ltda.
É proibida a reprodução total ou parcial desta publicação, para qualquer finalidade, sem autorização por escrito dos editores.

1ª Edição
2010

Editores
Ingo Bernd Güntert e Juliana de Villemor A. Güntert

Assistente Editorial
Aparecida Ferraz da Silva

Projeto Gráfico e Capa
Renata Vieira Nunes

Imagem da Capa
Fabio Herrmann

Editoração Eletrônica
Sergio Gzeschenik

Produção Gráfica
Fabio Alves Melo

Preparação de Original
Maria A. M. Bessana

Revisão
Flavia Okumura Bortolon

Dados Internacionais de Catalogação na Publicação (CIP)
(Câmara Brasileira do Livro, SP, Brasil)

Encontro Psicanalítico da Teoria dos Campos por Escrito (5. : 2010 : São Paulo)

    Interpretação e cura / Leda Herrmann, Leda Maria Codeço Barone, coordenadoras ; Alice Paes de Barros Arruda... [et al.]. -- São Paulo : Casa do Psicológo®, 2010. -- (Coleção psicanalítica. Teoria dos campos / dirigida por Leda Herrmann)

Vários autores.
    Outros organizadores: Ana Cristina Cintra Camargo, Fernanda Sofio, Maria da Penha Zabani Lanzoni, Ricardo Gomides Santos, Sandra R. Moreira de Souza Freitas.
    Bibliografia.
    ISBN 978-85-62553-53-0

1. Psicanálise - Teoria, métodos etc. 2. Psicologia clínica 3. Teoria dos campos (Psicologia social) I. Herrmann, Leda. II. Barone, Leda Maria Codeço. III. Arruda, Alice Paes de Barros. IV. Camargo, Ana Cristina Cintra. V. Sofio, Fernanda. VI. Lanzoni, Maria da Penha Zabani. VII. Santos, Ricardo Gomides. VIII. Freitas, Sandra R. Moreira de Souza. IX. Título. X. Série.

10-08238   CDD-150.19501

Índices para catálogo sistemático:
1. Psicanálise : Clínica extensa : Psicologia 150.19501
2. Teoria dos campos : Psicanálise : Psicologia 150.19501

Impresso no Brasil
Printed in Brazil

Reservados todos os direitos de publicação em língua portuguesa à

Casapsi Livraria e Editora Ltda.
Rua Santo Antônio, 1010
Jardim México • CEP 13253-400
Itatiba/SP – Brasil
Tel. Fax: (11) 4524-6997
www.casadopsicologo.com.br

Sumário

Prefácio 9
Leda Herrmann

PARTE 1
A EXTENSÃO DA CLÍNICA 13

Capítulo 1
INSTALAÇÃO DE REDE DE ÁGUA E ESGOTO NA FAVELA DA LINHA:
ANÁLISE DE UM PACIENTE DIFÍCIL 15
Ana Cristina Cintra Camargo

Capítulo 2
EXTENSÃO DA CLÍNICA E CLÍNICA EXTENSA: UM VÔO SOBRE
AS TERRAS DE *URUBUIR* OU A *FICÇÃO NECESSÁRIA*................23
Maria Lúcia Castilho Romera

Capítulo 3
A CLÍNICA EXTENSA: OS TRANSTORNOS ALIMENTARES
E A PSICANÁLISE 35
Marina R. Miranda

Capítulo 4
ACOMPANHANDO A LOUCURA: INTERPRETAÇÕES DO COTIDIANO 45
Ricardo Gomides Santos

Capítulo 5
TEORIA DOS CAMPOS E PESQUISA ACADÊMICA 57
José Juliano Cedaro

Capítulo 6
VAN GOGH: UMA INTERPRETAÇÃO DA LOUCURA 71
Luciana Bertini Godoy

Capítulo 7
LITERATURA E RUPTURA DE CAMPO: A FUNÇÃO TERAPÊUTICA DA
OFICINA DE LEITURA 81
Sonia Saj Porccachia

Capítulo 8
FICÇÃO PSICANALÍTICA: EM BUSCA DE UMA POÉTICA NA CLÍNICA 95
Marcela Maria Borges Leite e Maria Lucia Castilho Romera

Capítulo 9
A EMPRESA FAMILIAR NO DIVÃ: ESTUDO A PARTIR DO MÉTODO
PSICANALÍTICO POR RUPTURA DE CAMPO 109
Maria de Lourdes Carrijo

Capítulo 10
CONFLITOS DE (VARA DE) FAMÍLIA E A ESCUTA ANALÍTICA 125
Claudia Amaral Mello Suannes

PARTE 2
INTERPRETAÇÃO E FICÇÃO 135

Capítulo 1
INTERPRETAÇÃO E FICÇÃO I 137
Ana Maria Loffredo

Capítulo 2
INTERPRETAÇÃO E FICÇÃO II 151
Camila Salles Gonçalves

Capítulo 3
FICÇÃO E INTERPRETAÇÃO NA TEORIA DOS CAMPOS 161
Nelson da Silva Junior

Capítulo 4
SOBRE A LITERATURA DE FICÇÃO COMO REINO ANÁLOGO DA
PSICANÁLISE 171
Fernanda Sofio

Capítulo 5
A TRAMA DAS INTERPRETAÇÕES EM LAVOURA ARCAICA:
LITERATURA E CINEMA 179
Renato C. Tardivo

Capítulo 6
O EROTISMO E O TEMPO 187
Luciana Saddi

Capítulo 7
O CONCEITO DE "INTERPRETAÇÃO" NA OBRA FREUDIANA 197
Ana Carolina Soliva Soria

Capítulo 8
CONSIDERAÇÕES SOBRE A INTERPRETAÇÃO DE TEXTOS
LITERÁRIOS: UMA ESCUTA POSSÍVEL? 209
Débora Ferreira Leite de Moraes

Capítulo 9
HÁ (A) CONJUGALIDADE: DA CLÍNICA DA CULTURA À
CULTURA NA CLÍNICA 223
Andréa Gonçalves Dias

PARTE 3
CURA PSICANALÍTICA 231

Capítulo 1
CURA E INTERPRETAÇÃO EM PSICANÁLISE 233
Christian Ingo Lenz Dunker

Capítulo 2
PSICANÁLISE COMO CIÊNCIA POÉTICA: INTERPRETAÇÃO E CURA 255
João A. Frayze-Pereira

Capítulo 3
RECORDAR, HABITAR O ATUAL 265
Osmar Luvison Pinto

Capítulo 4
A ESCUTA NO ACOMPANHAMENTO TERAPÊUTICO (AT) 275
Iso Alberto Ghertman

Capítulo 5
A INTERPRETAÇÃO: UM FAZER PSICANALÍTICO 283
Lourdes Tisuca Yamane

Capítulo 6
CURA, MEDIAÇÃO SIMBÓLICA, NUTRIÇÃO PSÍQUICA
(UMA FORMA CONTORNA O CAOS) 291
Luís Henrique de Oliveira Daló

Capítulo 7
HERRMANN E O OLHAR DO COTIDIANO: SIGNIFICAÇÕES DA
VIOLÊNCIA URBANA SOB O ENFOQUE PSICANALÍTICO
HERRMANNIANO 307
Letícia Francisca Alves da Silva

Capítulo 8
A INTERPRETAÇÃO EM QUESTÃO: RESSONÂNCIAS ENTRE A TEORIA
DOS CAMPOS E O ANTI-ÉDIPO DE DELEUZE E GUATTARI 319
Aline Sanches

PARTE 4
HOMEM PSICANALÍTICO EM FREUD E HERRMANN 333

Capítulo 1
O HOMEM PSICANALÍTICO NA CONCEPÇÃO FREUDIANA 335
Cecilia Maria de Brito Orsini

Capítulo 2
HOMEM PSICANALÍTICO 351
Marilsa Taffarel

SOBRE OS AUTORES 361

PREFÁCIO

O tema escolhido para o V Encontro Psicanalítico da Teoria dos Campos, o primeiro realizado sem a presença do fundador desse pensamento, Fabio Herrmann, remete-nos à confluência específica de nossa ciência psicanalítica – nas palavras de Freud, a conjugação inusual entre investigação e cura[1]. Daí a escolha da epígrafe para o programa do Encontro:

> *Interpretar: dar condições a que surja, para, logo então, tomar em consideração. (...) Por isso, o método Psicanalítico não só produz conhecimento, mas eficácia de cura. Leva à humanização.*
>
> Fabio Herrmann[2]

---

[1] Freud, S. (1924). Short account of psycho-analysis, Standard Edition. London: The Hogarth Press, vol. XIX, 1973, p. 194.
[2] Cf. A supervisão vista de baixo. Jornal de Psicanálise, vol. 34, n° 62/63, 2001, p. 124 e 134.

Tal confluência exige penetrarmos as entranhas de nosso método de conhecimento e seu procedimento de cura, a interpretação por ruptura de campo. Muito dessa tarefa cumpriu-se nas apresentações dos trabalhos levados às mesas-redondas e às sessões de temas livres do Encontro que ora se reproduzem neste livro.

No entanto, valem a pena algumas considerações sobre o essencial do método psicanalítico de descoberta da verdade psíquica (investigação) que só se dá em sua ação de cura (o processo interpretativo específico da Psicanálise).

Em um texto inédito, *Da clínica extensa à alta teoria. Meditações clínicas*, Fabio Herrmann argumenta que quando Freud inventou o tratamento psicanalítico tentava explicar para o paciente o que ele não entendia do próprio comportamento. Encontrou a possibilidade dessa compreensão no procedimento de solicitar ao paciente associações livres. Entendendo que o paciente transferia à figura do médico suas vivências emocionais com as figuras paternas, a primeira definição estabelecida por Freud para a transferência foi a de se constituir em resistência, tomando-a como ataque às próprias associações do paciente.

Nesse tempo, era natural que a interpretação tomasse a forma da explicação dos processos psíquicos do paciente. A teoria sustentadora dessa concepção da interpretação estava calcada na concepção de se constituir o inconsciente como uma espécie de área que podia ser observada sob certas condições. Se cerceadora na orientação do fazer clínico, havia aqui o toque genial de Freud no tratamento dado ao inconsciente, como parte da realidade, e não como um conjunto de emoções ou sentimentos internos. Nessa ideia, mundo interno *é* mundo externo.

A restrição veio com o desenvolvimento tomado pela concepção de transferência na escola kleiniana. Primeiro, passou a ser entendida como aspecto geral de compreensão da comunicação do paciente, para tornar-se o ponto a ponto a ser trabalhado no tratamento, tendo como orientador a contratransferência do analista. Foi por essa postura de procedimento que os analistas passaram a considerar o inconsciente realidade interna, e não parte da realidade. Deram um passo para trás, acompanhando os gregos que também sabiam da vida das emoções, mas não a relacionavam com a realidade.

A interpretação na Teoria dos Campos, sem ser uma explicação, tem a intenção de ser uma ação no psiquismo para a descoberta da verdade psíquica que sempre está disfarçada, pois encoberta por camadas de seus próprios produtos, as representações rotineiras do homem e de seu mundo. Como processo, o alvo da interpretação é a emersão dos possíveis, na dupla atitude do analista de *deixar que surja* para *tomar em consideração*.

Está aqui compreendida uma volta à ideia freudiana de que a psique não é em si mesma individual ou social, mas designa essas duas categorias. O método interpretativo, criação freudiana, deixando vir à tona verdades psíquicas, pela emersão de outras representações possíveis, funciona operacionalmente como um semeador de *inconscientes relativos* que põe em evidência os suportes absurdos, por não alcançáveis, do campo rompido daquelas representações anteriores no indivíduo, na coletividade, no desenvolvimento da cultura.

Entendida como processo, a interpretação desveste-se de sua roupagem de explicação dos processos mentais do paciente, aproximando-se do fazer artístico no desvelamento dos possíveis sentidos da comunicação do paciente ou da compreensão de algum recorte do real sobre o qual o analista inclina-se – ou trata clinicamente. Estamos aqui em outra vertente que o tema do Encontro nos propicia considerar – a vertente da episteme própria da Psicanálise como um ramo do conhecimento humano. Citando Fabio:

> Sustento que a Psicanálise é uma ciência precisamente por sua raiz ficcional, não apesar dela. (...) Uma ciência que não coleciona fatos e informações, mas que tem na arte da interpretação seu fundamento epistemológico e na expressão literária seu instrumento de reflexão é, nos dias que correm, um canal angusto e turbulento, problemático para a navegação. Epistemologicamente, localizado lá pelos lados do Estreito de Messina, digamos, exatamente entre Cila e Caribdes. Ao tomar as metáforas freudianas literalmente como fatos – e a palavra literal é tão eloquente quanto ambígua no contexto –, a gente cai no cientificismo e morre afogado na praia à procura de evidências; mas ao tomá-las como pura narrativa ficcional, nossa nave soçobra no redemoinho da opinião literária. Estamos em plena travessia da incerteza[3].

A boa companhia de que este autor partilha é o próprio Freud. Peter Gay, em seu ensaio "Sigmund Freud: um alemão e seus dissabores"[4], aponta dois aspectos ressaltados por Freud, no decorrer de seus escritos,

---

[3] Herrmann, F. A travessia da incerteza. Jornal de Psicanálise, 2003, vol. 36, no 66/67, p. 167-194.

[4] In Sigmund Freud e o cabinete do Dr. Lacan. (1989). (Org.), Paulo César Sousa. São Paulo: Brasiliense, p. 1-71.

sobre seu trabalho de pesquisador da alma e de médico das neuroses: a comparação com o trabalho do arqueólogo e com o dos escritores de ficção. À página 28, escreve que Freud

> (...) terminou vendo a psicanálise como uma ciência peculiar que tem, como outras ciências, seu discurso próprio, mas à diferença das outras, deve lançar mão de recursos literários que elucidam suas teorias, ao mesmo tempo que as põem em perigo. Como seus materiais são íntimos, ocultos, difíceis de definir e impossíveis de quantificar, a psicanálise precisa de analogias, de imagens mentais. Podem ser inexatas, mas são indispensáveis.

Ciência e ficção, ciência ficcional, ciência artística. Assim se mostra a Psicanálise, quando tentamos penetrar a afirmação freudiana da conjugação inusual entre investigação e cura.

Leda Herrmann
Maio de 2010

Parte 1
A extensão da clínica

Capítulo 1
INSTALAÇÃO DE REDE DE ÁGUA E ESGOTO NA FAVELA DA LINHA: ANÁLISE DE UM PACIENTE DIFÍCIL[1]

Ana Cristina Cintra Camargo

O ateliê Acaia iniciou suas atividades em fins de 1997 de forma bastante singular. Artista plástica, criadora de esculturas monumentais (notadamente em madeira), Elisa Bracher abriu seu ateliê na Vila Leopoldina para que crianças vizinhas tivessem aulas de marcenaria uma vez por semana. Tendo na mente e na alma o desejo de buscar um país menos cindido, econômica e culturalmente, passou desse modo a desenvolver em seu espaço de trabalho a possibilidade de troca e de recíproco enriquecimento cultural.

As crianças vinham do entorno do Companhia de Entrepostos e Armazéns Gerais de São Paulo (Ceagesp – Ceasa): moradoras de duas

---

[1] Apresentado no V Encontro da Teoria dos Campos, Instituto de Psicologia USP, outubro de 2008.

favelas (da Linha e do Nove), e de um conjunto Cingapura, que estava em construção.

A madeira era bem-vinda aos "dois mundos": matéria-prima das esculturas; matéria de construção de muitos barracos das favelas; e matéria ainda da fabricação de caixas de frutas, verduras e flores para o Ceasa – maior entreposto alimentício da América Latina e, portanto, gerador de empregos na construção de caixas e na carga e descarga de caminhões.

O ateliê funcionou embrionariamente até meados de 2000. Com o aumento do número de crianças, construiu-se uma sede, inaugurada em agosto de 2001.

As atividades oferecidas nasciam da escuta e da observação das crianças. Culinária, para encerrar as atividades com um lanche. Capoeira com um professor que elas mesmas trouxeram. Costura e bordado, para a aproximação com as mães. E, assim, sucessivamente.

Uma grande enchente, em maio de 2005, deu início a uma aproximação mais sistemática com as famílias da Favela da Linha.

Atividades no Cingapura e na Favela do Nove faziam parte também da estratégia de procurar entender o funcionamento, os códigos de convivência e a sobrevivência das pessoas recebidas no ateliê. Atualmente, o Acaia mantém um barraco na Favela do Nove com atividades diárias.

Na Favela da Linha, durante anos procuramos meios junto ao poder público para que os moradores pudessem contar com a implantação de rede de água e esgoto, o que só se tornou possível em virtude de uma ação de usucapião coletivo, que o Acaia propôs em nome da Associação dos Moradores da Favela da Linha. Mediante essa ação, a Sabesp foi intimada a realizar a obra. (A única maneira de a Sabesp entrar em campo: como se trata de uma ocupação irregular, era necessário respaldo jurídico para a realização da obra).

Cabe salientar que esse caminho – que se iniciou com o recebimento de poucas crianças no próprio ateliê de trabalho de Elisa, continuou com a posterior abertura para os adultos, pais, mães e outras pessoas da comunidade, e desembocou no trabalho diretamente nas favelas e no Cingapura – constituiu um percurso necessário, mas de maneira alguma previamente engendrado.

Caminante, no hay camino, se hace camino al andar: Os famosos versos[2] do sevilhano Antonio Machado sinalizam com poética perfeição o

---

[2] Proverbios y cantares. In: Campos de Castilla (1912).

modo de conhecer e entender nosso trabalho de estruturação humana. Teórica e antecipadamente, seria impossível apreender e fazer ganhar sentido a forma de organização das crianças, seus desequilíbrios e desmazelos, criatividade e alegria. Como e onde moram; seus trajetos e medos; de onde vem tanto a vontade de querer o mundo como o desânimo e a força do revés.

Abril de 2008

Dois funcionários da Participação Comunitária da Sabesp comunicam: a obra de implantação da rede de água e esgoto da Favela da Linha – começa amanhã!

Tomemos, agora, esta obra e o que ela envolve como um paciente de difícil manejo.

Era preciso:
- realizá-la em duas etapas (em decorrência da topografia de baixíssima declividade, deveria ter duas caídas);
- enfrentar trechos incrivelmente estreitos, com risco de desabamento dos barracos;
- um trabalho de escavação totalmente manual;
- manter o precário funcionamento da rede de água existente durante a construção da nova rede;
- organizar a população, de modo a obter a concordância de todos para a realização da obra; e
- trabalhar num local dominado pelo tráfico de drogas.

Sabíamos que a obra era desejo da maior parte da população, mas que, em contrapartida, exigia dos moradores um funcionamento que suportasse os transtornos necessários para que as mudanças se efetivassem.

Queriam a obra, mas não queriam caminhar dez minutos a mais com as crianças no colo para dar a volta na favela.

Queriam a rede de esgoto, mas demoravam em construir as caixas de inspeção em frente à sua moradia.

A obra andava vagarosamente, as resistências eram enormes, a abertura da vala deixava à mostra a desestrutura da população.

Cada trecho de seis metros – tamanho dos tubos a serem assentados – significava um sem-fim de conversas, "reuniões", embates e busca de soluções.

Precisávamos estar juntos, "em atendimento", cinco vezes por semana, muitos dias pela manhã e à tarde. Momentos de pura presença, de olhar e acreditar. Horas outras de tensionamento máximo, de repressão física do fluxo das pessoas. Funcionávamos como um "madeirite"/lei, que interditava e possibilitava o andamento da obra: *VIELA INTERROMPIDA*.

Assistíamos os funcionários da Sabesp em suas criativas soluções técnicas para os desvios do caminho, à direita, à esquerda, vazamentos, encanamentos antigos...

Um dia, os convidamos para almoçar na sede do Acaia. O convite, sem que tivéssemos noção ao fazê-lo, embutia duas funções importantes:
- oferecer comida de qualidade para quem realizava uma obra tão difícil e insalubre; e
- colocá-los em contato com as crianças que se beneficiariam com o resultado da obra.

Os meninos do tráfico, por sua vez, deixavam seus recados: a obra dificulta nosso trabalho, fecha o caminho, obstrui a fuga. Tráfico *versus* Tráfego.

A polícia faz semanalmente uma ronda na favela, a segurança dos trabalhadores é delicada. Muitas vezes, não há tempo para pedir que saiam de seus postos.

A obra, a certa altura, foi paralisada sob a alegação de que seu custo era muito elevado, de que seu ritmo era muito lento e, ainda, de que os funcionários corriam riscos..

Conversávamos com as várias instâncias:

Superior (diretoria da Sabesp)	Equipe de trabalho	Parte da população
(Censura-Superego)	(Egoica)	(Parcela instintual)

Buscávamos composições, de modo a dar garantias para a continuidade da obra, o que significava o "*going on being*" do paciente em questão.

Uma reunião no bar central da favela selava o compromisso da população com o andamento dos trabalhos.

Acreditamos que uma moradia digna é um dos responsáveis por uma condição de humanidade. Noções de coletivo e de civilidade tornavam-se paulatinamente mais consistentes.

A retomada da obra encontrou um pouco menos de resistência. A própria favela encontrava elementos para garantir minimamente o trabalho dos funcionários da Sabesp.

Kombosa e dos Santos

A abrupta entrada da coordenadora do Acaia na sala indicava que algo muito sério havia acontecido.

À mão armada – comunicou ela –, assaltantes haviam rendido Carlos, o encarregado da Participação Comunitária, levado a kombi da Sabesp e uma máquina compactadora da empresa terceirizada.

O impacto daquela notícia em si já era enorme, e ganhava maior dimensão num dia em que, horas antes, havíamos acompanhado uma cena de muita engenhosidade na obra. (O encarregado-chefe trabalhara horas para solucionar uma curva do encanamento. Utilizara fogo para derreter e soldar uma peça e conseguira estancar um vazamento que, desde o dia anterior, minava e dificultava o prosseguimento do serviço. Fogo e água: elementos naturais em busca de soluções orgânicas.)

A hora pedia ação e prontamente fomos até a favela, onde observamos e vivemos visceralmente toda ambiguidade envolvida na execução daquele projeto:
- de um lado, a descrença na possibilidade de mudança, que se embasava no viciado terreno do "ruim, mas conhecido" ou do "esse povo não tem jeito": a colocação de todos na engrenagem do favelado;
- de outro, a revolta dos que dia a dia constatavam a secagem do terreno nas imediações de sua casa e anteviam os benefícios que a rede de esgoto traria para sua vida.

Enquanto o tempo e as horas iam passando, as vozes de resistência diminuíam e o que se notava era um envolvimento cada vez maior de todos no acontecimento.

"Isso não poderia ter acontecido!"

O gerente do tráfico foi incisivo:

"A kombosa vai voltar, e sem faltar nenhum parafuso!"

Toda a terminologia usada pelo PCC entrava em cena: salves, disciplina, gerência da zona oeste, fazer valer a lei deles...
Foram dois dias de negociação. O que fora roubado voltava aos poucos. Primeiro, apareceu a máquina compactadora, apelidada de "sapinho".
Sobre a kombi, vinham informações desencontradas. Uns diziam que na manhã do dia seguinte ela estaria na frente da favela, outros que ela já teria ido para algum desmanche.
Tínhamos em mente que a recuperação da kombi era a única possibilidade de todos continuarem ao menos sonhando com a continuidade da obra.
Às 14 horas do dia posterior ao roubo, uma informação:

"A *kombosa* estará às 20 horas no km 39 da Raposo Tavares. Eu bato pra vocês e vocês batem pro funcionário da Sabesp".

O acordo estava implícito. A informação não poderia vazar antes da hora combinada; caso contrário, colocaríamos em risco a segurança e a confiança dos dois lados.
No bairro do Tijuco Preto, distrito de Cotia, a perua foi recuperada. Era possível argumentar a favor da continuidade da obra, responsabilidade, daí em diante, de toda a coletividade.
Ao lidarmos com um "corpo doente", tocar nas partes desestabiliza o funcionamento precário de toda a engrenagem. A favela como um todo, com todas as suas vicissitudes, era o paciente a ser tratado.
Todo o esgoto parado, congestionado, dava-nos a noção do quanto estavam truncadas e doentes as relações. Eram muitos e muitos anos de cuidados paliativos: desentupia-se aqui para jogar um pouco mais adiante o entupimento da favela.
De sintoma em sintoma, trecho a trecho, mexíamos agora no funcionamento global daquela comunidade. Teriam que ceder, fazer concessões e acordos internos para a estabilidade geral.
O trecho mais "doente" da favela, com o esgoto à mostra, bem ao lado do barraco da presidente da Associação dos Moradores, foi percebido pelos funcionários da obra como ponto nodal.
Comandou o encarregado-chefe:

"Estão prontos?" – e com a marreta abriu caminho para que aquela história toda parada ali se esvaísse pela vala central da viela.

Acompanhamos todos: funcionários, vizinhos e nós do Acaia aquele momento crucial do "tratamento". Faces desanuviadas, quase crédulas, experimentavam enfim a possibilidade de sonhar.

"Mãe, você vai ficar com saudade de seu barraco 'cheiroso'!".

A ironia da frase da filha da presidente da Associação dos Moradores nos apontava que muito trabalho ainda estava por acontecer.

Ao, sem querer, descobrir o sobrenome dos três responsáveis pela execução e continuidade dos trabalhos – que outro não poderia ser: dos Santos –, ocorreu-nos o quanto se deve, no chão da obra, a tantas realizações similares.

Não assinado: _____
                    Brasil dos Santos Silva

Capítulo 2
EXTENSÃO DA CLÍNICA E CLÍNICA EXTENSA: UM VÔO SOBRE AS TERRAS DE *URUBUIR* OU A *FICÇÃO NECESSÁRIA*[1]

Maria Lúcia Castilho Romera

I Introdução

A complexidade da inter-relação entre a extensão da clínica e a clínica extensa parece exercer certo fascínio, pois convoca a Ciência Psicanálise a efetivar uma articulação de seu saber com o solo de onde está constantemente saindo, ou seja: a cultura. Tal discussão, além de exigir que se considere o fundamento metodológico de nossa *ciência*

---

[1] Este texto é uma adaptação daquele apresentado, oralmente, no V Encontro da TdC-USP 09/10/2008 na mesa Extensão da Clínica. As palavras em itálico ajudam a autora a estabelecer uma conexão entre Literatura e Psicanálise. A primeira diz respeito a um conto de Guimarães Rosa do livro Primeiras estórias, Nova Fronteira, e as duas outras expressam uma versão ou invenção a partir das inúmeras leituras das ideias de F. Herrmann

artística[2], encontra-se enlaçada com questões da ordem da difusão e da transmissão da Psicanálise e com os impasses que dela advém. Partindo de pesquisa acerca da transmissão-difusão da Psicanálise nos cursos de Psicologia do Brasil Central e, por meio dela a apreensão de um modelo de ensino mais voltado para enquadramentos técnicos, descrever-se-á o percurso para outra forma de inserção desse saber, no universo acadêmico. Um saber em que a condição de des-fazer-se, de transfigurar-se, erige a solidez de seus achados, em meio aos perdidos! Nessa perspectiva, o modelo metodológico interpretativo por ruptura de campo, no sentido delineado por Fabio Herrmann, lança outra modalidade de inter-relação entre o saber que interroga (teoria) e o saber da interrogação (método).

Neste trabalho, procurar-se-á demonstrar uma particular forma do pensamento veiculado pela Teoria dos Campos entrar no Triângulo Mineiro, mais especificamente, no âmbito da universidade, essa *extensão* possível de *habitat* da Psicanálise. O movimento a ser problematizado é o da extensão da Clínica ou da Psicanálise. Esta mais frequentemente circunscrita como ofício teórico-prático, fundamentado em si mesmo, raramente pode ser reconhecida como a Ciência que é.

Pretende-se refletir sobre aspectos fundamentais das ideias formuladas por Fabio Herrmann, particularmente nos textos A *travessia da incerteza* (2003) e *Clínica extensa* (2005), articulando-as com um modo psicanalítico ou interpretativo de fomentar descobertas relativas à psique, a partir do campo imantado ou inconsciente, no âmbito acadêmico.

Breve apresentação do fundamento – uma ciência cuja raiz é ficcional

Basta entrar numa sala de aula que a gente percebe. Para organizar qualquer coisa precisa de trabalho, gasta energia, para desorganizar não. Bom! Isso não dá para intuir, isso dá para sair por fórmulas matemáticas (referindo-se ao II principio da termodinâmica que trata da entropia do universo)... No caso da Psicanálise... desde o começo, eu pensei assim: mas espera um

---

[2] Fabio Herrmann faz referência à ciência artística quando em Travessia da incerteza (sobre a clínica extensa no consultório) alerta para os riscos das tentativas desesperadas dos analistas em provarem a cientificidade da Psicanálise com base nas ciências naturais ou hard sciences (2003, p. 175).

pouco, não dá... não é possível que a Psicanálise, o método da Psicanálise seja simplesmente eu escutar a Maria Lúcia e ser muito simpático e bonzinho e com isso ela se cura. Não pode ser assim, se for assim não me interessa a Psicanálise e eu vou fazer qualquer coisa, outra coisa na vida. Não, ela tem que ter uma ciência de base que a fundamenta e tem mesmo; tanto que quando a gente faz as coisas muito, às vezes, muito simpático, legal, a gente não consegue resultado algum. Precisa fazer de outro jeito que só a ciência Psicanálise explica. Isto é verdade no consultório. No consultório, no entanto, já existe uma prática, um hábito. Todo mundo já sabe mais ou menos como fazer, ou melhor, ninguém sabe como fazer. Mas... repete, mas... imagina que sabe porque alguém o ensinou. Ensinou repetindo, dando uma espécie de receita que a pessoa repete depois. Como você fica muito tempo com o paciente no consultório, sem perceber, isso foi um dos meus primeiros achados com a Teoria do Campos, você acaba produzindo o que nós chamamos de ruptura de campo sem ter a menor ideia do porque você está fazendo. Acontece que quando a gente sai dessa situação fechada do consultório e entra em qualquer situação de extensão, isso que eu tenho chamado de clínica extensa, as receitas vão para o espaço. Você teve a oportunidade de ver no teu trabalho, sua dissertação (referindo-se à dissertação que havia arguido momentos antes). Porque aí não tem receita muito boa... Ninguém sabe ensinar direito como é que faz. E é nesse ponto em que nós entramos na Clínica Extensa. Quer dizer nós precisamos voltar à ciência da Psicanálise, a qual eu chamo de Alta Teoria, para poder fazer as operações aparentemente mais simples em psicanálise (informação verbal)[3].

A extensão da clínica – até onde podemos chegar ou de onde partimos

O tema proposto, A Extensão da Clínica, me é caro! Caro e trabalhoso! Há quase duas décadas venho me envolvendo direta ou indiretamente nessa questão. O trabalho do ensino da Psicanálise nos cursos de Psicologia foi tema de meu doutoramento[4] e é a partir dele

---

[3] Trecho extraído da gravação da Palestra de Fabio Herrmann proferida no Evento "Clínica Extensa e Função Terapêutica" em Uberlândia/MG em 30/04/2005. Texto inédito.
[4] Tese de doutorado intitulada "Transmissão – Difusão da Psicanálise: Considerações a partir do delineamento de sua presença nos cursos de Psicologia da região do Triângulo Mineiro – Brasil Central", defendida na USP em 1993 e publicada em forma de artigo intitulado

que sou afetada pela extensão da clínica. Esta atinge e é atingida pelo ensino e pela transmissão da Psicanálise.

Não se pode negar a existência de uma ampliação do ensino da Psicanálise desde os primeiros movimentos de difusão dos conhecimentos do próprio Freud, à época, mais restrito a alguns poucos discípulos. Desse fato derivou o que Aulagnier (1986) chama ensino "aberto" de Psicanálise. Esse fenômeno, para cuja existência contribuíram os próprios psicanalistas, implica riscos de deformação e simplificação e, pela implicação teórica, de desnaturação da Psicanálise.

Entretanto, se a partir de ampla difusão corre-se o risco de vulgarização e desvirtuamento, outra ordem de risco apresenta-se, que é o de enclausuramento do conhecimento psicanalítico, ao se negligenciar a dimensão interprofissional ou intertextual necessária à construção de um saber.

Uma ampliação da difusão e da efetivação da Psicanálise se dá na Universidade. Com Herrmann (2001), poderemos tentar demonstrar que a integração entre elas, ou entre a Clínica e a Teoria, se dá por intermédio de uma postura metodológica interpretativa. Esse autor afirma: "A aplicação da psicanálise dentro da Universidade, como método de investigação, é natural" (Herrmann, 2001, p. 162).

Para ele, o problema surge

(...) sempre que se confunde o estudo da psicanálise com a formação psicanalítica. A formação clínica do psicanalista, tal qual se estabeleceu tradicionalmente na IPA, não é função que se possa cumprir na Universidade. Quando se confunde psicanálise com terapia psicanalítica, quando se confunde clínica de divã com o método da psicanálise, não há espaço para integração psicanálise e Universidade. (Herrmann, 2001, p. 164)

Relativamente à mesma questão, em outras circunstâncias, o autor expressa de forma contundente:

Sustento que a Psicanálise é uma ciência precisamente por sua raiz ficcional, não apesar dela. (...) Uma ciência que não coleciona fatos e informações, mas que tem na arte da interpretação seu fundamento epistemológico e na expressão literária seu instrumento de reflexão, é, nos dias que correm, um

---

"Ensino-Transmissão da Psicanálise: Ser ou não Ser... Algo mais?!" no Jornal de Psicanálise 27(51): 11-123, jul, 1994.

canal angusto e turbulento, problemático para navegação. Epistemologicamente, localizado lá pelos lados estreitos de Messina, digamos, exatamente entre Cila e Caríbdes[5]. (...) estamos em plena travessia da incerteza (Herrmann, 2003, p. 175).

Em momento algum a relação da Psicanálise com a Universidade foi simples. Os herdeiros do pensamento freudiano parecem ter construído um tipo de intersecção Psicanálise-Universidade que poderia ser descrita como uma ausência-presença. Esse espaço não seria propriamente um mau lugar já que a Psicanálise se alicerça numa certa posição de deslocamentos dos lugares preestabelecidos. Entretanto, a importação do modelo de transmissão da Psicanálise, considerado padrão nas Sociedades Psicanalíticas para dentro da Universidade[6] e que, em geral, não é assumido e reconhecido, pode trazer sérios prejuízos. Considerar o que se faz não sendo Psicanálise porque não atende aos requisitos exigidos em outra realidade com outro conjunto circunstancial de princípios é, no mínimo, dedução precipitada. E, ao mesmo tempo, persistir nesse modelo de maneira, por assim dizer, disfarçada, pode bloquear a condição para que se inaugure uma forma original de inscrever a Psicanálise na Universidade com aquilo que ela tem de melhor: sua capacidade de produzir conhecimento sobre a psique, sobre o homem e sobre o que lhe escapa enquanto saber.

Neste sentido, subtrair-se-ia da Psicanálise seu poder questionador voltado para a re-versão dos fenômenos conflitivos, aderindo-se a uma intervenção mais resolutiva do que indagativa. Além disso, contribuir-se-ia para a inscrição deste saber ou Ciência, fundamentalmente, em sua dimensão técnico-profissionalizante, no âmbito acadêmico.

Se a Psicanálise não puder se confrontar com um constante questionamento, se não puder colocar-se enquanto contraponto em face de outros saberes com paradigmas epistemológicos distintos, passa a exigir um reconhecimento apriorístico e dogmático. A fé ou o "acreditar" tornam-se ponto de maior relevância em detrimento da interrogação e da suspeição, fundamentais em uma postura metodológica psicanalítica.

---

[5] Sendo Cila, posteriormente, considerada, por Fabio, o rochedo factual e Caríbdes, vórtice.
[6] Fenômeno detectado na pesquisa de tese de doutoramento "Transmissão-Difusão da Psicanálise" anteriormente referenciada em nota de rodapé.

O resgate da vertente metodológica da Psicanálise como recurso constituinte de uma produção de conhecimento que se aproxime mais da realidade do sujeito psíquico e dos valores humanos imersos na crise representacional da contemporaneidade passou a ser de fundamental importância. Tal recurso, por ser mais aberto e reflexivo, serviria como resistência ao modelo tecnicista de reprodução de teorias de forma descontextualizadas.

E o que poderia ser investigado? Todo o sentido humano e não só aquele circunscrito no âmbito da clínica padrão[7].

A Clínica Extensa que ensina ou o ensino clínico

Pois bem, compramos os bilhetes ou as ações de Hermann (2003) que investiu na Psicanálise por seu valor potencial no mercado epistemológico de futuros. A declaração de posse dessas ações foi feita em seu artigo "A travessia da incerteza (sobre a clínica extensa no consultório)", um dos que fundamentaram o presente trabalho.

O futuro dessas ações, como popularmente se diz, a Deus pertence. Mas com Fabio, entendemos que vale a pena correr o risco.

Estamos trabalhando na terra revolvida de Fabio Herrmann. Recordo-me de que em uma de nossas conversas compartilhamos a forte impressão que *as ideias, como a terra, são de quem nelas trabalha*. É difícil, muito difícil, mas a expectativa do encontro[8] impresso neste livro, a constatação da efervescência de seu pensamento, particularmente na UFU, fomentou uma indagação: *como isso aconteceu?* O percurso traçado, em retrospectiva, delineou memórias de inúmeros encontros, surpresas e desencontros ao longo de aproximadamente dezessete anos! A primeira visita de Fabio a Uberlândia foi a um evento Interclínicas: "Tempo e espaço de interlocução". Algum tempinho depois, veio o momento do evento "Arte e Psicanálise", onde João Augusto Frayze-Pereira esteve conosco em uma abertura da clínica para o mundo, para as artes. Vários retornos foram registrados, livros foram lançados. Colegas

---

[7] Fabio Herrmann problematiza através desse termo a padronização das sessões, das interpretações e da teoria psicanalítica aprisionada num movimento tautológico, no qual sua prática incumbe-se de afirmar a teoria, e vice-versa, não cumprindo sua vocação original encontrada nas análises freudianas que não se restringiram a pacientes, mas se estenderam também à literatura, à cultura, a condição humana.

[8] V Encontro Psicanalítico da Teoria dos Campos.

revezavam-se na função de transmissão. Leda Herrmann, sempre tão prestativa e orientadora principal das referências fundamentais, Maria da Penha, Marilsa Taffarel, Marion Minerbo, Leda Barone, Andréa Giovaneti, Roberto Sagawa, Maria Cecília P. da Silva, Ana Loffredo, Mario Lucio Alves Baptista e outros bons, competentes e estimulantes colegas direta ou indiretamente ligados à Teoria dos Campos. E o mundo ia e vinha!

É claro, parte fundamental foi a confiança e a generosidade dos alunos dos cursos de graduação e pós-graduação. As duas Especializações em Clínica Psicanalítica em 2000-02 e 2005-07 e o *stricto-sensu* fomentando a curiosidade pela investigação da psique. Além disso, o grupo Vórtice servindo de conexão entre a UFU-Instituição e a comunidade externa e estudando, sem pressa, os escritos de Fabio. Quase despercebidamente um movimento se colocava.

Havia sempre muito entusiasmo que foi se transformando em empenho no trabalho árduo de constituir-se em um estudo reflexivo. Tal passagem, do entusiasmo para o empenho, vem se fazendo até hoje, mas sua peripécia, o momento fundamental, sua entrada deu-se, particularmente, depois da última vez em que Fabio esteve conosco pelas bandas das "Geraes". Sua palestra[9] ou a conversa que propôs causou quase indignação e, no mínimo, desassossego. Ele puxou a corda, e não a orelha, antes que a gente se enforcasse! Fabio não concedeu: mostrou que precisávamos de muito esforço para constituirmos teorização consistente: O método ou a postura que ele encerra precisa ser acompanhado de Alta Teoria. Um tempo e um espaço de contraponto! Um rodopio! Como *são importantes e difíceis estas aberturas aos contra-pontos!*

Por fim, as ideias de Fabio vêm ganhando um espaço e um tempo muito particular em nossa forma de pesquisar e ensinar ou de ensinar pesquisando-investigando. E nessa perspectiva, a marca de meu eixo de investigação novamente aparece: aqui estou eu às voltas com as possibilidades e as impossibilidades ou com a impossibilidade possível de transmissão de um saber. Ou seja, *quais as condições de possibilidade desta transmissão!*

Clínica extensa, no ensino e na transmissão da Psicanálise à qual recorremos como paradigma das Ciências Humanas, é... o que não se sabe... O que não está dentro ou fora ou muito menos dentro do que

---

[9] Um trecho desta foi transcrito no início deste trabalho.

fora! É, portanto, a ruptura de campo ou dos campos inconscientes que estruturam ou sustentam relações. Não são essas relações ou as relações propriamente ditas e tão frequentemente enfocadas, senão seu fundamento. É a clínica do por-vir, da des-coberta. É a clínica de Freud, de Fabio, de todos nós quando subtraímos o excesso de nosso saber. É a clínica do quase sempre... Quase sempre é assim. Mas, se é quase sempre... às vezes, não é. E sempre que não é... quase acaba sendo.

... algumas ilustrações

A Extensão da Clínica então, de nossa parte, é o Método Psicanalítico e as intervenções investigativas na clínica. Esta entendida na seguinte direção: "A clínica compatível à Psicanálise... deveria abarcar todo o mundo humano, *sensu latu*... clínica é o estilo de estar no mundo adequado à ideia de ser a ciência plenamente humana (Herrmann, 2003, p. 169).

E lembrando que:

> A expressão clínica extensa não é usada apenas no sentido, mais ou menos comum, de prática fora do consultório, mas naquele mais forte, que engloba igualmente as práticas analíticas dentro do consultório, além da interpretação psicanalítica do homem no mundo. (Herrmann, 2003, p. 168)

Em consonância com esta ideia, na qualidade de grupo de estudiosos-investigadores da psique, entendemos a extensão da clínica enquanto Pesquisa ampla de aplicações do Método Psicanalítico. Efetiva-se, entre outros lugares, no Programa de Pós-graduação em Psicologia do Instituto de Psicologia da Universidade Federal de Uberlândia. Trata-se de um conjunto de atividades investigativas pautadas no método interpretativo por ruptura de campo que procuram apreender subsentidos dos vários e múltiplos discursos e fenômenos humanos inscritos no mundo contemporâneo.

Algumas pesquisas concluídas, em nível de mestrado, podem ser lembradas no que trazem de ampliação dos sentidos corriqueiros que são dados a alguns fenômenos. Por exemplo: *Psicanálise e a função terapêutica na consulta ginecológica*. Nela, nossos investigadores perceberam que teriam de perguntar: Por que os médicos têm de ser mais que médicos? Não é raro requerer-se destes uma função para além daquela que lhes são atribuídas por dever, uma função psicológica. Constatou-se que tal exigência pode se dar sem ao menos se perguntar se ajuda ou atrapalha o exame clínico. Especialmente aquele exame requerido na especialidade de ginecologia, urologia e outras. Pode não ser muito, mas a pesquisa possibilitou apreender uma espécie de solicitação massificadora, por assim dizer, feita aos médicos. Requer agora que se busquem os fundamentos de tal exigência. Um projeto a ser elaborado para doutorado.

Um estudo sobre o *Tempo no processo psicoterápico* investigou a potencialidade da interpretação em atendimentos psicológicos de alunos de uma universidade. Ao estabelecer diálogo entre a noção de tempo em Lacan e as ideias de Herrmann sobre tempo curto, médio e longo, colocou em questão o caráter diacrônico e sincrônico das intervenções. Pôde, também, rever a adesão tão comum às psicoterapias breves nas instituições e recuperar a legitimidade da Psicanálise neste lugar geográfico e temporo-espacial.

Uma investigação sobre Campo-relação na clínica do conjugal, diante da pergunta sobre o que haveria de ser conjugar, deparou com a dura realidade da cultura da consumação na contemporaneidade. Não há critério de escolha, ou melhor, o único e exclusivo critério é o consumo. Tal estudo, entretanto, foi oportunidade de conjugação da Teoria dos Campos com a Fenomenologia.

As pesquisas em andamento em nível de mestrado, especialização e graduação em Psicologia abordam as seguintes temáticas: Método psicanalítico e o ensino interpretante; Oficinas terapêuticas e a clínica que delas advém; A Interpretação e seus enfrentamentos: conexões entre arte, literatura e psicanálise; Mulher, violência e contemporaneidade: algumas articulações; Relações regidas pelo *absurdo*: a clínica interpretante no mundo em que vivemos; Possibilidades do Método Psicanalítico na Clínica Institucional.

Temos trabalhado em direção a desafiar, por assim dizer, o método psicanalítico ou simplesmente a interpretação que advém do campo transferencial emocionalmente afetado, para lavorarmos a ideia de Fabio Hermann, qual seja: o horizonte de vocação da Psicanálise é a construção de uma ciência geral da psique.

Em nossa Ciência Interpretativa, o efêmero é a sua clínica, ou seja: a clínica do humano. Lembro-me de uma das aulas que eu frequentava, por ocasião de meu pós-doutoramento com Fabio, quando alguém perguntou o que era clínica extensa e ele, com olhar maroto, dirigiu-se a mim pedindo que respondesse. Era pedido meio intimação. Senti não um frio, mas um aquecimento global na espinha com direito a buracos imensos na camada de ozônio. Justo eu... euzinha!?

Bem, acho que Fabio pedia para falar o que eu jurava que não sabia. Ele me olhava e me ouvia com ares de quem jura de pés juntos que eu sabia. Enfim, acho mesmo que eu acabei sabendo. Ele estava certo: eu quase... sabia que não sabia e por isso, ao falar, no gaguejado da alma ou re-presentação eu iria sabe-r-(ndo) ou o meu interlocutor saberia.

É interessante! Só sei estudar as ideias de Fabio com interlocução. A maior parte do tempo eu os tenho, se não os tenho eu os convido ou escrevo. E não é o Fabio meu interlocutor, mas suas ideias, sua postura, seu jeito de acreditar desacreditando, sua paciência de Jó, ou será sua paciência de mineiro? Mineiro que aguarda, aguarda até que... faz o presidente da nação! Mesmo que às vezes ele não dure muito no posto, mas vai que daqui uns anos... daqui pra acolá... do filho nasce o neto e lá está o presidente: mineiro! *Como pode o peixe vivo viver fora d´água fria! Como poderei viver! Como poderei viver? Sem a sua, sem a sua, sem a sua companhia?*

De que jeito?! Deste jeito, do seu jeito ou quase!!! Quase sempre ou sempre nunca! Clínica extensa é o pensamento vivo de Fabio em nós!

Por fim: como isso aconteceu?

Para concluir

O que era somente uma impressão ou apreensão de sinais endópticos, atualmente toma contorno bem nítido: O pensamento de Fabio é vivo em nós ou neste território em que circunscrevemos essas ideias! E isso, muito menos pela significativa produção, particularmente do PGPSI – Programa de Pós-Graduação em Psicologia Aplicada, do que pelo entusiasmo que cada vez suscita mais e mais estudos, incômodos, alegrias e tristezas! Ou seja: é vivo um pensamento pelo movimento que implementa.

Importa, finalmente, lembrar, dando espaço ao pensamento de Fabio: "Interpretação é uma história de ficção que desestabiliza a ficção histórica em que estamos encerrados... deixando que surja uma relativa verdade histórica" (Herrmann, 2003, p. 169).

Sempre que o método psicanalítico estende-se para o mundo, temos clínica extensa, pela singela razão de nosso método ser inevitavelmente clínico, num sentido forte e antigo, que ultrapassa o de atendimento. Basta que não se confunda método com procedimento (entendidos como livre associação e atenção flutuante). (Herrmann, 2003, p. 177)

E... além dos lembrados anteriores, não se pode esquecer : "Só há sentido na extensão da clínica, se for acompanhada por uma elevação da cota teórica, ou seja, de alta teoria. (Herrmann, 2003, p. 193)

Referências bibliográficas

AULAGNIER, P. Como podemos não ser persas? Reflexões a propósito do ensino. In: Aulagnier, P. *Um intérprete me busca de sentido – I*. Trad. Regina Steffen. São Paulo: Escuta, 1986.

HERRMANN, F. Psicanálise e Universidade: Integração. In: *Revista Psicologia USP (on-line)*, 2001, vol 12, n. 2, p. 161-170. Disponível em http://www.scielo.br/scielo.php?script=sci_arttext&pid=S0103 65642001000200013&lng=pt&nrm=iso&tlng=pt

_____. A travessia da incerteza (sobre a clínica extensa no consultório). In: *Jornal de Psicanálise*. São Paulo, 2003, 36(66/67): 167-194.

_____. Clínica Extensa. In: Barone, L. M. C. (Coord.), *A psicanálise e a clínica extensa*. São Paulo: Casa do Psicólogo, 2005.

ROMERA, M. L. C. Transmissão – Difusão da Psicanálise: Considerações a partir do delineamento de sua presença nos cursos de Psicologia da região do Triângulo Mineiro – Brasil Central. Tese de Doutorado. Universidade de São Paulo, 1993.

_____. Ensino-Transmissão da Psicanálise: Ser ou não Ser... Algo mais?! In: *Jornal de Psicanálise*. São Paulo, 1994, jul. 27(51): 11-123.

ROSA, G. *Primeiras estórias*. Rio de Janeiro: Nova Fronteira, 1962.

Capítulo 3
A CLÍNICA EXTENSA: OS TRANSTORNOS ALIMENTARES E A PSICANÁLISE[1]

Marina R. Miranda

> *Que história é essa de clínica extensa? Uma novidade? Veremos que não. É só a vasta medida em que o método ultrapassa a técnica.*
>
> Fabio Herrmann

Fabio Herrmann[2] nos fala no Mestre[3], personagem do poeta Mallarmé, como um homem hábil em seu ofício, mas, muito mais do que isso, aquele que conduz a travessia da incerteza.

---

[1] Trabalho apresentado em mesa-redonda no V Encontro Psicanalítico da Teoria dos Campos, realizado no Instituto de Psicologia da USP em 11/10/2008.
[2] Herrmann, F.. Clínica Extensa – Conferência de abertura do III Encontro Psicanalítico da Teoria dos Campos (2003). Publicada em A Psicanálise e a Clínica Extensa. III Encontro Psicanalítico da Teoria dos Campos por Escrito, Barone, L. *et al.* (Org.). São Paulo: Casa do Psicólogo, 2005.
[3] Mallarmé, S. (1925). "Crise de vers". In: Igitur Divagations Un coup de dés. Paris: Gallimard (Coll. Poésie), 1976, p. 244.

Neste simpósio homenageamos aquele que em muitos momentos nos guiou na travessia das incertezas durante nossa formação tanto na Sociedade Brasileira de Psicanálise de São Paulo como na Universidade, e deixou uma grande saudade entre nós.

Estar aqui e falar sobre temas apreciados por Fabio Herrmann é continuar a travessia em sua companhia, que sempre permanecerá ativa e em viva sintonia conosco. A luz de seus pensamentos continuará iluminando o caminho que leva às travessias. Estamos nós, reunidos, tentando cumprir a honrosa missão de fazer a voz de Fabio Herrmann ecoar em meio ao clarão do conhecimento produzido por ele, assim contribuindo para a continuidade de fertilização de suas ideias, nascidas de seu interior criativo e de sua mente privilegiada.

A Psicanálise dos transtornos alimentares e a clínica extensa

Ensina-nos Fabio Herrmann[4]:

> Por clínica extensa, não pretendo referir-me tão-só à extensão a outros domínios, como também à recuperação daquilo que constitui nosso patrimônio original, em parte abandonado, com o tempo. Como a atenção analítica é sempre clínica, a psicanálise da cultura e da sociedade, a correlação de mão dupla com a literatura e as artes, a própria integração com o reino das ciências, tudo isto é clínica extensa.

Os transtornos alimentares, assim como o alcoolismo e as drogadicções, são a expressão de sintomas típicos da era contemporânea, pelos sucessivos *actings*, pela concretude da experiência emocional, pela impulsividade da ação em detrimento do pensar ponderado, pelo vazio de sentido representacional, pelo uso do corpo e do alimento como protagonistas da história pessoal e, principalmente, pelas sensações ocupando o lugar das emoções.

Fernando Pessoa[5] mostra em verso:

---

[4] Herrmann, F. (2003). Opus cit., p. 7.
[5] Pessoa, F. A falência do prazer e do amor – terceiro tema.

Beber a vida num só trago, e nesse trago
Todas as sensações que a vida dá
Em todas as suas formas.

O corpo, como diário que registra a história daquele ser que tem sua alma dele despregada, pede, então, para ser infinita e repetidamente ressignificado. As equações simbólicas imperam no modo de funcionar anoréxico-bulímico, no qual eu e *self* se misturam, sem alternativas de singularidade:

Sentir tudo de todas as maneiras
Viver tudo de todos dos lados,
Ser a mesma coisa de todos os modos possíveis ao mesmo tempo,
Realizar em si toda a humanidade de todos os momentos
Num só momento, difuso, profuso, completo e longínquo[6].

O trinômio juventude, beleza e saúde parece reger a vida do século XXI, instaurando, entre outras sanções, severas normas quanto ao comportamento alimentar, elevando-o a um *status* de "quase pessoa".

"Tenho no meu chocolate o namorado sempre à mão", me diz uma menina de dezesseis anos, bulímica desde os treze.

Ao depararmos com as novas patologias ou com as antigas patologias com novas vestes, o psicanalista é convidado a inventar novos padrões que possam dar conta de recursos e equipamentos que precisam ser criados para gerar transformações e compreensões que só vão poder se processar à luz de informações atualizadas pelas duas mentes, a do analista e a de seu analisando.

A palavra "clínica" significa inclinar-se, curvar-se para tratar do outro.

A clínica ao se estender não só se curva, não só se inclina, e sim se alonga para alcançar melhor, com mais presteza e eficiência, aquele que se constitui no alvo de toda essa expansão, que é o ser humano inserido em sua cultura, em seu meio social, com suas limitações e seus alcances, suas estimulações externas e internas.

Ao se libertar do padrão, do preestabelecido, das regras normativas, dos protocolos, a clínica se expande e respeita seu objeto vivo e mutante, o ser humano, seu inconsciente e a singularidade de seu perfil.

---

[6] Pessoa, F. (1916). A passagem das horas.

O método usado faz, então, jus à sua categoria de ser psicanalítico, pois não há nada mais fiel à Psicanálise do que a ideia de movimentos de transformação, que levam à expansão, a rupturas de campos antigos e obsoletos de representação do afeto e de modo de funcionar que já não mais dão conta de expressar e metabolizar a emoção.

Hermes, o deus grego da palavra, dava a luz a tesouros ocultos. Assim somos nós, psicanalistas, verdadeiros hermeneutas humanos, nomeando com palavras, emoções desconhecidas, às vezes tão profundamente escurecidas pela cegueira do desconhecimento. Muitas vezes, o saber é a inconsciência de ignorar (Fernando Pessoa – O horror de conhecer).

Organizar a experiência é transformar o *caos* em *cosmos*, a vertigem em mundo organizado, entrar pelas brechas do hermético da experiência emocional e iluminar o caminho: esse é o momento da criação.

A clínica extensa também precisa de sustentação, seu fundamento, seus alicerces também precisam acompanhá-la: é a alta teoria, caminhando com a clínica sempre em eterna e indissolúvel articulação. Até porque a teoria não tem sentido sem a clínica, e vice-versa.

E esse sentido toma força quando o que é padrão cede lugar ao pensamento e à criatividade.

No que diz respeito ao caráter epidêmico que tomam os transtornos alimentares, Herrmann e Minerbo[7] perguntam, em artigo sobre sexualidade e alimentação, qual o grau de permanência e universalidade de cada constituição psíquica? Será que a natureza humana permanece incólume às mudanças culturais ou será que está articulado um inconsciente cultural próprio de um lugar e de uma época?

Lembremo-nos que no mundo em que vivemos houve uma transmigração dos valores morais da cama para mesa.

A aceleração tecnológica impôs a forma do homem se relacionar com o mundo em que vive, não mais conhecendo-o diretamente, mas através da informação. O mundo perde substância, o corpo fica maquínico. A relação do corpo passa a ser exterior a ele mesmo. Instala-se uma forma de pensamento e ato peculiar. Não mais pensamos para decidirmo-nos por uma ação. Agimos e o ato é que vai impor um sentido que antes encontrávamos pelo pensamento[8].

---

[7] Herrmann, F. & Minerbo, M.. Creme e castigo – sobre a migração dos valores morais da sexualidade à comida. In: Carone, I. (Org.), Psicanálise fim de século, ensaios críticos São Paulo: Hacker, (1998).

[8] Herrmann, F. Andaimes do real: Psicanálise do quotidiano, 3ª ed.. São Paulo: Casa do Psicólogo, (2001).

Priscila, ao entrar em meu consultório para uma primeira consulta, não aceitou meu convite para se sentar. Permaneceu em pé, com os braços cruzados, durante os cinquenta minutos de nosso primeiro encontro. Também fiquei em pé, seguindo sua sugestão postural, e assim conversamos uma em frente à outra. Priscila só falava quando muito estimulada por mim. Sua atitude na entrevista foi de quem de nada precisava. Seu ar era de arrogância e seu olhar parecia vir de uma mulher adulta, bastante longe da menina de doze anos, contrastando com sua estrutura franzina e de aparência frágil e doentia.

Assim vivi essa experiência que relato a seguir, a qual deu início à minha pesquisa na universidade com o tema dos distúrbios alimentares[9]:

"A ideia de elaborar uma tese nasceu de um atendimento clínico realizado com uma menina de doze anos que vem para a análise obrigada por sua mãe e pressionada pelo médico pediatra que a assistia e que, muito assustado, queria interná-la para uma alimentação por sonda, já que a menina, a quem chamei de Priscila, contava com um peso muito abaixo do seu normal e já apresentava sinais de desnutrição considerados graves, beirando o risco de vida. Segundo a psiquiatria, Priscila sofria de grave anorexia com episódios bulímicos recorrentes"[10].

Fui percebendo, pelas conversas com a menina e com sua mãe, que sempre a acompanhava, a existência de uma trama entre elas, que mais parecia a história de uma grande paixão em que elementos tradicionalmente femininos ocupavam um lugar central em suas vidas: corpo, alimento e fertilidade.

Ao mesmo tempo, senti que essa dependência que nutre a relação era sentida com muito horror por ambas e que havia fragilidades profundas em seu psiquismo, que sugeria a sensação de vazio e insubstância intensas.

---

[9] Miranda, M. R. Anorexia nervosa e bulimia à luz da psicanálise – A complexidade da relação mãe-filha. In: Herrmann, F. & Lowenkron, T. (Orgs.), Pesquisando com o método psicanalítico. São Paulo: Casa do Psicólogo, 2004, p. 305-307.

[10] Anorexia é definida como perda do apetite, recusa à alimentação, intenso desejo de emagrecer, muitas vezes aliado à alteração da imagem corporal e supressão da menstruação. Bulimia constitui-se por uma intensa e incontrolável vontade de comer, sem limites e em pouco espaço de tempo, seguida pelo uso indiscriminado de estratégias de purgação, como a indução de vômitos, uso de laxantes e/ou diuréticos para evitar o ganho de peso e/ou exercícios físicos excessivos.

A partir da clínica, iniciei estudos e consultas bibliográficas sobre o tema da alimentação e das relações mãe-filha e passei a escrever o que ia descobrindo.

Aos poucos, fui percebendo evidências que vinham da clínica, corroborando os achados teóricos e, mais uma vez, isso era registrado.

A experiência emocional vivida na sala de análise ia contando a história da anorexia de Priscila. Percebi a dor e a angústia escondidas nos sintomas anoréxicos de Priscila e sua identificação com as partes faltantes de sua mãe e passei a sensibilizar também a mãe para sua análise pessoal, o que felizmente aconteceu.

Daí em diante, os progressos de Priscila ficaram evidentes no ganho de peso e, por consequência, no afastamento da ameaça de internação, fato esse que deixou o pediatra e a família bastante perplexos e curiosos em relação ao trabalho que estava sendo desenvolvido.

Como essa menina que estava *dasacreditada* em termos de evolução pela medicina, considerada *louca* pela família, começava a se aproximar do perfil de suas coleguinhas?

E... sem medicação?

Eram questões que rondavam o ambiente e entravam como fatos concretos, frutos da observação empírica, chamando a atenção dos que necessitam de "dados observáveis" para apreender transformações.

Mas um mundo sem palavras, sem sustento e sem sentido pedia contorno e representação e com ele vinham afetos irrepresentáveis e emoções desfiguradas.

A tese foi sendo montada a partir dessas emoções impactantes transferenciais e contratransferenciais geradas pela evolução dos contatos analíticos com Priscila, para que juntas pudéssemos rastrear, no decorrer da análise, os processos que levam ao conhecimento, vasculhando e digerindo o que ainda não pôde ser visto, sentido ou pensado.

Os capítulos seguiram a mesma forma e velocidade dos pensamentos que eram organizados e compilados em palavras.

As palavras eram achadas, os sentidos, buscados e as significações tomavam "corpo", conforme a clínica ia apontando as evidências. Assim, a pesquisa, *calcada intensamente na experiência emocional dos encontros na sala de análise*, ganhava a contribuição de minhas articulações com o que ia sendo rastreado na literatura sobre o tema. Daí o empirismo do método psicanalítico que se encontra na própria clínica, que nos fornece as constatações e as interpretações. Daí também considerarmos o *follow up* de nossos atendimentos clínicos nossa condição de "verificabilidade" de nossos resultados.

Desse modo, elaborei uma pesquisa em que clínica e teoria se intercruzam num movimento constante, num vaivém de visões e revisões, em que os caminhos à frente foram sondados o tempo todo, procurando não perder o fio condutor das associações livres, sonhos e interpretações, que iam se impondo ao texto e ao ritmo do trabalho.

Assim pôde o leitor de minha tese acompanhar o processo de construção de um pensamento que priorizou a tomada em consideração do que se impunha a ser vivido na sala de análise e que pedia para ser investigado e compreendido.

Foi dessa maneira que decidi estudar e pesquisar o funcionamento mental da mulher anoréxica e bulímica, na especificidade da relação com sua mãe, inspirada por Priscila, que tanto me sensibilizou no sentido de corresponder a seu chamado, que havia entendido como talvez uma brecha de entrada num mundo povoado de objetos escravizantes, congelados, quando não ausentes.

O trabalho em clima de UTI, num cenário de pré-morte, com pacientes consideradas habitantes de fronteira, necessita de uma cozinha aparelhada, com panelas que possam conter a duplicidade que assola seu mundo, povoado de objetos internos que escravizam e paralisam o desenvolvimento e a possibilidade de expansão.

A clínica estendeu-se para acolher Priscila e as outras meninas anoréxicas, bulímicas e obesas mórbidas que se seguiram. O diálogo interdisciplinar se impôs. A ação direta da analista também: telefonar para os parentes irem buscar a paciente ao passar mal durante uma sessão, procurar um médico de plantão para atendê-la numa urgência clínica, conversar com os pais em horários inesperados e, especialmente, estar disponível para viver a morte em vida o tempo todo.

Priscila diz após alguns meses de análise:

"Escuto um barulho tão grande dentro de minha cabeça, que já não posso te ouvir e um nó tão grande em minha garganta que entendo porque nada passa, é uma confusão de sentidos, não sei o que sinto, mas sei que não aguento mais."

Ensaiar comer junto os *cookies* preparados pela paciente, especialmente feitos para a analista, assistir ao vivo a angústia da menina em não poder comer, não conseguir e ao mastigar um pouco, logo em seguida, cuspir tudo no banheiro, por não conseguir deglutir.

A cada paciente atendida, a singularidade de cada sessão tinha um colorido especial, porque a menina anoréxica é toda autêntica no seu universo ficcional, toda transparente na solidez de suas defesas, toda rendida na onipotência triunfante que exala, toda machucada em sua negação da dor, da fome, do cansaço e da sua própria existência.

Como diz Fabio, "pensar a Psicanálise no horizonte de sua vocação... a Psicanálise é ciência geral da psique, firmemente alicerçada no método interpretativo" (2005, p. 28) e, como tal, cria uma psicopatologia não classificatória, estreitamente vinculada à experiência psicanalítica.

A Psicanálise contemporânea, acompanhada de sua clínica extensa e de sua alta teoria, rompe campos desestabilizando antigos e obsoletos sistemas, abrindo-se para o conhecimento e tornando-se morada para as mudanças.

O conceito de função terapêutica sustenta a extensão da clínica e assegura a inseparável convivência entre saber e cura.

Conclui Herrmann:

> Aferidos os dados de meu pensamento, estes parecem indicar alta teoria e clínica extensa, aquilo que, ao se elevar, se estende, que, subindo às constelações do saber, se estende na terra concreta dos homens. Mas, como os dados a lançar são nossa própria vida, isto que só a morte assegura, segue-se rigorosamente que, a cada momento dado, não existe um mestre. Apenas há, indefinida e negativamente: o Mestre é Ninguém[11].

O poeta Mallarmé contrapõe os manuais propondo uma nova versificação, um novo ritmo e um uso de rimas próprio, em que as ideias das palavras tentam buscar o cerne da linguagem, o que ela tem de mais puro: o objeto que dela sempre escapa e que nunca pode ser encontrado.

O que nos escapa e reside nas entrelinhas do pensamento tenta ser rastreado pela Psicanálise como seu tesouro maior, o inconsciente, nota musical do psiquismo.

---

[11] Ibidem 2005, p. 31.

Referências bibliográficas

HERMANN, F. *Andaimes do real:* Psicanálise do quotidiano. São Paulo: Casa do Psicólogo, 2001.

_____. Clínica Extensa – Conferência de abertura do III Encontro Psicanalítico da Teoria dos Campos. Publicada em A *psicanálise e a clínica extensa. III Encontro Psicanalítico da Teoria dos Campos por Escrito*, Barone, L. *et al.* (2005). (Org.). São Paulo: Casa do Psicólogo.

MALLARMÉ, S. (1925). "Crise de vers". In: *Igitur deivagations un coup de dés*, (Coll. Poésie). Paris: Gallimard, 1976.

MIRANDA, M. R. Anorexia nervosa e bulimia à luz da psicanálise – A complexidade da relação mãe-filha. In: Herrmann, F., & Lowenkron, T. (Orgs.), *Pesquisando com o método psicanalítico*. São Paulo: Casa do Psicólogo, 2004.

Capítulo 4
ACOMPANHANDO A LOUCURA:
INTERPRETAÇÕES DO COTIDIANO

Ricardo Gomides Santos

Fabio Herrmann é um psicanalista estranho. Insiste em tornar familiar aquilo de que não lembrávamos mais, aquilo que se perdeu em organizações psicanalíticas passadas: a investigação dos sentidos humanos para além da clínica, a multiplicidade possível de técnicas, um interesse aberto por levar a Psicanálise e sua descoberta do inconsciente a todos os campos de interesse dos psicanalistas. Estranho, familiar, como diria Freud (1919). É essa sua insistência, mostrar a familiaridade dessa postura interpretante se retomarmos Freud e suas investigações da cultura, da arte, história, mitologia etc.

Ao fazermos isso, diz Herrmann (2001), faríamos a Psicanálise ter seu nome grafado em maiúscula, nome de ciência a investigar as produções psíquicas criadas pela nossa experiência humana, aí não diferindo a fala de um paciente ou uma notícia televisiva, um monumento ou uma avalanche de números que desmontam rochedos financeiros. Em tudo há psiquismo. Para Fabio, realizarmos investigações psicanalíticas do mundo conserva a potência heurística de um conhecimento produzido por interpretação, capaz de abrir possibilidades de pensamento onde antes se guardava a massividade de sentidos hegemônicos, ideológicos, rotinizados. O efeito desta abertura teria laivos de cura, criando uma suspensão na experiência do consenso para que se mostre e se viva, mesmo que por disruptivos instantes, um novo sentido às nossas experiências. Como disse nosso estranho autor, no mesmo trabalho citado, talvez faltem analistas para este real que cada vez mais assume qualidades virtuais tão potentes que parece prescindir das pessoas, movendo-se por conta própria, operando uma lógica da qual não podemos escapar, e que faz perfeitamente *não* entendermos como nossa vida financeira pode ser tomada por ondas, decair sob efeito dominó, ser devastada por fluxos de capital similares a nuvens de gafanhoto. Em meio a tais movimentos do psiquismo do real, vemos o pensamento toldar-se, países e pessoas agonizarem enquanto o mercado, vivo, se reorganiza, deixando-nos confusos quanto ao que é o dinheiro hoje, se imagem, informação, inseto, abstração ou algum outro ser animado. Papel certamente não é.

Em meio a este mundo cada vez mais psíquico, Fabio (2001) escuta uma convocação ao pensamento psicanalítico, em que a racionalidade tradicional claudica, a interpretação sabe operar o imaterial inconsciente que nos enforma. Sua sugestão de trabalho é levar nosso método, a ruptura de campo, para as vivências do próprio analista, tomando em dúvida o mundo em que vivemos, suspeitando haver em todas as situações um cerco de regras inconscientes fazendo-nos pensar o que pensamos, sentir o que sentimos, não pensar até. Como bem vimos em Cortázar (1986), no conto "Casa tomada", "pode-se viver sem pensar", o problema disso é paulatinamente perdermos nossa morada, ora um quarto para o terror, a cozinha para a especulação, todo o imóvel para sentidos inaparentes, incompreensíveis à razão, mas inescapáveis para quem os vive, até não restar saída possível a não ser um desistente abandono.

Levar o método para investigar o real tornaria o psicanalista um inusitado "antropólogo da psicologia" (Herrmann, 2001, p. 9), alguém dedicado à compreensão dos processos regradores de nossas relações sociais. Fazer esse trabalho seria "pôr-se no avesso de si mesmo e também de sua cultura" (ibidem), para entrever as regras que determinam o campo no qual se encontra o analista. Fabio diz que para isso seria necessário certo esforço, algo que também levaria o pobre analista a uma espécie de "exílio interior" (ibidem).

Pois bem, acho todas essas considerações pertinentes e válidas, porém desconfio que o esforço exigido seja maior ainda. Não é com facilidade que podemos nos colocar no avesso de nós mesmos e da cultura em que vivemos. Ao viajarmos, convivermos com outras organizações sociais, percebemos seus valores e, talvez, tais regras inconscientes a determinar relações. Mas que diremos de fazer este trabalho aqui, onde vivemos? Como romper com as regras inconscientes nas quais estamos imersos?

Utilizando o referencial produzido por Herrmann (1985) em sua investigação do cotidiano podemos perguntar: como conduzir esse processo de ruptura se temos uma imensa força operando para manter os sentidos consensuais fixos, que é a rotina? Como romper esta função psíquica que trabalha como uma espécie de "contrarregra" dando plausibilidade à criação de sentidos feita por todos nós, enquanto mascara o absurdo contido nessa criação?

Tenho uma sugestão a dar, algo que minha prática clínica tem trazido de modo não planejado: fazer acompanhamento terapêutico (AT) com pacientes psicóticos promoveria a oportunidade de experimentar tais rupturas de campo no contato cotidiano. Desde sua origem, em meados da década de 1960, o AT qualifica-se como uma prática antimanicomial que prescinde das "estruturas psi" de atendimento, utilizando o cotidiano como ferramenta clínica através de saídas que conectem o sujeito atendido à nossa realidade social (Porto & Sereno, 1991). Deve-se ter em mente que tal conexão realizada em saídas pela cidade não visa a adequar ou a educar o paciente. Ao contrário, busca-se no AT muitas vezes inaugurar uma forma de pertencimento reconhecida como válida entre o paciente e nosso meio, geralmente tão severo em olhares que bem qualificam a "inclusão perversa"[1] descrita por Sawaia (2001).

De modo tácito, penso que nos moldes apresentados aqui, o AT realiza um enfrentamento silencioso à lógica manicomial de nossa sociedade, pois faz circular de maneira respeitosa a loucura em espaços de convívio administrados "que tem horror ao diferente" e concebem o ser humano por uma "equivalência abstrata entre seres que não têm denominador comum" (Frayze-Pereira, 2002, p. 102). Considerando tal perspectiva, sou obrigado a dizer que o próprio acompanhante tera-

---

[1] Por esse conceito B. Sawaya (2001) define uma forma de inclusão em que, após excluir, nossa sociedade permite que o outro volte, seja incluído, mas sob a dureza marcante de uma pecha, um olhar qualificador da diferença, explicitador de um relacionamento por tolerância, sem igualdade ou empatia.

pêutico será o primeiro a sentir os choques entre a alteridade radical da loucura e nossa sociedade massificada, residindo justamente em tais choques a oportunidade de colher sentidos marginais existentes em nosso cotidiano, que são mascarados pela *rotina*.

Acompanhar pacientes psicóticos seria então um excelente exercício de ruptura de campo, uma vez que tais sujeitos, por sua organização psíquica, não partilham integralmente dos sentidos consensuais próprios ao cotidiano, pois sua construção delirante impõe feições singulares a este mundo que a rotina nos faz pensar ser compartilhado em igualdade.

Fazer AT permitiria assim um trabalho de cura recíproca: no cotidiano, com ações de cunho interpretativo, auxilio meu paciente no confrontamento com os sentidos aprisionantes de seus delírios, e eles, ao romperem os campos limitadores de nossa realidade social, curam-me desses mesmos limites que também são aprisionantes, embora de outra ordem: se não delirante, absurda. Ao determinar relações, um campo prefigura o que podemos pensar em seu interior, quais sentimentos serão sentidos, como agiremos e se não nos damos conta da arbitrariedade de certas atitudes sociais é porque algo impede nosso estranhamento. Como se mostra, aos poucos passamos a desconfiar da fabricação do mundo, cujas notas de um absurdo[2] compartido começam a ser vistas.

Vamos a um exemplo. Minha paciente, bem diagnosticada em sua esquizofrenia paranoide, tem seus delírios de perseguição como manda o figurino, mas em certos dias queixa-se de infortúnios mais sutis. É sua vida que não tem sentido, as obrigações diárias, um esforço inútil, o dia a dia, um fardo sem recompensas. Íamos em um desses dias até o banco pagar uma conta, enquanto ela queixava-se de como era imprestável e invejava as demais pessoas. Sempre sentira isso: desde jovem, ao ver as empregadas, pedreiros ou ajudantes de qualquer coisa conversando, voltando para casa após um laborioso dia, pensava que eles sim eram felizes, restando a ela somente sofrimento, angústia, desimportância e, às vezes, uma vontade esparsa de morrer.

Ela estava dirigindo, conversávamos sobre esse assunto que não era novidade, até surgir em nosso caminho uma Kopenhagen e suas Nhás

---

[2] Citando textualmente Herrmann (1985) temos uma compreensão deste conceito: "Esse absurdo não é desordem, caos; é ordem, e ordem humana; de fato, concebo o absurdo simplesmente como a ação oculta das regras que organizam nosso mental" (p. 28-29).

Bentas. Resolvemos parar e adoçar um pouco a vida. Quando chegamos a loja estava cheia, com seu quiosque de café ao lado e o balcão de doces ao fundo, com apenas duas funcionárias para atender a todos. Resolvemos passar antes na papelaria ao lado e quando regressamos estávamos sozinhos. Pedimos duas Nhás Bentas, comemos, ela com sua voracidade habitual, eu mais lento. Após comer, ela pergunta onde poderia lavar a mão. A funcionária responde que não havia lavabo. Ela insiste mostrando os dedos sujos: "Onde posso lavar a mão?" A funcionária fica sem jeito e diz que se ela quisesse, poderia usar o banheiro das funcionárias no fundo da loja. Ela aponta para o balcão de café e pergunta se poderia lavar suas mãos ali. As funcionárias respondem que não, mas ela continua: "Ah, vai, pode?" E no momento seguinte ela mesma responde a seu pedido: "Ah, pode!" Dirige-se até lá, passa ao outro lado do quiosque de café, abre a torneira, lava sua mão, enxuga-se no pano de prato disponível, vira-se para mim e diz: "Agora eu trabalho aqui!".

Assim, simples e rápido. Eu então, que já tinha terminado meu doce e estava mais próximo, chego mais perto do quiosque e muito caricato, efusivo, peço a ela debruçando-me no balcão: "Então, por gentileza, me prepare um café"; e ela complementa: "Pois não, como o senhor quer?". "Um expresso, por favor.". "Sim, claro"; e volta-se para a aparelhagem que estava a seu alcance. Observa aquela imensa máquina e da mesma maneira que entrou, saiu dali, dando de ombros: "Ah, eu não". Deixa o quiosque de café, vai até o balcão onde estavam as boquiabertas funcionárias, paga nossa conta e saímos, como se nada de mais tivesse acontecido.

Ao sairmos, de volta ao carro e a caminho do banco, me pergunta sobre a ocupação daquelas moças: quanto tempo elas trabalham naquele lugar? "Oito horas por dia, cinco vezes por semana e talvez mais quatro horas aos sábados. O dia inteiro de pé, servindo café? Sim", continuo, "o dia inteiro em pé, servindo café e para ganhar pouco mais de um salário mínimo". "Nossa, até que minha vida está boa"; e encerra suas reflexões sobre o mundo do trabalho.

O importante nessa cena não é só a conclusão a que chegou minha paciente, capaz agora de relativizar o desvalor autoatribuído e as idealizações a respeito da vida alheia. É bem verdade que para chegar a tal *insight* identificou-se a tal ponto com aquela função de atendente que foi preciso passar literalmente para o outro lado do balcão, rompendo os limites concretos e psíquicos que organizam de maneira efetiva o lugar de cada pessoa nesta relação de troca sem alternância de lugares:

quem fica atrás ou à frente dos balcões, quem serve e é servido, quem pode e não pode abrir torneiras ali.

O sentido inicial de seu queixume, que a aprisiona e a faz sentir-se inferior a todos, foi ali posto em xeque pelo movimento realizado em busca da idealizada felicidade de quem trabalha. Ao fazer essa passagem, que rompe o campo da civilidade que regula as relações de consumo, ela se insere em outro: o da loucura, ao assumir a identidade daquelas funcionárias. Dependendo da reação tida ao novo campo criado, ela poderia sim ser tratada como louca, posição esta que talvez seus familiares assumissem, desculpando-se em relação às funcionárias[3], invalidando suas ações com algum sinal capaz de indicar limitações daquela pessoa etc. Em tal contexto sua atitude seria uma impostura de nome conhecido: loucura, doença mental. Ela poderia ser retirada daquele balcão de café pelo viés patologizante ou jurídico, caso se mantivesse aferrada à realização identificatória estabelecida.

Minha paciente, ao romper o campo regulador daquela relação, atribui-se direitos próprios às funcionárias, e eu, sem imaginar o efeito de minha intervenção, peço-lhe um café, que termina por dissolver aquela confusão. Penso que o efeito de minha fala deu-se mais pelo modo como falei do que pelo propriamente dito. O tom e os gestos exagerados, cênicos, autênticos porque brincadeira vivida e não pensada ou planejada situaram aquela experiência no registro do cômico, da brincadeira, da encenação teatral. Ela então entra nesse registro de relação, explora o papel que lhe cabe e depois, ao confrontar-se com as exigências reais de seu novo papel, retorna ao antigo, à relação pertinente ao campo do consumo, deixando o campo fusional da loucura. Volta, paga a conta e vamos embora, colhendo os frutos das representações marginais que nunca antes puderam habitar sua consciência: a experiência fastidiosa de oito horas em pé, manuseando uma máquina para servir aos outros.

Experimentar essas representações atrás de um balcão, ao invés de somente fantasiá-las, permitiu à minha paciente ressignificar suas experiências, o que foi benéfico a ela, pois percebeu os equívocos de suas

---

[3] Quando fiz a apresentação oral deste artigo no V Encontro Psicanalítico da Teoria dos Campos cometi um ato falho que não posso deixar de registrar. Ao relatar esta cena, neste ponto chamei as funcionárias de enfermeiras. No campo da loucura, essas seriam as funcionárias presentes e não balconistas de uma cafeteria. É a verdade inconsciente do campo o que se mostra no ato falho, isso aprendemos com Freud noutros termos.

considerações idealizadas, retornando a seu cotidiano com algo distinto do julgamento de desvalor e nulidade com que se tratava.

De minha parte, o trabalho que ela fez, ao romper os campos do consumo e da civilidade nessas relações comerciais, permitiu entrever algumas das regras inconscientes aí vividas. A insistência por lavar suas mãos força esse campo e põe à mostra a inadequação desta postura, revelando que aquele espaço não fora planejado para nosso conforto, e sim para oferecer o mínimo necessário a nós, consumidores. Tal projeto dispensa um lavabo, cadeiras, o quer que fosse não relacionado a comprar, consumir e ir embora.

Perceber essa disposição pelo incômodo de ter as mãos sujas permitiria uma única e inconveniente pergunta, cuja resposta, se fosse dada por uma balconista com saberes psicanalíticos, seria a seguinte: "Posso lavar mão?", "Não, pois nosso campo não contempla esta relação". Tal resposta, que equivale a assinalar a inexistência de um lavabo, teria ainda um efeito suplementar, pois cobraria bons modos inconscientes do cliente. Com isso, só podemos dizer que esta nossa civilidade, incapaz de tensionar o campo da prestação de serviço, configura uma postura servil às regras desta lógica produtiva, que não reconhece necessidades distintas daquelas voltadas ao seu próprio ganho. Causar conflito, reclamar, isso é indelicado. Forcejar relações de modo a exigir ou expor os absurdos de uma organização produtiva que nos coloca a serviço de sua operacionalidade funcional máxima é um erro e, por que não dizê-lo, uma deselegância. "Ah, não tem lavabo?!" Queixamo-nos levemente, prometemos intimamente não voltar mais ali (mas voltamos), limpamos as mãos no guardanapo ou no que estiver disponível, e pronto. Dá-se um jeito, reclamar e insistir, não.

Ao romper o campo dessa civilidade, só posso agora acrescentar a ela um sentido marginal, ativo mas inaparente, isto é, inconsciente: é uma civilidade servil, destituída de crítica, incapaz de estabelecer conflitos à lógica produtiva que esvazia de significado quem fala, por não ter a quem dirigir a palavra. Reclamar com uma funcionária, sendo ela mesma alienada[4] de responsabilidades perante aquela organização? Ela não decorou, não fez e não planejou aquele espaço, não ganha nem mais nem menos se os clientes ficam com as mãos sujas e se isso

---

[4] Ao sentido clássico de alienação desenvolvido por Marx (1970) podemos somar outro: não somente a funcionária é alienada por não se reconhecer no que faz, e ser transformada em mercadoria no regime capitalista, mas também essa alienação teria matizes inconscientes pró-

os deixa insatisfeitos ou não. Diante de uma alienada, fica-se alienado para não corrermos o risco de falarmos no vazio, ou, pior, sentirmos o ridículo de descontar no outro o que é resultado dessa cadeia produtiva da qual fazemos parte também como peças.

É uma civilidade servil às regras que alienam funcionários e consumidores, tornando esse vínculo uma ordem de quase coisas: algo/alguém que tem o quê e com que comprar e algo/alguém que tem o quê e a quem vender. É uma ordem de impessoalidade em que somos quase regidos pela moeda que damos, recebemos e comemos. Moedas de chocolate?

Civilidade servil-maquinal, assim poderia chamar esse campo do consumo e isso se torna mais evidente quando minha paciente passa ao outro lado do balcão e eu, sabendo-a minha paciente, trato-a como uma funcionária sob o registro do cômico e da brincadeira séria que é a Psicanálise, como bem ensinou Winnicott (1971).

"Então, por gentileza, me prepare um café", é uma deferência considerável, pois ainda me apoiei no balcão para fazer esse pedido que mais parece solicitar um favor. Esse tratamento denota uma nova ruptura do campo daquela civilidade servil-maquinal. A cena correta, ou seja, rotineira das relações no interior desse campo seria: depois de comer e sujar as mãos, perguntar pelo lavabo, continuar conversando com quem se está, exclamar *Ah, não tem?*, fazer um gesto de desaprovação com o rosto, lamentar-se em pensamento, limpar os dedos no guardanapo, continuar conversando, dirigir-se até o quiosque, para onde uma funcionária em silêncio também se deslocaria. *Dois cafés, por favor*. Ela os prepararia, movimentando a máquina. *Açúcar? Adoçante? Sim, obrigado*. Continuaríamos a conversa até pedirmos a conta com uma palavra ou um gesto, o que for mais econômico. Agradeceríamos antes de sair, mantendo a conversa para talvez agora, fora da loja, reclamarmos de seu descuido.

Descontadas algumas particularidades sempre existentes, o que esta descrição revela é o caráter automático das ações. É como se houvéssemos ensaiado todos esses movimentos que, vistos assim, parecem não fazer sentido. E é isso o que Fabio (2001) diz, o inconsciente não tem sentido. Ele faz o sentido, por isso não é percebido, mas vivido.

---

prios ao campo da empregabilidade, neste regime econômico, em que cabe aos empregados (mercadorias descartáveis) fazer apenas o que seu empregador determina, pois estão ali como peças funcionais, limitando assim seu próprio pensamento em relação àquilo que fazem, ao como é feito.

As regras deste campo são vividas nas relações a que dão forma e não são pensadas. Essas regras e um pensamento sobre elas só surgem por um trabalho de ruptura, o que tradicionalmente se conhece por interpretação[5] psicanalítica.

Ao me dirigir daquela maneira à minha paciente noto o absurdo de alienação em que me encontro nessas relações comerciais. Talvez a loucura maior de minha paciente não tenha sido desobedecer a ordem da funcionária, ultrapassando o balcão, mas estabelecer uma identificação com alguém tão distinto dela: como uma consumidora poderia ser idêntica a uma funcionária? Como alguém de seu meio social poderia ultrapassar o limiar invisível e rígido que separa consumidores de empregados? Essa ordem de relação é tão imperativa que rotineiramente não peço café a uma pessoa, mas a uma máquina que se move sobre trilhos e sai detrás de um balcão para outro ao me servir. A relação neste campo dá-se entre duas máquinas que se movem sobre os trilhos da civilidade servil-maquinal, cabendo a uma servir e a outra pagar a conta, sendo o "por favor" e o "obrigado" não índices de respeito e consideração pessoal, mas mero lubrificante capaz de tornar fluído esse encontro metálico.

Este é o reino da humanidade cujos sentidos podem ser produzidos por interpretação, distinguindo-se de especulações filosóficas ou de pensamentos críticos sempre imprescindíveis. Se algumas conclusões obtidas podem ser próximas daquelas criadas em outras disciplinas, importa guardarmos o fato de terem sido criadas por diferentes procedimentos metodológicos, o que talvez tenha algum valor em nosso mundo que padroniza e restringe até as formas de pensar. Na elaboração psicanalítica do cotidiano, com sua marca de encarnação associativa pessoal, rupturas de campos podem revelar as regras inconscientes ordenadoras de nossas relações no interior da cultura. Regras essas apagadas pela função da rotina, concebida como uma função

---

[5] Só não se deve confundir aqui interpretação com sentença interpretativa. Para Herrmann (2001), interpretação é o motor mesmo de uma análise, o método psicanalítico posto em prática, e que talvez seja de reconhecimento mais fácil se o situarmos no interior da clínica. A ação do método consistirá em um desencontro produtivo entre as falas do paciente e as intervenções do analista. Ao modo mais de um "ato falho a dois" do que de uma fala elaborada tendo conceitos teóricos como guia, a interpretação dá o que pensar, lançando o paciente a novas associações. De outro modo, sentença interpretativa é um dito de sentido mais organizado, tal uma sistematização mesma do conjunto de descobertas surgidas após o movimento associativo gerado pelas interpretações. Tais sentenças podem trazer algum conceito teórico capaz de tornar inteligível o resultado interpretativo, mas não consistem no motor analítico.

psíquica encobridora do absurdo próprio a essas mesmas relações. Ao se apagar o absurdo fica ela, a cega rotina que nos faz ver tudo como devemos: como pensamos sempre ter sido. A rotina naturaliza as relações. Mas, assumamos, há outro modo de se viver? Na rotina não, e isso é útil, pois como nos ensina Herrmann (1999), graças a ela desconsideramos grande parte dos sentidos impregnados em quase tudo o que falamos, não vinculamos necessariamente a pessoa ao que ela diz ou faz. Mas como a Psicanálise é prática para além da rotina, investigar o cotidiano exige suspendermos essa função psíquica, e nisso a loucura pode nos auxiliar, uma vez que nos desaloja do conforto de não pensarmos sobre o que vivemos.

Atentos às rupturas geradas pela loucura em nosso meio social que exclui essa alteridade, podemos colher interpretações capazes de revelar o absurdo que nos constitui. Beneficia-se o paciente que encontra assim um pária com quem circular pela cidade, criando juntos esta "clínica peripatética"[6]. Beneficia-se o terapeuta que tem aberto seu mundo cotidiano em regras mal-suspeitadas, aquelas capazes de determinar relações maquinais, por exemplo. Além dessa potência curativa promovida pela loucura nesta ordem normalizante de que faz parte o acompanhante terapêutico, também pode ele recorrer às associações para emendar sentidos sobre o tecido absurdo do mundo que continuamos a habitar, mas que já não cremos tão consútil assim. Tecido este nem roto nem plenamente costurado, mas humanamente fabricado de psiquismo inconsciente.

---

[6] Esta expressão é o título de um livro de Antonio Lancetti (2006) que, mesmo não abordando exclusivamente o Acompanhamento Terapêutico, fornece uma boa definição para nossa prática.

Referências bibliográficas

CORTÁZAR, J. Casa tomada. In: *Bestiário*. Rio de Janeiro: Nova Fronteira, 1986.

FRAYZE-PEREIRA, J. *O que é loucura*. 10ª ed. São Paulo: Brasiliense, 2002.

FREUD, S. (1919). "O estranho". In: *Obras psicológicas completas de Sigmund Freud*: edição *standard* brasileira. v. XVII. Rio de Janeiro: Imago, 1996.

HERRMANN, F. *Andaimes do real*: O cotidiano. São Paulo: Vértice, 1985.

_____. *O que é psicanálise* – Para iniciantes ou não... São Paulo: Psique, 1999.

_____. *Introdução à teoria dos campos*. São Paulo: Casa doPsicólogo, 2001.

LANCETTI, A. *Clínica peripatética*. São Paulo: Hucitec, 2006.

MARX, K. "Manuscritos enconômico-filosóficos de 1844. Primeiro manuscrito". In: Fromm, E. *O conceito marxista de homem*. Rio de Janeiro: Zahar, 1970.

PORTO, M. & Sereno, D. "Sobre acompanhamento terapêutico". In: Equipe de Acompanhantes Terapêuticos do Hospital-Dia A Casa. (Org.), A *rua como espaço clínico*. Acompanhamento Terapêutico. São Paulo: Escuta, 1991.

SAWAIA, B. B. *As artimanhas da exclusão*. Petrópolis: Vozes, 2001.

WINNICOT, D. W. "O brincar: uma exposição teórica". In: *O brincar e a realidade*. Rio de Janeiro: Imago, 1975.

Capítulo 5
TEORIA DOS CAMPOS E PESQUISA ACADÊMICA

José Juliano Cedaro

Introdução

Pensando a Psicanálise para além dos muros da clínica clássica, Fabio Herrmann propôs a clínica extensa, como uma ideia de se "fazer psicanálise onde ela é necessária". Ressalta que ordenadores psicanalíticos precisam estar presentes nesse tipo de empreitada, como os conceitos de interpretação e transferência, sobre os quais a Teoria dos Campos avança ao apresentar as concepções de ruptura de campo e campo transferencial. Segundo Herrmann, o caminho para o qual o método psicanalítico conduz passa pela "arte da interpretação", que consiste na disposição em *deixar surgir*, para poder *tomar em consideração* os conteúdos evocados no discurso. Para que esses procedimentos possam ser usados, é preciso que estejam sustentados no campo transferencial, pois ele unifica os campos ocupados e permite que a divisão imaginária existente entre eles possa ser rompida por intermédio da interpretação e, assim, oferece novos sentidos para quem está em análise, independentemente do lugar que ocupa na relação ou onde ela ocorre.

No usufruto desse referencial da Teoria dos Campos venho desenvolvendo pesquisas acadêmicas e em muitas situações trata-se de sujeitos que, embora não sejam pacientes em análise, *submetem-se* ao processo de encontros regulares, em consultórios ou em unidades de saúde. Tal experiência revela o papel do fenômeno transferencial como o vetor que permite a realização da pesquisa nesses moldes, pois ele dá sustentação à relação estabelecida entre as partes envolvidas. Além disso, os entrevistados, ao serem convidados a fazer associações livres de seus conteúdos, as representações de si e de morbidades que padecem, vão sofrendo pequenas alterações, obrigando-os a colocá-las num outro campo. Da mesma forma, esse processo também se aplica ao entrevistador, pois também "sofre" uma ruptura no campo de olhar, adquirindo novos pontos de vistas sobre o objeto em estudo. A ruptura de campo, que expressa o processo interpretativo, costuma estar presente nos vários momentos da pesquisa: no decorrer das entrevistas e, depois delas, quando escreve as impressões, faz as transcrições e, principalmente, no momento de analisar o texto dessas transcrições.

A teoria e o método psicanalítico a serviço da pesquisa acadêmica

Um arcabouço teórico funciona como uma lanterna para que possamos iluminar o material obscuro que se pretende pesquisar. Em termos de Psicanálise, a ciência geral da psique, nas palavras de Fabio Herrmann, a teoria deve ser capaz de dar embasamento e sustentar práticas profissionais e pensamentos sobre a subjetividade humana, algo indispensável quando se quer refletir sobre a realidade (Herrmann, 2001).

Por afinidade – ou para ficar dentro de uma linguagem mais pertinente, por identificação – fui impregnado pelo eco das palavras de Freud, como se, por acidente, fosse banhado em um rio e, por consequência disso, fosse batizado de forma involuntária e irrevogável e, claro, passasse a apreciar isso. Assim, a partir de meu interesse pela pesquisa acadêmica – que eu não sei dizer se começou antes ou depois do meu interesse pela Psicanálise –, foi praticamente inevitável que o meu "olhar" não imbricasse um sobre o outro. Mais precisamente, posso dizer que passei a ver o referencial teórico psicanalítico como uma ferramenta útil para o estudo dos sentidos do mundo, fazendo uso, principalmente, da proposta desenvolvida por Herrmann para a *clínica extensa*:

> Clínica extensa é um movimento, é um nome que eu uso para designar, ao mesmo tempo, um movimento que sempre aconteceu, "um conjunto das infrações do setting", se poderia dizer, ou a generosidade prática daqueles que fazem a psicanálise onde ela se faz necessária, uma coisa meio heroica em alguns casos, em outros simplesmente práticos (cf. Camargo, 2004, p. 51, grifos no original).

Sou psicólogo hospitalar e supervisor de estágio dessa área no curso de Psicologia da Universidade Federal de Rondônia. A Psicologia Hospitalar, nos últimos tempos, como pode ser facilmente observado, tem-se tornado uma área recheada de psicanalistas, seja por decisão pessoal ou por forças do mercado. Esses profissionais têm fornecido importantes colaborações para o debate envolvendo o atendimento hospitalar a partir do método psicanalítico e, ao mesmo tempo, numa espécie de influência circular, ganham uma oportunidade de repensar procedimentos e postulados da Psicanálise. Dessa forma, posso dizer que minha atuação profissional se aproxima da Psicanálise no que diz respeito ao exercício de seu método fora do *setting* clínico convencional.

Ao seguir esse mesmo caminho como pesquisador, deparava, também, com a dúvida se meus trabalhos acadêmicos são "psicanalíticos" ou – fazendo uso de algumas expressões de Herrmann[1] – apenas "versam" sobre a Psicanálise, "espiando-na de fora". Contudo, nesse processo de *atração de legitimidade*, ainda fazendo uso das palavras desse autor, poderia dizer que talvez eu fique na mesma posição de pesquisadores autores de outrora que, ao introduzirem a Psicanálise na Universidade, adotavam uma postura em relação a seus próprios trabalhos, de

> (...) um certo escrúpulo (...) em o declarar, como se temessem ser acusados de charlatanismo. Não sou psicanalista, não fiz formação, nem me analisei – eram frases que se ouviam a todo momento. Excelentes psicanálises da

---

[1] F. Herrmann. Pesquisando com o método psicanalítico, do livro homônimo, organizado por esse mesmo autor em parceria com Theodor Lowenkron, publicado pela Casa do Psicólogo, em 2004.

literatura, por exemplo, acompanhavam-se regularmente dessa mea culpa. (Herrmann, 2004, p. 46-47, grifos no original)

De tal forma, passei a realizar pesquisas tendo como embasamento teórico o referencial psicanalítico freudiano. São, portanto, investigações científicas que fazem uso do método da Psicanálise, embora fora do seu *setting*. Tal procedimento baseia-se na concepção de que a Psicanálise tem como um dos seus objetivos a tentativa de compreender os modos de funcionamento da *psique* uma vez inserida num campo intersubjetivo, o que pode experimentalmente ultrapassar os *muros* da clínica.

Como essa proposta não tem consenso, optei por me alicerçar em psicanalistas que apresentam pesquisas embasadas no referencial psicanalítico e que tenham orientado trabalhos acadêmicos com base nessa perspectiva metodológica. Por tais motivos, costumo dar destaque aos psicanalistas Fabio Herrmann e Renato Mezan, por estarem entre os melhores autores, no Brasil, de publicações voltadas a esse campo de questões.

Herrmann afirma que a Psicanálise nasceu com o intuito de tentar entender a realidade humana, tendo sido descaracterizada e, muitas vezes, vista como mera discussão epistemológica e reduzida a uma psicoterapia. Para esse autor, a Psicanálise é essencialmente marcada por sua ação em pesquisar, ou seja, seu método, em si, e por si, investiga. "É indispensável, todavia, que tal busca se venha cumprir no local apropriado, no cotidiano, pois é aí que o desejo humano edifica o mundo das relações que temos por nossa realidade." (Herrmann, 1979, p. 2).

Ainda segundo Herrmann (1979), a *Psicanálise do cotidiano* não deve ser limitada à aplicação dos conceitos da clínica analítica e, sim, recuperar o seu método enquanto crítica da construção do real, de modo a torná-la viável como instrumento de investigação fora da "moldura" analítica (*setting*). Surge, assim, o termo *inconsciente relativo* como ferramenta teórica para quem pretende converter o método psicanalítico à pesquisa.

A noção de inconsciente relativo é a seguinte: Freud e a psicanálise definem em medidas diferentes uma coisa, quer dizer, um não-ser, que é a estrutura geradora do sentido humano nos atos dos homens. Essa estrutura profunda geradora de sentido humano eu chamo de inconsciente. (...) cada relação humana comporta múltiplos níveis de determinação. E, para cada um, operações diferentes podem evocar, colocar em evidência estruturas determinantes de diferente profundidade. A essas estruturas eu chamo de inconsciente relativo: é o que é determinado pelo choque de diferentes representações em um nível dado. (Herrmann, 1993, p. 136-137).

O inconsciente relativo seria, portanto, uma decorrência das inúmeras variações que podem ser manifestadas em qualquer relação humana, cuja tentativa de entendimento evidenciará suas múltiplas facetas, ao mesmo tempo que a *afetará*, pois estará colocando-a em um outro campo: a percepção do observador. "A decifração de qualquer relação – individual ou coletiva, intrapessoal, interpessoal, uma obra cultural, um período histórico – mostra os determinantes da consciência nela empenhada, ou seja, o *inconsciente relativo*, o inconsciente da relação" (Herrmann, 1991, p. 109).

Tal processo, visando ao entendimento desse inconsciente relativo, passa primordialmente pelo discurso, pois como também salienta Herrmann, a Psicanálise deriva-se do diálogo humano e o tem como ponto de partida, uma vez que a palavra "fala" do desejo inconsciente. Por isso, tal disciplina se apoia na "maneira pela qual a palavra afeta emocionalmente a recordação" (Herrmann, 1997, p. 07), possibilitando-a ou impedindo-a.

Acrescenta Herrmann:

> Nela [a palavra], valores emocionais nadam como peixes, conotações e segundos sentidos voam como pássaros e só nos entendemos por acaso ou pelo acordo tácito de ignorar tudo aquilo que sai fora do campo consensual. (...) Ainda na conversa mais corriqueira, as palavras dizem mais e menos do que se quer dizer. As palavras fogem, armam-se em trocadilhos, conotam sentidos indesejáveis. (Herrmann, 1991, p. 78)

Mezan (1993), por sua vez, ao salientar a propriedade do discurso como elemento revelador das articulações complexas do inconsciente, defende a concepção de que o mesmo seria transposto não só *no* discurso, mas também *através* dele. É neste contexto que deve ser compreendido o exercício da pesquisa psicanalítica, envolvendo pelo menos dois procedimentos básicos. O primeiro refere-se à coleta de dados (pesquisa de campo) e o segundo corresponde ao que Mezan denomina "distanciamento necessário" do objeto de estudo, para que se possa melhor compreendê-lo. Seria um momento de reflexão, no sentido literal desse termo. Compara, então, esses procedimentos com o trabalho do antropólogo que, após interagir de alguma forma com os sujeitos da pesquisa, precisa recorrer a uma reflexão, alicerçada em uma teoria, para poder elucidar ou lapidar o material coletado (Mezan, 1998a, p. 364-365, pas.). Em outro trabalho, mas discutindo o mesmo assunto sobre a pesquisa acadêmica, Mezan acrescenta: "Isso eu considero uma boa pesquisa em psicanálise. (...) trabalha com o individual; trabalha de certa forma com um coletivo; vai ao aspecto do conceito; enriquece uma faceta desse conceito; e volta ao material, para elucidá-lo sob essa ótica" (Mezan, 1998b, p. 87).

Espera-se, portanto, que o pesquisador possa oferecer novas contribuições a uma teoria ou mesmo à prática de uma ciência, pois "... é uma função muito importante da tese universitária em psicanálise: *aumentar o repertório*. A qualidade da informação de que dispomos atualmente é muito pobre: somos muito ignorantes, essa é a verdade" (Mezan, 1998a, p. 458).

A Teoria dos Campos como recurso à pesquisa

Nas palavras de Freud, a invenção da Psicanálise foi um duro golpe no narcisismo da humanidade, pois a então nova ciência deixava evidente que o *eu* não é senhor de seu reino. Por outro lado, essa invenção abriu um campo, ou melhor, criou uma ferramenta para que pudéssemos ter acesso ao fruto de um antigo desejo nosso: conhecermo-nos (Freud, 1914 e 1925).

Postular que o *eu* não é o mandatário maior da casa que habita decorreu da descoberta de sermos impulsionados por forças que estão além do alcance direto da nossa consciência, sobre as quais podemos deduzir a existência, somente se soubermos observar os efeitos de suas manifestações. O campo onde se localizam essas forças Freud denominou inconsciente, um lugar do não saber. Entretanto, o inconsciente é o "objeto do saber psicanalítico." (Herrmann, 1979, p. 180). Dizendo isso, uma pergunta é inevitável: como se pode construir uma ciência cujo objeto é do campo do não saber?

A maneira de se ter acesso a esse mundo do não saber é a grande invenção de Freud: o método psicanalítico, ou seja, o *caminho* usado por ele e seus seguidores para ter acesso às manifestações do inconsciente e poder compreender a alma humana. Tal caminho consiste no que Herrmann (2003) denomina "a arte da interpretação", a qual exige "uma disposição de *deixar que* surja, para *tomar em consideração*" os conteúdos trazidos pelo analisando. O método dá sustentação às regras técnicas da Psicanálise, que são, por parte do analista, a atitude de *atenção flutuante* no exercício da escuta dos discursos do sujeito em análise, ao qual se espera dar condições para a ocorrência de *associações livres* dos conteúdos que vão emergindo em sua consciência, mesmo que eles pareçam absurdos e desconexos uns com os outros. Trata-se da criação de um espaço e de uma atmosfera propícios à manifestação da lógica do desejo.

Para que esse procedimento possa ser empregado, é preciso que esteja sustentado em um campo especial – o campo transferencial – pois a transferência funciona como um "ordenador intersubjetivo":

> ... é o vetor emocional (...) que tem o analista como a direção da reevocação [dos] padrões básicos do sentir postos em alguma ordem pelo inconsciente. É a ele (...) e através dele que circulam as apreensões de si e do mundo veiculadas pelo paciente em seu discurso. (Herrmann, 2005, p. 71)

De tal maneira, o pesquisador que passa a usufruir das ferramentas da clínica psicanalítica, havendo ou não uma proposta psicoterapêutica em sua ação, frequentemente é posto no lugar de analista/terapeuta, pois todos os elementos para tais investimentos estão presentes na relação com as pessoas pesquisadas.

Um pesquisador sempre ocupa um lugar diferenciado e não deixa de ser visto como profissional e portador de algum outro título e, com isso, inevitavelmente é percebido como aquele que *supostamente* sabe alguma coisa, principalmente no tocante ao assunto pesquisado. Além disso, as entrevistas costumam ser feitas em condições aparentadas com aquelas presentes no espaço da clínica psicanalítica, criando um ambiente propício para que, em muitos momentos, os entrevistados se percebessem "olhando" para seus próprios sentimentos e para as situações de suas vidas através de um outro enfoque. Uma entrevistada da pesquisa para minha tese de doutorado[2] costumava dizer: "*Estou pensando nisso agora!* (...) *Ainda não tinha parado para pensar nessas coisas*". Outra entrevistada definia as entrevistas como "*uma psicologia mais profunda*".

As representações solidificadas *no* e *pelo* cotidiano sofrem alterações no decorrer das entrevistas e isso *obriga* os entrevistados a

---

[2] Tese defendida em 2005, no Instituto de Psicologia da USP com o título "A ferida na alma: A aids sob ponto de vista psicanalítico", orientado por Ana Maria Loffredo.

colocá-las num outro campo. Da mesma forma, esse processo também se aplica ao pesquisador, pois também "sofre" uma ruptura no campo de olhar, adquirindo um novo ponto de vista a partir do qual, quiçá, possa lançar novas luzes. Dentro do contexto, creio ser pertinente o recurso à Teoria dos Campos, pois esta fornece as ferramentas teóricas necessárias para embasar metodologicamente esse tipo de pesquisa.

Assim, com essa formulação de *campo transferencial* chego ao ponto nodal desse trabalho: a amarração da Psicanálise com a pesquisa acadêmica e, sobretudo, discutir a possibilidade do usufruto desse método para uma investigação acadêmica – o lugar em que a recorrência à Teoria dos Campos se torna mais valiosa.

O campo transferencial é a "encarnação primeira do Campo Psicanalítico" (Herrmann, 1979, p. 41) e, graças a ele, novas representações emocionais podem ser favorecidas pela interpretação, uma vez que ele é o promotor da *ruptura de campo* – "mesmo em situações em que não há o *setting* analítico." – acrescenta Herrmann (cf. Camargo, 2004, p. 40).

Ruptura de campo é a essência e o fundamento do método psicanalítico na sua busca em ter acesso àquilo que não se sabe, ou seja, acesso às coisas "escritas" num campo inacessível à consciência. Para se entender como a ruptura de campo funciona e como pode ser útil para uma pesquisa em Psicanálise é preciso retomar a ideia de *campo*.

Campos são os lugares que ocupamos a cada momento na vida e os quais nos "sustentam", embora não tenhamos noção de que estamos neles e normalmente passamos de um para o outro sem nos darmos conta disso. Assim, permanecemos em múltiplos campos, cada um deles organizados inconscientemente a seu modo – em inconscientes relativos. Trabalho, escola, família, reminiscências, por exemplo, são campos que, muitas vezes, portam incontáveis outros campos agregados, cada um deles regidos inconscientemente pela lógica absurda do desejo.

> O campo é tudo aquilo que determina uma relação e é inapreensível no interior dessa relação. (...) Para evidenciar a composição de um campo, não basta sair da relação que ele determina. Mais de uma relação pode ser determinada pelo mesmo campo, em primeiro lugar; num namoro, por exemplo, podemos beijar, discutir, romper e reatar, mas, mesmo rompido o namoro, o campo que medeia entre os dois ex-namorados ainda é o campo do namoro, pois este possui regras que ditam inclusive a forma de cessação. (Herrmann, 1992, p. 17)

No espaço psicanalítico, esses campos são postos num lugar único, ordenados pela transferência e, a partir dela, a divisão imaginária que existe entre eles pode ser rompida por intermédio da interpretação e, com ela, ganham novos sentidos.

Os campos vão sendo postos em evidência pelo ato interpretativo; quando os tomamos em consideração, já estamos fazendo uma teoria, ou, para dizê-lo com rigor, prototeoria; o conhecimento psicanalítico então pode e deve entrar em cena, iluminando melhor o que começa a esboçar-se na mente do psicanalista, ajudando-o a completar desenhos presumíveis do desejo do paciente, a partir daquilo que surgiu. (Herrmann, 1991, p. 200-201)

Isso possibilita que seja elucidada a lógica das emoções inerentes às relações humanas, cujo motor é sempre o desejo. O que se rompe é o nó do desejo que barra a fluência de um campo para o outro. Na ruptura, novos sentidos podem ser dados ao discurso de um analisando, por exemplo; ou de um entrevistado, como é o caso do trabalho em questão.

Em resumo, a interpretação só alcança uma verdade que supere o problema de reencontrar o que já pôs – seja como interpretante, seja como processo total de montagem – quando, admitindo que o inconsciente é apenas seu produto e que ele é reinventado a cada interpretação, aceita o fato de que, na Psicanálise, nada preexiste ao feito. Antes de evidenciado pela luz da interpretação, o inconsciente é forma potencial, é sombra durante a noite. O valor de cada nova construção/expressão do inconsciente, seu valor de verdade, repousa apenas na possibilidade de criar novas e melhores expressões futuras, na sequência de cada uma e de todas as análises. (Herrmann, 1979, p. 192)

Seguindo essa linha de trabalho, os procedimentos para a análise do material coletado dividem-se em três tempos. O primeiro é a obtenção e a análise do material da pesquisa no momento das entrevistas, podendo ser gravadas ou não. Quando as entrevistas são realizadas, pode-se explorar a relação estabelecida, na qual se inclui o rumo tomado e a maneira que os entrevistados se posicionam diante dos fatos abordados ou das intervenções. Enfim, um momento importante porque evidencia o campo transferencial, um lugar onde todos os campos da vida dos entrevistados podem ser colocados e se tornam uma ferramenta essencial para a pesquisa.

No fim da entrevista, começa o segundo tempo, quando se transcreve o ocorrido e se fazem os registros das *impressões* do pesquisador. Configura-se num momento privilegiado, pois é quando se pode lembrar (ou registrar, em caso de entrevistas gravadas) elementos importantes que, às vezes, passavam despercebidos, como nuances das falas, interjeições, suspiros, risos, silêncios e lapsos. Além disso, compreende-se mais claramente as histórias, pois é possível juntar os fatos aparentemente confusos ou desconexos nos vaivéns dos relatos

A partir desse momento de transcrição, nasce o terceiro tempo da análise, quando se constrói um texto ao analisar as falas. Diria que o registro das impressões e o momento das transcrições funcionam como uma análise preliminar, quando se alçam questões ou hipóteses para serem exploradas nas entrevistas subsequentes e no cruzamento com o restante do material que vai sendo produzido. Desse procedimento nascem "microteorias" – ou prototeorias, como denomina Fabio Herrmann – que passam a ser exploradas, ou melhor, depuradas no decorrer de todo o processo de análise. A cada nova entrevista, novas informações vão sendo integradas ao material e acrescentando novos elementos, que ora reforçam as hipóteses anteriores, ora obrigam a redimensioná-las – ou mesmo abandoná-las.

O procedimento de análise consiste, primordialmente, numa leitura do material colhido ao longo das entrevistas. Dessa leitura é construída a análise. Diria que a partir de tal momento cada caso é "pensado por escrito" e interpretado no decorrer do processo de narrá-lo graficamente, pois o ato de escrever nasce do ato de leitura. Por meio da escrita emergem novos sentidos aos discursos dos sujeitos e ao escrever entra em jogo a interconexão dos vários campos postos nas falas dos entrevistados e isso permite uma intertextualidade, ou seja, um diálogo entre o material produzido em vários encontros e uma imbricação com o repertório teórico.

A escrita – segundo Mandelbaum – "apela à leitura e, quando dizemos leitura, entenda-se uma demanda por interpretação, a realização de uma transformação" (Mandelbaum & Minerbo, 2002, p. 166). É, portanto, um movimento em busca de uma interpretação do que foi acolhido no momento da escuta. Ou seja, enquanto a escuta é um movimento de "deixar surgir" e a leitura é o de "tomar em consideração" o escutado, a escrita é uma busca de dar novos sentidos aos discursos dos entrevistados.

Dar novos sentidos não é modificá-los e, sim, colocá-los num campo onde podem ser transmitidos em uma rede intertextual. É redimensioná-los a partir de uma leitura iluminada pela lanterna do repertório psicanalítico. Nesse momento, o referencial psicanalítico, que está subjacente à análise, funciona como um fundo onde se figuram as singularidades. De tal maneira, a Psicanálise oferece ferramentas essenciais para o entendimento melhor da alma humana, mesmo fora de seu *setting* clássico de atuação.

Referências bibliográficas

CAMARGO, A. C. de *Clínica extensa. A Psicanálise onde ela se faz necessária.* Dissertação de Mestrado em Psicologia Clínica, Pontifícia Universidade Católica de São Paulo, São Paulo, 2004, 115p.

CEDARO, J. J. A ferida na alma: Os doentes de aids sob o ponto de vista psicanalítico. Tese de Doutorado em Psicologia, Instituto de Psicologia da Universidade de São Paulo, 2005.

FREUD, S. (1914). *Contribución a la historia del movimiento psicoanalítico.* Buenos Aires: Amarrortu Editores, v. 14, 1993.

_____. Freud, S. (1925). *Presentación autobiográfica.* Buenos Aires: Amarrortu Editores, v. 20, 1996.

HERRMANN, F. *Andaimes do real. Uma revisão crítica do método da Psicanálise.* São Paulo: Editora Pedagógica Universitária, 1979.

_____. *Andaimes do real.* Livro primeiro. Método da Psicanálise. 2ª ed. São Paulo: Brasiliense, 1991.

_____. *O divã a passeio. À procura da psicanálise onde não parece estar.* São Paulo: Brasiliense, 1992.

_____. Uma aventura – A tese psicanalítica. In: SILVA, M. E. L. da (Org.), *Investigação e psicanálise.* Campinas: Papirus, 1993.

_____. Investigação psicanalítica. In: *Jornal de Psicanálise da Sociedade Brasileira de Psicanálise de São Paulo.* São Paulo, 1997, jan, nº 55/56, vol. 30, p. 7-18.

_____. *Introdução à teoria dos campos.* São Paulo: Casa do Psicólogo, 2001.

_____. *Clínica psicanalítica.* 3ª ed. São Paulo: Casa do Psicólogo, 2003.

HERRMANN, F. & LOWENKRON, T. (Orgs.), *Pesquisando com método psicanalítico.* São Paulo: Casa do Psicólogo, 2004.

HERRMANN, L *Andaimes do real: A construção de um pensamento.* Tese de Doutorado em Psicologia Clínica, Pontifícia Universidade Católica de São Paulo, São Paulo, 2005, 300p..

MEZAN, R. Que significa "pesquisa" em psicanálise? In: SILVA, M. E. L. da (Coord.), *Investigação e psicanálise.* Campinas: Papirus, 1993.

_____. *Escrever a clínica.* São Paulo: Casa do Psicólogo, 1998a.

_____. Sobre a pesquisa em psicanálise. In: *Revista Psiquê*. São Paulo, 1998b, ano 02, n.º 02. 1, v. 32, p. 87-97,

_____. *Tempo de muda. Ensaios de Psicanálise*. São Paulo: Companhia das Letras, 1998c.

MINERBO, M. & Mandelbaum, E. A narrativa clínica. *Jornal de Psicanálise*. São Paulo, 2002, dez., v. 35 (64/65), p. 157-173.

Capítulo 6
VAN GOGH: UMA INTERPRETAÇÃO DA LOUCURA

Luciana Bertini Godoy

No contexto de um amplo estudo da correspondência do pintor holandês Vincent van Gogh (1853-1890) com vistas ao delineamento de sua autoimagem (Godoy, 2006), pretendo abordar um aspecto em particular desse material, a relação do artista com a loucura, ou, em suas palavras, com a "doença mental" que o acometeu marcadamente nos seus últimos dois anos de vida.

O acesso à parcela da correspondência onde Van Gogh escreve sobre esse assunto foi possível graças ao desenvolvimento de uma metodologia de análise estrutural e temática, pela qual o texto de cada carta estudada foi desmembrado nos temas abordados pelo pintor. Todas as passagens em que o artista trata da questão da loucura foram separadas, permitindo o acompanhamento de suas ideias, depoimentos e reflexões acerca desse tema, tal como será apresentado a seguir.

A compreensão de Van Gogh, a partir da leitura das cartas, contrapôs-se à sua imagem normalmente difundida, que o liga à loucura, à determinação psíquica de sua produção artística, ao miserável, excluído e isolado – estereótipos em geral relacionados ao artista. A análise de suas próprias palavras conduz a uma reflexão mais complexa, que deve incluir o estudo do contexto histórico-cultural do fim do século XIX, buscando a compreensão de um fenômeno singular (Van Gogh) como uma manifestação emblemática de uma época. E sua época caracteriza-se, entre outros aspectos, pela consolidação do capitalismo e suas inevitáveis contradições que levantaram numerosos protestos, especialmente entre os artistas cujas obras haviam perdido seu lugar de crítica e contestação dos valores sociais. Desiludidos com a possibilidade de efetuarem mudanças reais na sociedade pela arte, os artistas, doravante chamados modernos, voltaram-se para o interior de sua própria vida, traduzindo seu protesto em ações concretas, como lutando em frentes de batalha, migrando para terras tropicais ou do Oriente em busca de uma sociedade menos corrompida, mais ingênua e pura, o "paraíso na terra". De Micheli (1991) denomina estas atitudes "práticas de evasão", que tinham por objetivo a busca do primitivo e do selvagem, podendo-se chegar, inclusive, à loucura.

Como Van Gogh atravessa a complexa relação sanidade/loucura/arte? Ele se reconhecia louco? Buscava uma cura? Nos depoimentos do artista, no início, encontramos uma forte resistência à ideia da loucura. Num primeiro momento, é por ele concebida como resultado da incompreensão de seu trabalho e de sua atitude abnegada à pintura, portanto, sua loucura foi compreendida como um efeito da contestação da sociedade aos valores e forma de vida adotados pelo artista. Para ele, são os olhos da sociedade que o veem louco. Num segundo momento, diante da inexorabilidade de sua condição – automutilação, delírios e alucinações – o artista assume a loucura, para dispor dela a favor da pintura. Atitudes como propor a internação voluntária como forma de garantir as condições materiais para a realização de seu trabalho (abrigo, refeições, tratamento e estúdio para suas telas), ou a liberdade de pesquisa e expressão em função do absoluto descompromisso com qualquer laço instituído, liberdade dada pela condição de louco, favoreceram o alcance de seu mais importante objetivo, a realização de seu trabalho em nome do desenvolvimento da arte.

Percorrendo as palavras de Van Gogh nas passagens recolhidas, será possível verificar seu pertencimento a um grupo de artistas cuja identidade social passa pela loucura, mas não se fixa nela. Tal "destino" dado à loucura aponta a fragilidade dos critérios que definem saúde e doença mental no âmbito desse artista, no contexto em que viveu. Esse é o ponto central da presente reflexão.

Ao todo, foram estudadas 262 cartas escritas por Van Gogh a diversos interlocutores, especialmente a seu irmão Théo, de março de 1886 até sua morte, em julho de 1890. Primeiro foi feita a análise estrutural desse material, com a leitura e identificação dos temas (Vida, Arte e Doença) e subtemas nas cartas, compreendendo-se por estrutura o conjunto de elementos articulados que ganham sentido na relação com o todo (Chauí, 2002). A tessitura desses elementos numa reorganização derivada dessa primeira análise consistiu na análise temática, ou seja, no estudo de cada tema apontando sentidos inteligíveis subjacentes ao conjunto das cartas.

Em se tratando do propósito aqui recortado, acompanhar o tema Doença significa percorrer as concepções de Van Gogh rumo às articulações entre a arte e a loucura, relação que se revela uma manifestação da polaridade mais genérica encontrada no pensamento desse artista, o par vida e obra. Esse percurso é dividido em três momentos:

1. Perturbação psíquica como uma **doença orgânica**;
2. A **doença mental** advinda da rejeição social; e
3. A **loucura assumida**, a serviço da arte.

1. Perturbação psíquica como uma doença orgânica

A primeira menção ao tema doença já é articulada com a vida de artista:

469[1] *"Meu Deus, quando será que veremos uma geração de artistas que tenham corpos saudáveis?"*

Nesta passagem, evidencia-se a oposição entre o corpo são e o corpo do artista, doente pelos excessos de bebida, tabaco e sexo, hábitos ligados à vida urbana dos grandes centros, como Paris, onde se concentravam os artistas.

A determinação orgânica de sua doença assegurava a Van Gogh uma compreensão também orgânica de sua experiência psíquica. Por exemplo, atribui a melancolia sentida por um amigo artista ao mau

---

[1] A numeração que antecede os extratos de cartas segue aquela que consta na edição de 1960 de sua correspondência completa (Van Gogh, 1960).

vinho tomado em Paris, que teria "impedido seu sangue de circular!". Após a primeira crise (episódio da orelha cortada) e internação (1888), relata perder o medo das alucinações, visto que as compreendeu como parte da doença. Enquanto tivessem raízes orgânicas (lesão no nervo auditivo, segundo explicações dos médicos), os sintomas não o preocupavam.

A atribuição orgânica para o sofrimento mental vai perdendo força à medida que o artista recupera as condições físicas, mas as crises continuam. Isso provoca uma oscilação de seu estado entre uma sensação de melhora, lucidez e produção, de um lado, e o abatimento pelas crises, de outro. A boa disposição física, antes esperança de melhora psíquica, torna-se consolo, pois, apesar dela, a angústia não diminui.

571 *"Assim, ainda não foi desta vez que houve algum mal pior que um pouco mais de sofrimento e de relativa angústia. E conservo todas as minhas esperanças. Mas sinto-me fraco e um pouco inquieto e temeroso. O que, eu espero, passará logo que eu recupere minhas forças."*

583 *"Estou bem estes dias, a não ser um certo fundo de vaga tristeza difícil de definir – mas enfim –, recuperei mais forças fisicamente do que perdi, e estou trabalhando."*

2. A doença mental advinda da rejeição social

Abandonada a tese da determinação orgânica, a doença mental passa a ser considerada a partir da articulação arte-loucura desde a primeira crise em Arles até a última carta, numa busca infinita pelo sentido de seu trabalho na pintura e, em última instância, em sua vida. Após o fracasso no reconhecimento alheio de seus esforços, após ter perdido a verdadeira vida, seu corpo, sua mente e seu trabalho são o que lhe restaram.

574 *"Como continuamos no inverno, escutem, deixem-me continuar tranquilamente meu trabalho, se for um trabalho de louco, meu Deus! tanto pior. Nada posso fazer então. (...) E mais uma vez ou tranquem-me logo numa casa de loucos, não me oponho caso eu estiver enganado, ou deixem-me trabalhar com todas as minhas forças, tomando as precauções que mencionei. Se eu não estiver louco, chegará o momento em que lhe enviarei o que desde o começo eu lhe havia prometido."*

Um dos determinantes de sua doença, em seus dizeres, é a rejeição social sofrida por ele e seu trabalho, manifestada pela incompreensão de sua pintura e os preconceitos a ela relacionados. Quando mais é acusado de louco, mais lúcidos parecem seus depoimentos:

579 *"Eis a verdade. Um certo número de pessoas daqui endereçou ao prefeito uma petição (eram mais de oitenta assinaturas) me indicando como um homem indigno de viver em liberdade, ou algo assim. O comissário de polícia então ordena de me internarem de novo. Tanto é que aqui estou por longos dias sob chaves, ferrolhos e guardas no hospício, sem que minha culpabilidade tenha sido provada ou sequer seja provável. Não é preciso dizer que no íntimo de minha alma tenho muito o que dizer a respeito disso tudo. Não é preciso dizer que não adiantaria me zangar, e que me pareceria, num caso semelhante, que desculpar-me seria me acusar. Somente para adverti-lo que libertar-me primeiro eu não o peço, estando convencido de que toda esta acusação vai se reduzir a nada. Se eu não contivesse minha indignação eu seria imediatamente considerado louco perigoso. Esperemos com paciência, aliás emoções fortes só poderiam agravar meu estado. É por isto que eu lhe peço pela presente que os deixe fazer e não se envolva. Fique sabendo que isto talvez complicasse e embrulhasse a coisa.*
(...) Se estes senhores daqui protestam contra mim, eu também protesto contra eles, e só lhes resta me ressarcir por perdas e danos amigavelmente, enfim, só lhes resta devolver-me o que perderei por sua culpa e ignorância."

A sociedade participa da institucionalização da loucura em Van Gogh, atribuindo-lhe este rótulo e reagindo a ele como se o estado de crise que o levou a se ferir na noite de 23 de dezembro de 1888 o tivesse absorvido por completo, o tivesse aprisionado num estado de permanente desrazão e o impossibilitasse para sempre de tomar quaisquer atitudes ou decisões que não fossem as de uma pessoa totalmente insana. Em outras palavras, Van Gogh reconhece nessa reação da comunidade a formalização do que ele próprio pressentia ser inevitável: ter sido conduzido à loucura pela pesquisa na pintura. Nessa medida, sente que a loucura lhe é "empurrada" de fora para dentro.

Van Gogh preocupa-se em garantir as condições de exercício da pintura, ainda que em detrimento de outras necessidades. É nesse contexto que devem ser compreendidas suas iniciativas de se internar nos asilos de alienados: não por se convencer da loucura, mas pela conveniência de ter um alojamento, comida, tratamento e lugar para pintar a um custo possível a Théo, irmão que o sustentava.

586 "*No fim do mês eu desejaria ir novamente para o hospício em Saint-Rémy ou para uma outra instituição deste tipo. (...) Parece-me que com uma pensão de uns setenta e cinco francos por mês deve haver meios de me internar de maneira a que eu tenha tudo o que preciso. Depois eu gostaria muito, se a coisa for possível, de poder sair durante o dia para ir desenhar ou pintar ao ar livre. Uma vez que, aqui, eu agora saio todos os dias e acredito que isso possa continuar. Pagando mais, advirto-lhe que eu ficaria menos feliz. A alimentação trivial me cai muito bem. Quanto a um aposento individual, é preciso saber como serão os regulamentos de uma instituição destas. Saiba que Rey está sobrecarregado de trabalho, sobrecarregado; se ele lhe escrever, ou o sr. Salles, é melhor fazer exatamente o que eles disserem.*"

3. A loucura assumida, a serviço da arte

Paralelamente à incompreensão de sua pintura por seus contemporâneos, também a arte assume importante papel na determinação e na evolução de sua doença. Duas ideias prevalecem: a primeira é a compreensão inevitável de que a vida de artista, sacrificando a verdadeira vida, só poderia levar à doença, ou seja, a doença seria um resultado inevitável para quem, como ele, escolheu a vida de artista; a doença seria o produto concreto do sacrifício da verdadeira vida pela arte.

514 "*Se um pintor arruína seu caráter trabalhando duro na pintura, que o torna estéril para muitas coisas, para a vida familiar, etc., etc. Se, consequentemente, ele pinta não somente com cores, mas também com abnegação e renúncia, e com o coração partido – o seu trabalho não somente não é pago, mas também lhe custa, exatamente como para um pintor, essa dissipação meio voluntária, meio fortuita, da personalidade.*"

652 "*Pois bem, em meu próprio trabalho, arrisco a vida e nele minha razão arruinou-me em parte.*"

Se, de um lado, a loucura seria advinda de sua entrega irrestrita à pintura – que o deixa "*sempre abstraído demais e desajeitado para se virar também com o resto da vida*" (carta 591a) – de outro, (segunda ideia) no momento em que a loucura começa a ocupar um lugar mais concreto em sua vida, expressando-se nas crises e, posteriormente, nas internações e nos contatos com os alienados, a pintura passa a ser seu refúgio, aquilo que o contém, ordena e organiza, aquilo que permite que ele continue vivendo, ou seja, o inverso do que até aqui a pintura significava para ele.

576 "*No tocante ao trabalho, este mês não tem sido de todo mau, e como o trabalho retira minha mente das coisas, ou melhor, me mantém em ordem, eu não me privo dele.*"

602 "*O trabalho me distrai infinitamente mais que qualquer outra coisa e se por uma vez eu pudesse nele me lançar com toda minha energia, este seria possivelmente o melhor remédio.*"

A inversão se completa quando Van Gogh supõe ser a pintura, agora, a própria cura da loucura. O que antes era tomado como uma decorrência inevitável de sua atividade artística, a loucura requer da mesma pintura, desta vez, uma sustentação, pois foi só o que lhe restou. Esses dois termos continuam, assim, intimamente relacionados e, nas últimas cartas, já sem muita esperança de melhora, e relativamente resignado quanto à sua condição, avalia sob que aspectos a loucura poderia ter trazido algum benefício para sua pintura. O artista reconhece que os acontecimentos envolvendo a loucura em sua vida pelo menos não prejudicaram a qualidade de sua pintura, principal foco de suas preocupações.

Van Gogh ressalta o aspecto da loucura que desvincula seu portador de qualquer obrigação formal com padrões de comportamento e de adequação, referindo-se, particularmente, à liberdade que o descompromisso com qualquer formalidade arbitrária lhe proporcionou de subverter os padrões da própria pintura, condição necessária para a criação e o surgimento do novo na arte de um modo geral.

A referência a outros artistas que também enlouqueceram é mais um elemento que se repete em várias cartas. Van Gogh acredita que a loucura seria um elemento constitutivo da figura do artista, não como um princípio determinante, mas como decorrência, uma vez que "tantos outros" o foram – o que, na verdade, confirma suas primeiras hipóteses sobre o papel da arte na evolução de sua doença. E, nessa medida, a insistência em remeter-se a artistas que, como ele, enlouqueceram, lembra-o de que ele é mais um artista nessa condição, não está sozinho, tampouco excluído. Tal compreensão lhe desperta um sentimento de inclusão e conforto, que talvez jamais tivesse sido antes experimentado.

592 *"Estes artistas, vejo-os recuperando seu ar sereno, e você acha que é pouca coisa reencontrar ancestrais da profissão? E, sem brincadeira, fico muito agradecido por isto."*

Na busca pelo sentido de seus esforços para a realização de sua obra, Van Gogh encontra, finalmente, na loucura, o elemento que o articula à sua profissão, na tradição de outros artistas que, como ele, enlouqueceram e, mais amplamente, elemento que lhe confere um lugar próprio no mundo. Retomando a poética de evasão sugerida por De Micheli (1991), a loucura seria a concretização, em Van Gogh, da condição marginal do artista moderno. Evasão de si mesmo, a loucura é também a subversão de uma realidade instituída, usada ou "destinada" à criação da nova arte.

582 *"É preciso que eu sofra a prisão ou o hospício? Por que não? (...) Mas só o que eu quero dizer é que isto está acima da questão da doença e da saúde. Naturalmente fica-se fora de si em casos similares – não digo casos iguais, ocupando eu um lugar bem inferior e secundário, mas digo similares. (...) Penso em aceitar decididamente minha profissão de louco, assim como Degas tomou a forma de um escrivão. Mas acontece que eu não sinto ter toda a força necessária para desempenhar tal papel."*

Esta última passagem é emblemática da operação do artista que coloca a doença a serviço da arte:

571a *"No que concerne às causas e às consequências da doença em questão, o melhor a fazer é deixar os professores holandeses debaterem a questão de saber se eu não estive louco (...), se eu fui considerado como louco, ou se eu ainda o sou. Senão, se eu já era antes daquele momento, se eu não o sou no dia de hoje, ou se eu vou me tornar um novamente. (...) Em todo caso, logo que saí do hospital, eu fiz o retrato do meu próprio médico. E meu equilíbrio como pintor não se perdeu de jeito nenhum."*

Uma vez que o tema deste "V Encontro Psicanalítico da Teoria dos Campos" é "Interpretação e Cura", coloca-se a questão: considerando a ideia da clínica extensa proposta pela Teoria dos Campos, a interpretação de Van Gogh da loucura e sua articulação com a arte não operariam uma ruptura no campo instituído do que se entende por loucura, assim como por cura?

Referências bibliográficas

CHAUÍ, M. *Experiência do pensamento* – Ensaios sobre a obra de Merleau-Ponty. São Paulo: Martins Fontes, 2002.

De MICHELI, M. *As vanguardas artísticas do século XX*. São Paulo: Martins Fontes, 1991.

GODOY, L. B. *Espirais da criação* – Autoimagem do artista moderno na correspondência de Van Gogh. São Paulo, Tese de Doutorado, Instituto de Psicologia, Universidade de São Paulo, 2006.

VAN GOGH, V. *Correspondance complète de Vincent van Gogh*. Paris: Gallimard-Grasset, 1960.

Capítulo 7
LITERATURA E RUPTURA DE CAMPO: A FUNÇÃO TERAPÊUTICA DA OFICINA DE LEITURA

Sonia Saj Porccachia

A Psicopedagogia como uma clínica extensa

Por que pensar a Psicopedagogia como uma clínica extensa?

Na teoria freudiana "a Psicanálise ocupava uma área muito maior que a terapia de consultório; depois dentro do movimento psicanalítico não se expandiu, encolheu", afirma Herrmann (2005, p. 20). E, de acordo com o pensamento desse autor, "as análises freudianas da cultura, da literatura, dos mitos deram lugar a uma prática clínica muito estreita", em que cada grupo psicanalítico tem sempre as suas mesmas interpretações, mantendo um mesmo cenário de *setting* ritualísticos.

O método psicanalítico criado por Freud, no sentido maior que a terapia de consultório, tem seu reflexo na Teoria dos Campos quando trata da Clínica Extensa, em que propõe "a aplicação do método psicanalítico a situações exteriores ao consultório, tais como o hospital, a clínica universitária, a consulta médica, a escola e, de modo geral, pratica-a junto à população desprovida de recursos", segundo Herrmann (2005, p. 24) que entende a clínica extensa como uma "psicanálise da cultura e da sociedade, a correlação de mão dupla com a literatura e as artes, a própria integração com o reino das ciências.

É a *função terapêutica* que sustenta essa intrínseca extensão da clínica, afirma Herrmann (2005, p. 25), e, "quando ocorre uma ruptura de campo, quando se desestabiliza um sistema estruturado de representações, o efeito não é apenas a abertura para o conhecimento, mas a abertura para uma mudança vital". Assim, o autor levanta uma hipótese de trabalho que embasa todo o seu pensamento e fundamenta toda a Teoria dos Campos, tendo como método psicanalítico – a interpretação – entendida sempre como *ruptura de campo*.

Para Herrmann (2004, p. 22), segundo o pensamento da Teoria dos Campos, "há níveis e níveis de interpretação" e, para tal, devemos levar em consideração "a zona intermediária que se estende da superfície dos pensamentos e emoções ao inconsciente teórico da Psicanálise". Nesse sentido, o mais importante no decorrer da terapia psicanalítica é o exame cuidadoso das representações conscientes, "para conhecer sua composição na química do espírito. Pois é para os componentes estruturais das ideias ou das emoções que podemos encontrar correspondência inconsciente, não para elas mesmas – pular da emoção ao inconsciente é um vistoso salto mortal" (Herrmann, 2004, p. 23).

Herrmann (2004) propõe ao analista que na sua prática clínica atue na *zona intermediária*, que se estende da superfície dos pensamentos e das emoções ao inconsciente teórico da Psicanálise. E,

> (...) quando vem à luz um sistema de regras organizadoras da figura consciente, estamos aptos a realizar uma autêntica operação simbólica rumo às fontes inconscientes, provida das mediações indispensáveis, não pura e simples tradução. E é esta operação simbólica, este trabalho de escavação arqueológica seguido de reconstrução histórica, que produz resultados terapêuticos duradouros. (Herrmann, 2004, p. 27-28)

Essa *zona intermediária*, que organiza nossas ideias, somada ao inconsciente tradicional, lógica do processo primário, Herrmann (2004, p. 28) nomeia "Campo", que é "o lugar das regras que determinam as relações que concretamente vivemos".

Segundo Herrmann (2004, p. 60-61),

Campo significa uma zona de produção psíquica bem definida, responsável pela imposição das regras que organizam todas as relações que aí se dão; é uma parte do psiquismo em ação, tanto do psiquismo individual, como da psique social e da cultura.

O método da Psicanálise segundo a Teoria dos Campos é a *ruptura de campo*. Para Herrmann (2004, p. 63), "nosso psiquismo cria e procura manter seus campos, a situação analítica sistematicamente os desmancha". O autor continua e esclarece que "a situação analítica, o método em ação, é a forma mesma pela qual funciona a psique humana, só que ao revés, invertida". Na situação analítica a relação que se estabelece entre analista e analisando reflete-se na transferência que, por sua vez, estabelece uma força como um campo magnético, que Herrmann (2004, p. 65) diz também poder nomeá-lo de campo transferencial, no qual apenas o que surge do paciente é confiável, uma vez que "qualquer coisa que já esteja na cabeça do analista poderia ser facilmente comprovada pelo efeito transferencial".

A essa forma de atuação, de acordo com Vaisberg (in Barone, 2005, p. 229), a Teoria dos Campos "nos convence da primazia do método em relação à doutrina ou à chamada técnica. Vemos assim que qualquer fenômeno humano pode, portanto, ser abordado pela psicanálise", observando-se sempre os campos, com suas zonas intermediárias, que se estabelecem na atuação do sujeito.

Sendo assim, Barone (2007, p. 46) propõe o método psicanalítico nos campos de atuação dos pacientes com problemas de aprendizagem, e ressalta que "apenas a segurança metodológica pode sustentar o trabalho do analista que, diante das dificuldades de aprendizagem, deverá inventar sua técnica através da utilização de recursos diversos como a literatura, a realização de tarefas ou mesmo a dramatização".

Quando tratamos de problemas de aprendizagem estamos adentrando o espaço de atuação da Psicopedagogia, uma vez que esta lida com a aprendizagem humana, segundo o Código de Ética da Associação Brasileira de Psicopedagogia[1], e tem-se preocupado com a aprendizagem como procedimento que a espécie humana desenvolveu para se adaptar ao meio, e pela complexidade desse procedimento que se configura num campo de investigação multi e interdisciplinar cercando-se de conhecimentos sobre as bases orgânicas, psicológicas, cognitivas e sociais.

---

[1] Conforme site: http://www.psicopedagogiabrasil.com.br/codigo_de_etica.htm

Acreditamos, com Barone, que a Psicopedagogia:

(...) como uma "clínica dos problemas de aprendizagem, pode ser um interessante campo de trabalho com o método da Psicanálise. A complexidade dos sintomas aí apresentados acrescida da ineficácia dos métodos até então utilizados para saná-los exige o desenvolvimento de outra maneira de tratá-los que, sem reduzi-los à sua materialidade, possa deixar surgir as regras inconsciente de sua organização. Sustento aqui a utilização do método psicanalítico – a ruptura de campo – como um interessante e promissor método para a clínica de problemas de aprendizagem." (Barone, 2007, p. 47),

A partir desse olhar pudemos fazer uso do método psicanalítico – *a ruptura de campo* – no atendimento psicopedagógico que realizamos com crianças de oito anos de idade com problemas de aprendizagem da leitura e da escrita. Esse trabalho foi feito por meio da leitura de literatura infantil.

O uso da literatura favorecendo a ruptura de campo

Antonio Candido (1988) esclarece que não há homem que possa viver sem a literatura, pois ela "aparece como manifestação universal de todos os homens" e é fator indispensável de humanização. E, Candido entende por

(...) humanização o processo que confirma no homem aqueles traços que reputamos essenciais, como o exercício da reflexão, a aquisição do saber, a boa disposição para o próximo, o afinamento das emoções, a capacidade de penetrar nos problemas da vida, o senso de beleza, a percepção da complexidade do mundo e dos seres, o cultivo do humor. (Candido, 1988, p. 180)

A literatura é importante nas formas de educação familiar, grupal e escolar, e desempenha um papel importantíssimo como formador da personalidade de ser humano, como uma "força indiscriminadora e poderosa da própria realidade", como diz Candido (1988); e ainda mais, "ela não corrompe nem edifica, portanto; mas, trazendo livremente em si o que chamamos o bem e o mal, humaniza em sentido profundo, porque faz viver".

Candido (1988, p. 177) ressalta como primeiro nível humanizador que "a produção literária tira as palavras do nada e as dispõe como todo articulado", de maneira que a organização da palavra possa comunicar-se ao nosso espírito levando-o primeiro a se organizar; em seguida, a organizar o mundo. Para esse autor, humanizar é permitir "que os sentimentos passem do estado de mera emoção para o da forma construída, que assegura a generalidade e a permanência" (Candido, 1988, p. 178)

E o que é a literatura senão o lugar privilegiado no qual se reúne o acervo cultural da humanidade?

Assim, parece-nos legítimo poder considerar que a leitura de literatura pode possibilitar um espaço capaz de promover a elaboração criativa das vivências.

Sabemos que nossa questão tem sido tratada, atualmente, por diversos autores que utilizam a leitura como instrumento que possa vir a ajudar crianças, adolescentes e adultos a superar momentos de crise, com resultados positivos na reelaboração pessoal desta. Entre eles ressaltamos o importante trabalho de Michèlet Petit (2006, p. 149) que entende como espaços de crise àqueles como guerra, violência, deslocamentos forçados etc., os quais tornam inoperantes os modos de regulação sociais, psíquicos, que se mostravam funcionais até aquele momento. Ressalta que muitas vezes, no decorrer da vida, o sujeito é em si mesmo um espaço em crise, com a perda total do sentido de viver e uma inibição das funções mentais.

Nesses momentos de total desamparo do indivíduo ao qual a autora se refere à leitura de um livro pode contribuir para a construção ou reconstrução de si mesmo, trazendo benefícios na produção de significados, na elaboração da história pessoal e na recomposição dos vínculos sociais.

Petit (2006, p. 153) entende que a leitura tem uma função reparadora, uma vez que "uma obra é capaz, literalmente, de nutrir a vida". Nessa perspectiva a autora fala de três hipóteses essenciais para que aconteça a função terapêutica da leitura de literatura, possibilitando-se a elaboração de sentidos:

1ª) permitir um encontro personalizado para ouvir o outro, um espaço de intersubjetividade, de acolhimento e hospitalidade;
2ª) as leituras dão lugar ao outro de ser sujeito, ou seja, de falar em nome próprio, permitindo assim "um espaço psíquico, como sustentar um processo de autonomização, de constituição de uma posição de sujeito" (Petit, 2006a, p. 153); e
3ª) ler desencadeia uma atividade narrativa interna, permitindo uma verdadeira apropriação, isto é, "uma metáfora em que o corpo é tocado" (Petit, 2006a, p. 153).

Em nosso trabalho estamos considerando o fracasso na aprendizagem da leitura e da escrita como um momento de crise – que pode ter diferentes causas – no qual faltam recursos à própria criança para dar conta das exigências dessa aprendizagem. Nesses momentos ocorre uma redução na relação lúdica com os objetos e com a linguagem, havendo uma redução no imaginário dessas crianças; como afirma Petit (2002, p. 156), "reduz-se o espaço de brincar, o espaço de sonhar, os tempos de trocas gratuitas, o imaginário".

Entretanto, diz Petit (2006, p. 156), "um terceiro pode propor objetos culturais de modo a abrir um espaço de ação. As narrativas, os poemas, os mitos transmitidos pelo mediador, acompanhados de sua voz protetora, são capazes de abrir um espaço de sonho, de fantasia, quando este não ocorreu". E, para a autora essa função também pode ser "o trabalho dos psicoterapeutas, ... dos mediadores culturais, ... dos bibliotecários, ... dos contadores de histórias profissionais" (Petit, 2006, p. 256).

É nesse contexto que temos a necessidade de um espaço de realização da leitura e narração de literatura que possibilite a abertura de um espaço de sonho, de fantasia, para a criança, sustentando assim a transicionalidade. Nesse sentido nos parece sugestiva a citação de Didier Anzieu:

> (...) a recriação de um espaço transicional é a condição necessária (mas não suficiente) para permitir que um indivíduo ou grupo recupere a confiança na própria continuidade, em sua capacidade de estabelecer laços consigo próprio, com o mundo e com os outros, em sua capacidade de brincar, de pensar, de criar. (Anzieu apud Petit, 2006, p. 156)

Quando falamos em espaço transicional lembramos Winnicott (1975) ao afirmar que Espaço Transicional/Potencial é a existência de uma área intermediária de experimentação, que considera a terceira parte da vida do ser humano, para o qual contribuem tanto a realidade interna quanto a externa. Espaço Potencial é um espaço construído entre a mãe e o bebê, no campo da transicionalidade, sendo essencial para o desenvolvimento do indivíduo.

Quando há confiança e razões para que essa confiança possa existir, há também um "Espaço Potencial", espaço que poderá se transformar numa área infinita de separação, no momento em que o ser humano – seja ele o bebê, a criança, ou o adulto – sempre poderá vivê-lo criativamente.

A partir dessas ideias de Winnicott (1975), podemos pensar na realidade de uma criança que não consegue aprender a ler e a escrever, esperando que a leitura e a escrita sejam feitas pelo outro e se colocando num estado de dependência e submissão. Tais crianças muitas vezes têm dificuldade de ser ativas e independentes no processo de aprendizagem. Elas são capazes de decodificar um texto, mas não propriamente de fazer uma leitura, pois o sentido lhes escapa. No entanto, sabemos que para aprender a criança deve se lançar ao jogo da aprendizagem e que não basta se submeter.

Saber ler e escrever nas sociedades modernas é fundamental para a inserção social do sujeito. De posse da leitura, o sujeito não é mais o mesmo. Pela leitura ele pode entrar em contato com o passado, conhecer sua realidade e melhor se projetar no futuro. A leitura contribui para aquilo que Winnicott (1975) considera o viver criativo, de maneira que não saber ler e escrever pode significar um déficit importante para o sujeito, uma ausência de vida cultural.

Assim, temos a Oficina de Leitura como Espaço Potencial capaz de fornecer à criança condições de segurança e confiança, sustentada pela ação do terapeuta. Acreditamos que o contato com a literatura gera um Espaço Potencial, uma vez que a literatura, com sua função de humanização, defendida por Candido (1988), aproxima-se do "viver criativo", ou "estar vivo" de Winnicott (1975).

Dessa maneira a leitura de literatura, como reconhece Petit (2006), possibilita ao ser humano falar, a uma certa distância, de seus sentimentos, suas dores e tragédias e dar sentido a todas elas, permitindo a elaboração de suas perdas e o restabelecimento de seus vínculos sociais. E mais, tornar possível a construção de uma narrativa, uma história pessoal, por meio de uma metáfora que lhe permita o acesso interno à sua emoção, com a confiança, o apoio e o suporte da presença do outro; que no nosso caso será a terapeuta-psicopedagoga.

Petit (2006) ressalta o trabalho de profissionais que usam a leitura somada a outras atividades culturais, para dar apoio a crianças, adolescentes e adultos na aquisição do processo de aprendizagem de leitura e da escrita.

Adélia Bezerra de Meneses (apud Barone, 2005, p. 122) aponta para a importância da literatura, afirmando que ela

> promove uma passagem do nosso caos de sentimentos e percepções a um cosmos, mundo organizado, permitindo que os sentimentos passem do

estado de mera emoção para o da forma construída, e é essa forma que lhe assegura a generalidade e a permanência.

Também reconhece na obra literária uma função "terapêutica", partindo da premissa de que ela age sobre nós, atuando no nível psíquico, uma vez que o poder da palavra da Literatura:

> (...) fornece a possibilidade de expressão simbólica a situações, percepções, afetos e sentimentos não formulados e confusamente vividos: ela faculta a possibilidade de uma tradução desse mundo desarticulado em palavras, ofertando-nos o acesso ao simbólico. Ela ajuda a fazer passar esse vórtice interior, que é cada um de nós, a uma forma organizada, ordenando a nossa experiência. (Meneses In: Barone, 2005, p. 123)

Nesse sentido apresento um recorte da minha dissertação de mestrado, na qual trabalhamos com a leitura de histórias da Literatura Infantil, como "função terapêutica", reconhecendo o método da Psicanálise, a interpretação, entendida como *ruptura de campo*, como instrumento eficaz para a clínica das dificuldades de aprendizagem, como já dispomos acima com Barone (2007, p. 46).

A literatura foi o nosso instrumento de mediação, utilizada nas oficinas de leitura, com o objetivo de oferecer às crianças (de oito anos de idade) oportunidade de resgatar e explorar sua capacidade criativa e descobrir possibilidades de elaboração de conflitos e condição de apropriação da capacidade de leitura.

Ao contar a história o terapeuta oferece à criança: experimentar o prazer; figuras de identificação; e elementos para a elaboração de situações traumáticas de vida através do contato com a palavra organizada no texto literário, capaz de organizar a turbulência do vivido emocionalmente.

Como dizem Wada e Leite

> A partir das leituras, não são colocadas limitações de forma e linguagem, permitindo diferentes olhares e diferentes leituras de um mesmo texto, livro ou mesma situação, sempre procurando abrir novos caminhos para que as pessoas descubram e escolham, por si, aquilo que querem ali, daquele momento. Que a arte, aqui representada pela literatura e intermediada pela relação, possa ser um meio que ajude as pessoas a conversarem consigo.

(...) Estas mediações de leitura trazem outras histórias que têm desenvolvimento próprio e que falam de outras realidades. (in Barone, 2005, p. 432 e 434)

A cada sessão realizamos a leitura de histórias que propiciam às crianças falarem de seus sentimentos, de seu campo de atuação, possibilitando a expressão com total liberdade, como desenhar, recortar, manipular argila, sempre com a intenção de construírem situações relacionadas com a história ouvida. Utilizamos o método interpretativo da Psicanálise – a *ruptura de campo* – que permite a descoberta de sentidos do dizer do paciente. Como esclarecem Herrmann e Soares, o método da Teoria dos Campos para Fabio Herrmann, consiste em:

> (...) deixar que surja, para tomar em consideração. Deixar que surja significa pôr-se diante do objeto – de um paciente, de um texto –, sem atentar a particularidade alguma em detrimento de outra, e por tempo bastante para que se mostre um princípio de sentido, um tema, a ausência de um elo de lógica, uma contradição. Depois, é tomar em consideração; isto é, não conceder descanso ao elemento e setores do objeto, como interpretante; ler um texto com o nariz, se este for o caso. Ao dobrar uns sobre os outros os próprios sentidos presentes, denunciam-se os campos em que se assentava sua naturalidade aparente, o óbvio torna-se estranho, rompe-se o campo da rotina e brotam sentidos novos. Repete-se a operação diversas vezes e então se organiza o conjunto dos sentidos numa prototeoria, que poderá servir futuramente de interpretante também. A atribuição de sentidos possíveis dá-se, então, pela ruptura de campo, movimento propulsor do método interpretativo da psicanálise. (Herrmann e Soares In: Sagawa, 1999, p. 297-298)

Relato de um caso clínico

A partir da leitura da história: "Ninguém gosta de mim", de Raoul Krischanitz, podemos perceber, nos diferentes relatos feitos pelas crianças, que a história favoreceu o surgimento de angústias, de sofrimentos vividos e ao mesmo tempo possibilidade de narração e ressignificação dessas dores. A história parece ter provocado também certa consideração pela dor do outro. As crianças ouviam e acolhiam o relato dos colegas.

A história pode ser resumida assim: O cachorro Coquinho é novo na cidade e deseja fazer amigos. Ele se desencoraja muito rápido a cada tentativa de fazer amizade com o rato, com os três gatos, com os coelhos, com os carneiros, com o cachorrão, dizendo sempre: "Ninguém gosta de mim". Até que se põe a chorar.

Uma raposa aparece e pergunta por que Coquinho estava chorando, e ele responde "Porque ninguém gosta de mim". A raposa indaga porque ele acha isso, e se dispõe a ir com Coquinho perguntar por que os outros animais não queriam brincar com ele.

Coquinho descobre que cada animal tinha suas razões, seus medos, para não se aproximar dele, e depois de conversar com cada um deles, todos passam a ser seus amigos, brincando felizes até o sol se pôr.

Como essa história fica para as crianças?

No grupo, percebo que esta história toca de alguma maneira o menino Valter (oito anos de idade).

Ele é filho adotivo, vivendo atualmente apenas com a mãe, uma vez que o pai já faleceu. A mãe parece depressiva, e é responsável pelos cuidados de seus próprios pais, que residem em outro bairro, têm idade avançada e diversos problemas de saúde.

Além de ser premida por dificuldades diversas, mal conseguindo subsistir, tem pouca disponibilidade de tempo e recursos pessoais para tratar do filho.

No decorrer de 24 sessões de atendimento psicopedagógico realizadas, sempre propiciando uma Oficina de Leitura, observo que Valter é uma criança muito calada, e quando fala seu tom de voz é muito baixo. É uma criança apática e sem iniciativa para fazer as atividades apresentadas.

Quando são apresentadas as atividades, Valter reclama e resmunga, num tom de voz como se fosse um bebê. E sempre diz que não sabe ler. Observamos que na verdade ele não deseja ler, mas não conseguimos avaliar por que isso acontece.

Quando pergunto para as crianças o que acharam da história, Valter responde: "Muitas vezes me sinto como o Coquinho, acho que ninguém gosta de mim, principalmente quando tenho que ficar na casa da minha avó".

Valter conta: "Gosto de brincar na rua com os amigos, tenho a autorização da minha mãe, mas quando o meu padrinho me vê na rua manda eu voltar para casa. Minha mãe fala que o padrinho está certo, e não me escuta. Fico muito triste e acho que ninguém gosta de mim, porque não me deixam fazer o que eu quero".

Ainda, após a leitura e a possibilidade de falar sobre essa história, tivemos como atividade, escolhida pelas crianças, jogar o jogo "ABC animado: de letra em letra é fácil aprender o alfabeto", da Grow.

Nesse jogo há sempre uma letra equivalente à inicial dos nomes das três figuras que aparecem na cartela, na qual não basta que a criança encaixe a letra, é preciso que ela leia as palavras da cartela e identifique a inicial.

Valter encontra a cartela da inicial cantada, e na hora da leitura das palavras ali escritas, pela primeira vez, diz: "Eu tenho preguiça de ler".

Apenas repito: "Ah, você está me falando que tem preguiça de ler!".

Parece que a história trouxe para Valter a possibilidade de sair de uma posição de submetido e poder, a partir daí, se implicar, assumindo uma posição ativa, quando faz uso do termo "EU".

No seu campo ele era o impedido de fazer tudo pelo tio. Ele estava aprisionado a um campo onde o outro que faz tudo, num campo de não implicado em nada: "Eu sofro a ação do outro".

O texto literário fez que ele se percebesse de outro lugar, e parece que numa fase seguida à leitura, numa atividade de jogo, ele se implica. Uma criança que se mostrava passiva, depois da história se percebe de maneira diferente.

Este fragmento do atendimento de Valter permite-me falar do método da Psicanálise – a interpretação como *ruptura de campo*.

Parece que a "Oficina de Leitura" através da leitura de literatura infantil tem uma potência de pôr em crise alguma representação que a criança tem dela mesma, permitindo se colocar de maneira diferente diante das questões da realidade da vida.

Como afirma Rubem Alves no prefácio de seus livros de história, "O mundo das crianças não é tão risonho quanto se pensa. Há medos confusos, difusos, as experiências das perdas, bichos, coisas, pessoas que vão e voltam...".

E, nesse sentido, a situação aqui relatada confirma as palavras de Candido (1988) quando afirma que a literatura humaniza, uma vez que os sentimentos saem da emoção, podendo assim ser falados e construídos por meio da palavra, da linguagem.

Também percebemos que, parafraseando Herrmann, há a possibilidade de pôr diante da criança um texto literário, pelo tempo necessário a ela para que se mostre um sentido, um tema, a ausência de elo de lógica, uma contradição. A partir daí observar os sentidos presentes, que poderão a qualquer momento denunciar os campos em que atuam o paciente, e romper o campo da rotina, podendo, assim, brotar novos sentidos, que poderão se organizar de formas diferentes, ressignificando seus sentimentos e valores internos.

E como dizem Wada e Leite (in Barone, 2005, p. 434) "cada nova leitura é uma descoberta que permite renovar e reforçar o sentimento de existir de um jeito diferente daquele, por exemplo, atravessando pela dificuldade".

Referências bibliográficas

BARONE, L. M. C. A psicanálise e a clínica extensa. São Paulo: Casa do Psicólogo, 2005.

CANDIDO, Antonio. Psicanálises possíveis: A clínica psicanalítica nas dificuldades de aprendizagem. In: Memórias de las XIV Jornadas de investigación. Tercer Encuentro de investigadores em Psicologia Del Mercosur. Buenos Aires: Universidad de Buenos Aires Facultad de Psicologia, 2007.

_____.Vários escritos. 4ª ed. São Paulo: Duas Cidades, Rio de Janeiro: Ouro sobre Azul, 1988.

Herrmann, F. Andaimes do real: O método da psicanálise, 3ª ed.. São Paulo: Casa do psicólogo, 2001.

_____. O divã a passeio, 2ª ed.. São Paulo: Casa do Psicólogo, 2001.

_____. Introdução à Teoria dos Campos, 2ª ed.. São Paulo: Casa do Psicólogo, 2004.

MENESES, A. B. A literatura e a organização da experiência. In: A Psicanálise e a Clínica extensa. São Paulo: Casa do Psicólogo, 2005.

SAGAWA, R. Y. A Teoria dos Campos na Psicanálise. São Paulo: Hepsyché, 1999.

WINNICOTT, D. W. O brincar e a realidade. Trad. de Octávio de Aguiar Abreu e Vanede Nobre. Rio de Janeiro: Imago, 1975b.

Capítulo 8
FICÇÃO PSICANALÍTICA: EM BUSCA DE UMA POÉTICA NA CLÍNICA

Marcela Maria Borges Leite
e Maria Lucia Castilho Romera

Introdução

A relação de Freud com a Arte, desde o início, foi marcada por um paradoxo na forma de aproximação e afastamento. Podemos perceber uma tensão na forma como Freud trata a questão dos artistas e suas criações no decorrer de sua obra. Ora vê os artistas como pessoas capazes de revelar as verdades mais profundas da alma humana, ora vê a arte apenas como forma de ilusão/falsificação dessas verdades. Essas duas posições se mantêm dissociadas no decorrer de parte da obra freudiana; ora uma, ora outra, emerge, às vezes, em partes diferentes de um mesmo texto como em *O mal-estar na civilização* (1930). Essa dissociação parece se manter com o propósito de proteger o projeto freudiano no sentido de configurar-se nos moldes positivistas. Se tal não fosse, naquele momento, levantaria questionamentos acerca da veracidade, no sentido realista, das descobertas psicanalíticas.

Mas como poderia a arte ser, ao mesmo tempo, reveladora da verdade do inconsciente e ilusão falsificadora dessa mesma verdade? Estariam inconsciente, verdade, ilusão e ficção intrinsecamente ligados? Será que Freud já vislumbrava uma relação entre verdades mais profundas da alma humana e sua possibilidade de expressão na ilusória falsificação, tão cara à criação literária?

Freud, quando alça a literatura ao lugar de falsificação, apunhala a si mesmo enquanto clínico-artista. Afinal, seus casos clínicos têm um nítido aspecto literário e não científico. Fato explicado por Freud [1893] unicamente pela natureza do objeto e nunca por suas "preferências pessoais". Podemos ver dois Freuds se digladiando: o cientista defendendo seu projeto científico de descoberta da verdade e o clínico-artista expondo seu trabalho.

Kon (1996) aponta que Freud só teria conseguido recuperar a histeria do lugar de exclusão, por ser considerada uma farsa, e alçá-la como objeto de estudo científico ao acreditar na teoria da sedução[1]. Contudo, diante de seu embate com as fantasias, advindo da descoberta de que não é possível acreditar em sua "neurótica", manteve-se em uma espécie de "dupla navegação", tanto em direção à fantasia quanto ao fato.

Na verdade, para Kon (1996), Freud não teria abandonado **completamente** sua teoria da sedução. Ao deparar com a histeria e com a impossibilidade de persistir em sua crença na realidade material das histórias de suas pacientes, Freud constrói o termo realidade psíquica. Assim, mantém o dualismo ficção/realidade.

E qual seria a implicação para a Psicanálise atual da manutenção, de forma inquestionável, dessa "dupla navegação" de Freud?

A partir dessa questão procuramos pensar o conceito de realidade, legado por Freud em seus historiais clínicos, e a consequência disso para a clínica em seu cotidiano. Para isso nos ancoramos nas ideias da Teoria dos Campos.

Para Herrmann (1999), essa tensão no pensamento de Freud teria como consequência a existência, na Psicanálise, de duas posições: "explicitamente, realismo ingênuo e a ideia de distorção subjetivo-emocional; implicitamente, uma teoria do real que sustenta ser a realidade pura

---

[1] Teoria freudiana formulada entre os anos de 1895 e 1897 que atribui extraordinária importância à situação traumática na determinação das neuroses. Essa situação traumática seria de abuso sexual e teria ocorrido na realidade e não só na fantasia (cf. Zimermann, 2001, p. 374).

representação" (p. 27). Portanto, já em Freud, existiriam, lado a lado, duas visões relativas à realidade. A visão explícita seria perceptualista conforme aparece, por exemplo, nos textos dedicados mais à metapsicologia. Já a implícita seria, essencialmente, representação ativa, criada pelo sujeito, apreendida nos historiais clínicos de Freud e nos textos onde ele faz análises da cultura que "constituem grande ficção, saber literário, penetração na essência humana singular – e por essa via na humanidade que em cada um reside" (Herrmann, 1999, p. 19).

Essa forma literária e o caráter ficcional, encontrado nesses últimos textos citados acima, não podem ser encarados apenas como estilo de expressão. Para Herrmann (2006, p. 80), ao escrever, o autor criaria um sistema de pensamento determinado pelo que denomina de atrito com o papel. O atrito do papel refere-se à necessidade de objetivação a que é levado o escritor em ato de escritura, pois não é tudo que se pensa que pode ser comunicado pela escrita. Ao escrever o autor é forçado a ser um autor-personagem, e a escrita criar-se-ia ao serem criados os personagens. Assim, Freud, de acordo com Herrmann (2006, p. 80), sabedor desse duplo atrito do papel – escrita e leitura – teria criado a si mesmo e aos psicanalistas como personagens, para que melhor transmitissem seu pensamento de forma a não permitir que esse pensamento fosse radicalmente deturpado.

Dessa forma, Herrmann (2006, p. 79) afirma que a Psicanálise (ciência) seria mais que o pensamento freudiano, como também o pensamento freudiano seria mais que a psicanálise teórico-clínica – produto objetivado de seu pensamento.

Todavia, a forma não é indiferente ao conteúdo. Assim, podemos pensar que a forma como Freud conta seus casos clínicos não é indiferente ao conteúdo de seus atendimentos.

Portanto, esse pensamento por escrito "afeta os modos de produção e não só os de expressão de nosso saber" (Herrmann, 2002, p. 15). E é por essa razão que devemos reconhecer os direitos da ficção na Psicanálise, pois se não tivermos isso em mente ficaremos repetindo Freud indefinidamente e a Psicanálise não se desenvolverá como ciência geral da psique.

Para compreender o estatuto da ficção na Psicanálise é imperioso re-afirmar que o método interpretativo aplicado à psique, tanto individual quanto coletiva, seria o modo de produção de conhecimento em nossa disciplina. Assim, o método, segundo Herrmann (1999), seria indutivo-dedutivo. Ou seja, o analista induziria à ruptura de campo e a partir desta deduziria a regra de organização do campo rompido. Desse modo, o método interpretativo, segundo este teórico, seria um instrumento nada convencional que, "ao mesmo tempo, aniquila a pretensão à veracidade empírica e à construção de conjecturas" (p. 76), pois o método psicanalítico, por meio da interpretação, não tem como propósito a enunciação de uma verdade objetiva, e sim despertar reações por meio de rupturas de campo. Assim, não existiria um inconsciente, mas um conjunto de campos possíveis. O inconsciente, como unidade, seria uma abstração de todos esses campos ou inconscientes relativos. Um campo é o que sustenta o momento e o tema que está em relevo. A interpretação seria um "expediente provocativo" (Herrmann, 2006, p. 77) de forma a romper esse campo ou sistema representacional. O próprio método criaria o objeto de conhecimento de nossa ciência, ou seja, o Homem Psicanalítico: "ser do método da Psicanálise, transferencial e descentrado internamente, dividido e múltiplo no íntimo de suas operações, este que aparece na sessão por efeito da ruptura de campo: o Homem Psicanalítico é um ser da estranheza" (Herrmann, 1999, p. 17).

E o que tem a ver o objeto da Psicanálise com a ficção ou a literatura? Bem, sendo seu objeto o estranhamento, o inconsciente, na sua dimensão de lógica de produção das relações, o conhecimento desse objeto emerge por efeito da ruptura de um campo estruturante. Temos, então, de admitir, com Herrmann (2006, p. 77), que o conhecimento que alcançamos se refere à lógica de concepção desse campo. Sucessivas rupturas de campo permitem que se produzam generalizações (ou desenho do desejo) que, no entanto, só podem ser encaradas como referentes ao Homem Psicanalítico e não ao homem inteiro e concreto. Sendo assim, o Homem Psicanalítico seria uma ficção verdadeira, como o é toda a ficção freudiana.

Contudo, é necessário cuidar aqui de uma questão. O que estamos chamando de ficção.

> (...) ficcional não significa falso, nem mesmo cientificamente menor, mas inserido num tipo de verdade peculiar à literatura, que é, em geral, mais apropriada para compreensão do homem que a própria ciência regular. Ficção é uma hipótese que se deixou frutificar até as últimas consequências, antes de decidir sobre sua validade, é um instrumento poderoso de descoberta, mas tende a capturar o investigador, que também é personagem dela, levando-o a crer que sua história é fato. (Herrmann, 1999, p. 18)

E por que seria necessário retomar a importância do ficcional na Psicanálise? Para Herrmann (2002, p. 15), a ficção seria o análogo da interpretação e, por conseguinte, da Psicanálise. Isso porque a ficção permite, ao liberar o método de comprovação, desencadear sua potencialidade heurística, ou seja, a descoberta de novos fatos e de novas ligações entre os fatos.

Todavia é preciso ter cuidado para não acreditar que esses novos fatos e novas ligações sejam mais verdadeiros do que os anteriores, o que acontece quando somos capturados pelo mais "terrível dos simulacros", a doutrina.

Mas e as consequências desse caráter ficcional do método para a concepção de clínica proposta pela Teoria dos Campos? Para Herrmann (2001, p. 34), o consultório seria um "regime de pensamento" e, quando estamos nesse consultório, tudo o que existe são fantasias circulando entre o paciente e o analista. Mas fantasias não no sentido que o senso comum lhes dá como invenção, sem existência na realidade. Fantasias, nesse caso, são os sentidos que vão tomando as palavras do paciente dentro de um registro transferencial. Mesmo quando as fantasias vêm sob o manto e colorido dos contos de fadas, não deixam de ser realidade, nem fantasia, são fantasia-realidade da sessão.

Para além da situação terapêutica, podemos chamar de psique do real a produção de sentidos nas coisas humanas. Entendemos que a realidade é representação dessa psique do real e o desejo uma porção da psique do real, sequestrada no indivíduo e que teria a identidade como representação. Na situação clínica teríamos acesso unicamente ao desenho do desejo.

Para Herrmann (2003), a importância da moldura, aqui compreendida como referente ao divã, ao tempo de sessão e outros acertos, é guardar o campo transferencial permitindo a supressão da realidade cotidiana. Muitas mudanças na moldura introduzem elementos de realidade e dessa forma não se pode dizer que apenas faz parte do desejo do paciente. Uma moldura rígida produz uma pseudotransferência, cria "um espaço de sugestão para o aparecimento das figuras teóricas desejadas" (Herrmann, 2003, p. 42).

Ao abordar o consultório como uma espécie de regime de pensamento, Herrmann ultrapassa os limites da visão mais recorrente que dele se tem como espaço geográfico ou como sinônimo de uma clínica. Enquanto pensamento, o consultório sustenta-se muito menos por regras operativas, com a importância que lhes cabem, e muito mais pela encarnação de um método ou de uma postura, parafraseando Romera (2002), inventivo-criativa.

Herrmann abre caminho, com o acento que faz à importância do método interpretativo, que opera por ruptura de campo, fonte da qual advêm as teorias urdidas no campo transferencial, para uma ação psicanalítica destinada à criatividade, ou seja, à busca e não ao achado. Portanto, Herrmann cria uma teoria para a clínica como arte da interpretação.

Rubem Alves (1981, p. 92) afirma que as "teorias são redes; somente aqueles que as lançam pescarão alguma coisa". Dessa forma, lançar as teorias é não se agarrar a elas de forma tal que não haja espaço para pegar o peixe! No caso, o peixe é a psique, o reino dos sentidos humanos, que não tem lugar material, mas lugar de produção de sentidos. Nossa rede-teoria deve ser de tal consistência que se deixe permear pelo universo de representações, enlaçando apenas o sentido impresso em uma determinada relação em um tempo particular. Como as redes, as teorias devem ser revistas, tecidas ou re-tecidas onde em algum tempo e lugar nela se abra uma fenda. A teoria ou a realidade que importa para o psicanalista é aquela que diz respeito à representação, indistinguível da fantasia, pois "nossa ciência está destinada por seu método a ter acesso unicamente ao que é psíquico" (Herrmann, 2001, p. 35).

Mas como poderíamos expressar o que acontece quando pensamos por esse estranho regime de pensamento, quando tudo o que é relatado é ao mesmo tempo fantasia e realidade? Como tornar o mais vivo possível uma situação analítica?

Optamos por relatar, em forma de conto, o que haveria de ser considerado um caso clínico e que condensa o que apreendemos da experiência clínica de atendimento de crianças, já que a forma do trabalho analítico é tão próxima da narrativa por seu caráter ficcional. O conto, como a experiência analítica, cria um campo de mentira onde tudo é fantasia, mas também realidade por comportar representações do real. O conto, aqui, procura conter as realidades-fantasias das sessões e insinua uma forma de fazer clínica a ser tomada em consideração.

Quem conta um conto aumenta um ponto: O aprendiz de feiticeiro e a fera ferida

Era uma vez...

Um menininho que foi encontrado por um casal após ser abandonado por sua família, depois que sua mãe faleceu. O casal que o encontrou, que já tinha filhos grandes, queria muito outro filho, pois queriam uma criança para alegrar a vida deles. Foi então que resolveram ficar com ele. Deram-lhe o nome de Salvador. Porém o casal não contou para Salvador que ele não era filho de verdade, pois acreditava que se contasse ele não seria mais filho – como em um passe de mágica, acabaria o encanto e deixaria de ser filho.

Mas Salvador sabia que não era filho de barriga. Filho de barriga – pensava Salvador – tem o cabelo parecido com algum dos seus pais ou de seus irmãos. O que não era o caso. Ele queria falar sobre isso, conversar com os pais, mas não sabia como. E se, quando falasse, o encanto que o fazia filho passasse, e ele ficasse sem casa e sem família – será que era isso que havia acontecido com sua mãe? O encanto havia se quebrado por alguma coisa que ele havia feito ou dito?

O menino não se encaixava no que os pais queriam, alguma coisa havia dado errado, pois ao invés de ser Salva-dor, o menino era um Causa-dor, uma vez que exigia mundos e fundos dos pais e se eles não o atendiam... virava fera. Alguns acreditavam que ele tinha problema de "buraco sem fundo" e tentavam preenchê-lo com tudo que existia no mundo: carros, casa bonita, roupas, sapatos, brinquedos e tudo mais. Mas nada era suficiente. Afinal, como se enche um buraco que não tem fundo?

Os pais, sem entender o que acontecia com Salvador, acreditavam que o que ele tinha era um "gênio ruim" – desses que habitam algumas crianças que vêm de lugares desconhecidos – morando dentro do seu peito. Era a única explicação cabível, era necessário exorcizar esse gênio que tem a mania de transformar crianças em feras, repetindo, na cabeça delas, que elas nunca têm nada e que sempre precisam de mais alguma coisa.

Um monte de gente, vendo o que estava acontecendo, disse aos pais da criança que o problema era decorrente do fato de que eles não tinham contado para Salvador que ele não era filho de barriga e, por isso, estava assim, uma fera, bem diferente da criança linda e feliz que carregava a promessa de tirar todo mundo da tristeza. Toda essa gente sabia disso porque tinha lido muitos livros que continham esse tipo de explicação.

Os pais, preocupados e com medo dos especialistas, resolveram contar, mas ficaram com muito medo que o encanto, que os fizeram pais e filho, se quebrasse, pois este encanto se mantinha fingindo que Salvador era filho e pronto. Não tinha nada que ficar pensando.

Resolveram, então, procurar um feiticeiro, desses que vivem em lugares mágicos, para que ele pudesse, em um passe de mágica, transformar o menino de fera na criança feliz e bonitinha que queriam, alguém que pudesse retirar, de dentro do menininho, o gênio ruim que ele carregava.

Contudo, como os pais não tinham muito dinheiro para pagar, ficava mais barato um aprendiz de feiticeiro. Ao ser procurado, o aprendiz de feiticeiro, que não sabia de mágica nenhuma para retirar gênios ruins, não atendeu de imediato ao pedido dos pais, pediu um tempo para pensar. Como poderia transformar pessoas?

Lembrou-se de que, certa vez, um sábio amigo havia lhe dito que muitas pessoas procuram os feiticeiros para se transformarem em outras pessoas ou para transformar pessoas em outras. Só que os feitiços não servem para transformar as pessoas em outras, porém alguns podem possibilitar novas formas de ser no mundo. Todavia, dizia o sábio que esse tipo de feitiço é bem complicado e demorado.

Mas o aprendiz de feiticeiro não queria desistir da aventura, pois gostava muito de desafios. Pediu aos pais para trazerem a criança para ele conhecer e conversar. E veio todo mundo, mãe, pai e filho. E o aprendiz observou, olhando bem para Salvador, que ele tinha uma feridinha do lado esquerdo do corpo perto do coração, mas que os pais não enxergavam essa feridinha e a cutucavam de várias formas. O aprendiz de mágico chamou os pais em um canto e lhes contou sobre a feridinha, o que não adiantou muito, pois parecia haver um encanto que os impedia de vê-la. Foi aí que o aprendiz compreendeu que Salvador escondia essa feridinha, virando uma fera, pois, assim, ficava grande o bastante para tapá-la quando esta latejava – e ela sempre latejava quando ficava em dúvida se o encanto que o fazia filho era forte o bastante para se manter.

O aprendiz, sem saber o que fazer, corria para seus livros e lia vários feitiços que pudessem dar conta desta feridinha de forma a evitar que Salvador tivesse que virar fera o tempo todo. Encontrou um tipo de feitiço muito interessante, mas existiam várias versões. O aprendiz, então, resolveu procurar um sábio amigo e pedir sua ajuda para escolher um feitiço.

O sábio lhe respondeu que os feitiços não carregam sua eficácia nas ferramentas utilizadas, pois não é seguindo à risca sua receita que se garante seu funcionamento. Um bom feiticeiro, dizia o sábio, deverá compreender o processo mágico da produção de um feitiço. Assim, saberá o que está fazendo e o porquê, já que quando seguimos uma receita estamos aplicando o feitiço já acabado.

O aprendiz de feiticeiro queria mesmo era só escolher um feitiço e colocá-lo em prática, pois era uma emergência. – Mas e agora?, se perguntava. Resolveu, então, tentar. Leu bastante todas as versões do feitiço e arrumou as ferramentas que eram mais comuns a todos. Porém esse feitiço não era daqueles rápidos, que resolvem o problema de uma única vez, era preciso encontrar-se com Salvador por bastante tempo, algumas vezes por semana e em um único lugar. Alguns feitiços prescreviam quatro vezes por semana, outros três, uns diziam que deveriam ser cinquenta minutos, outros quarenta. O aprendiz resolveu conversar com os pais e decidiu por duas vezes durante cinquenta minutos.

E foi assim que começaram os encontros...

O que o aprendiz não esperava era que Salvador começasse a criar histórias de contos de fadas e que aqueles cinquenta minutos se transformassem muitas vezes em dias e até em anos, dependendo da história. Salva-dor, que nunca se chamava assim porque não era médico nem nada, ganhava outros nomes e exigia a participação do aprendiz para representar alguns dos personagens de suas histórias, o que não era nada fácil. Era preciso pensar sobre as palavras e as escolher com cuidado, além de saber o momento certo para liberá-las.

Durante os encontros, o aprendiz precisou mudar também o tempo de encontro com Salvador, pois os cinquenta minutos não davam. Toda vez que acabava, Salvador virava fera e, às vezes, até mudava os ponteiros do relógio voltando as horas para trás. O aprendiz resolveu aumentar o tempo dos encontros para uma hora e dez.

E o aprendiz de feiticeiro entrava de cabeça ou sem cabeça e com asas naquelas histórias de amor, ódio, abandono, morte e traição, sentidas como verdade, mas ao mesmo tempo, como faz de conta.

Era como se as portas dos contos de fadas se abrissem quando os dois entravam naquela sala, e o aprendiz, de mãos dadas com Salvador, pudesse voar e participar daqueles contos, cujos enredos eram tecidos por Salvador. Ao aprendiz ficava a possibilidade de acompanhar suas histórias, na condição de alguns personagens, impostos por Salvador e inicialmente quase sem fala nenhuma. Os outros personagens não o deixavam falar e, portanto, era preciso inventar formas de comunicação.

O aprendiz começou, então, a perceber que, naqueles momentos, seu ouvido ficava torto – quando entra de um jeito, toma o caminho diferente do de costume e sai de outro – e, com o ouvido torto, começou a dar outros sentidos às histórias vividas ali.

Começou a perceber também que algo ia mudando nessa criança-fera, que já não era tão fera mais, pois tinha outras formas de se representar. Parecia que, partindo de seus contos de fadas, vividos a dois, Salvador podia se des-inventar/inventar.

Mas...

O pai de Salvador não gostou do que estava acontecendo. Ele queria que o aprendiz transformasse a criança e não que a deixasse criar outras histórias. Afinal, assim pensava o pai, só piorava as coisas, pois Salvador começava a falar ameaçando o encanto que o fazia filho. Então, não levou mais a criança para ver o aprendiz e, consequentemente, viver suas histórias.

...e nunca mais o aprendiz de feiticeiro pôde viver, com Salvador, os seus lindos e doloridos contos de fadas...

...mas nem o aprendiz, nem Salvador, poderão esquecer os tempos em que puderam viver esse feitiço maluco.

Fim... (ou começo)

Um ponto... e talvez mais outro

nem toda hora
é obra
nem toda obra
é prima
algumas são mães
outras irmãs
algumas
clima

(Paulo Leminski)

E foi justamente nesse clima de conto quase de fadas que se deu todo o atendimento de Salvador. A imersão nos seus contos de fadas nos liberava de certa forma do imperativo da verdade ou realidade, mas, ao mesmo tempo, assustava, pois tínhamos medo de perder a cabeça. E era, exatamente, nestes momentos que perdíamos, não a cabeça, mas o contato com Salvador. Recuávamos diante da efervescência das fantasias-realidades, possibilitadas pelo campo transferencial. Inicialmente, não suportávamos o lugar no qual nos colocava, pois éramos companheiros inexistentes, destituídos de fala. Tentávamos falar, sair daquele lugar, mas aí vinha a fera. Não era bem assim, era preciso suportar sem nos deixar abater, criar outras formas de comunicação.

Herrmann, em uma entrevista a Maria Emilia (1993, p. 142), fala do *therapon* – "matriz da palavra que hoje se usa muito habitualmente, terapeuta" – Segundo Herrmann, o *therapon* seria o companheiro do herói, que não é um servidor no sentido inferior, mas também não é tão importante quanto o herói. No caso de Salvador, era preciso sermos companheiros, pois não podíamos salvar o herói senão seríamos os heróis. Era preciso nos manter vivas naquela aventura, para não deixar o herói sozinho, não desampará-lo, e encontrar formas de comunicar que estávamos vivas. Quando conseguíamos? Era como se pudessem surgir, em cena, outros personagens, com mais nuances e não apenas personagens de contos de fadas "onde cada gesto possui sempre significado preciso e acarreta consequências iniludíveis" (Herrmann, 2002, p. 13).

A escolha por apresentarmos experiências clínicas por meio de um conto quase de fadas possibilitou um repensar da transmissão da Psicanálise. Isso porque a via ficcional possibilita uma abertura e não aprisiona o que não pode ser aprisionado, mas liberta das amarras e do imperativo da verdade, essa "mania" humana de achar que existe uma única forma certa de representar o mundo – ou de se representar no mundo, ou uma forma certa de representar o paciente, ou melhor, o desenho de seu desejo, ou mesmo o jeito de delineá-lo na clínica.

Ao pensar nessa "mania" humana, nos vem à mente um conto de Edgar Alan Poe: "O retrato ovalado". Nesse conto, Poe cria um personagem, um pintor que, na ânsia de retratar fielmente sua mulher, submete-a a ficar parada em uma única posição por vários e vários dias. Quando termina o quadro o pintor exclama: "Esta é a vida! Sem dúvida é a própria vida que aprisionei na tela! – e ao voltar-se subitamente para contemplar sua amada – Eis que ela está morta!" (Poe, 2003, p. 151).

Podemos pensar aqui que a vida só pode ser aprisionada a partir da perda do movimento, que é inerente à vida. Dessa forma, foi tentando manter viva, e em movimento, a experiência analítica que optamos por expô-la pelo viés ficcional, pois a ficção, não sendo um retrato fidedigno ou uma verdade, mas uma possibilidade sempre em aberto a ressignificações, permite transmitir a própria fluidez da experiência analítica.

Afinal, a interpretação é em si mesma um ato criativo, uma construção de sentido possível a partir do campo transferencial, que de inerte não tem nada, pois está sempre em movimento, mesmo que de alguma forma estrita e repetitiva, veiculando o desejo e impulsionando a interpretação. As teorias norteiam o trabalho de interpretação; entretanto, se forem encaradas como retrato fidedigno de seu objeto, lhe custarão a vida, e nossos pacientes estão bem vivos, ou melhor, é o próprio movimento inerente à vida que queremos que eles recuperem quando colocamos em movimento suas representações de si mesmos e do mundo.

Considerações finais

A recuperação dos direitos da ficção na Psicanálise é imperiosa para evitar o perigo/sedução de tomar a criação freudiana, ou outras teorias, como as verdades já dadas do ser humano. Seria preciso recuperar, em cada sessão, o potencial poético ou de *poiesis*/criação da Psicanálise, apreendido na leitura dos textos freudianos nos quais a preocupação não era com a aplicação da "receita psicanalítica", legada posteriormente por ele, mas a própria criação da Psicanálise, ou seja, a criação de algo que ainda não existia. É preciso abrir espaço para a criação/geração de novos enredos, de modo a possibilitar o aparecimento de outros sentidos nas histórias contadas/vividas com cada um de nossos pacientes e na medida exata em que a cada um compete. E que no fundo... é sempre relativo!

O que também pôde ser pensado, ao trazer à tona o parentesco tão íntimo entre Psicanálise e Literatura, foi a questão da transmissão da Psicanálise e seu desenvolvimento como "ciência geral da psique". Podemos pensar que é necessário um cuidado na transmissão da Psicanálise de forma a não reduzir, ou mesmo anular, seu potencial heurístico. Acreditamos que, no presente trabalho, isso foi possível ao nos debruçarmos sobre o método interpretativo-investigativo e sua natureza ficcional, tal como compreendido pela Teoria dos Campos e ao escrevermos um conto.

Chnaiderman chama a atenção para o fato de que a recuperação da dimensão poética da Psicanálise leva a um sério questionamento das instituições responsáveis pela transmissão da Psicanálise.

A proposta de resgatar na Psicanálise a sua dimensão poética não pode estar separada de um questionamento das formas que vêm tomando a Psicanálise institucionalizada, as formas que vêm assumindo a transmissão da Psicanálise. Pois se qualquer instituição tem como função fazer crer em uma adequação do discurso do real, tornando o discurso a lei do real, e o poético questiona essa mesma adequação do signo ao real, é o discurso institucional que passa, então, a ser posto em questão. (Chnaiderman, 1989, p. 23)

Algo que também pode ser pensado é a importância que as narrativas literárias podem ter em uma transmissão da Psicanálise comprometida com essa dimensão poética. Afinal Herrmann já chegou a afirmar que:

(...) na pesquisa de todas as ciências há uma parcela de arte combinada, na nossa, a arte envolvida é predominantemente a literatura, a qual, muito antes de nós, souberam apreender e revelar o labiríntico e contraditório sentido da existência dos homens. Freud explorou com excelência essa combinação, onde, enquanto ciência, a Psicanálise é arte, mas sempre faz ciência, quando é literatura. (Herrmann, 2004, p. 61)

Referências bibliográficas

ALVES, R. *Filosofia das ciências*: Introdução ao jogo e suas regras. São Paulo: Brasiliense, 1981.

CHNAIDERMAN, M. *O hiato convexo*: Literatura e psicanálise. São Paulo: Brasiliense. 1989.

Freud, S. (1893). Estudos sobre a histeria. In: *Edição Standard das Obras Completas de Sigmund Freud*, vol. II. Rio de Janeiro: Imago, 1969.

_____. (1930). O mal-estar da civilização. In: *Edição Standard das Obras Completas de Sigmund Freud*, vol.XXI. Rio de Janeiro: Imago, 1969, p. 81-171.

Herrmann, F. *A psique e o eu*. São Paulo: Hepsyché, 1999.

_____. *Introdução à Teoria dos Campos*. São Paulo: Casa do Psicólogo, 2001.

_____. *A infância de Adão e outras ficções freudianas*. São Paulo: Casa do Psicólogo, 2002.

_____. *Clínica Psicanalítica*: A arte da interpretação. São Paulo: Casa do Psicólogo, 2003.

_____. O análogo. *Revista Educação* – Especial Freud pensa a educação. São Paulo: Editora Segmento, 2006, p. 74-83.

HERRMANN, F. & LOWENKRON, T. (Org.), *Pesquisando com o método psicanalítico*. São Paulo: Casa do Psicólogo, 2004.

KON, N. *Freud e seu duplo*: Reflexões entre Psicanálise e arte. São Paulo: Editora da Universidade de São Paulo: FAPESP, 1996.

POE, E. A. "O retrato ovalado". In: Poe, E. A. *A carta roubada e outras histórias de crime e mistério*. Tradução de Willian Lagos. Porto Alegre: L&PM, 2003, p. 146-151.

ROMERA, M. L. Postura interrogante-interpretante: Por quem os sinos dobram???. In: Barone, L. M. C.; Giovannetti, A.; Herrmann, L.; Taffarel, M.; Zecchin, R. M. do N. (Orgs.), *O psicanalista*: Hoje e amanhã. O II Encontro Psicanalítico da Teoria dos Campos por escrito. (vol. 1). São Paulo: Casa do Psicólogo, 2002, p. 47-57.

SILVA, M. E. *Investigação e Psicanálise*. Campinas: Papirus, 1993.

ZIMERMANN, D. *Vocabulário contemporâneo de Psicanálise*. Porto Alegre: Artmed, 2001.

Capítulo 9
A EMPRESA FAMILIAR NO DIVÃ: ESTUDO A PARTIR DO MÉTODO PSICANALÍTICO POR RUPTURA DE CAMPO[1]

Maria de Lourdes Carrijo

Introdução

Família e empresa... Temas complexos, dinâmicos e desafiadores. Se cada assunto em si envolve esses aspectos citados, podemos imaginar os dois caminhando e se entrelaçando em um mesmo espaço – a empresa familiar. O campo de estudo sobre a empresa familiar é abrangente, pois envolve a compreensão de três sistemas – família, empresa e propriedade. Contudo, ao colocar a empresa familiar no divã, optei por pesquisar e analisar a intrincada relação entre pai e filhos, a sucessão familiar. Este texto é fruto da minha pesquisa de dissertação e está

---

[1] A empresa familiar no divã foi tema de minha dissertação defendida em novembro/2008 na PUC-SP tendo a dra Leda Herrmann como minha co-orientadora.

mesclado com minha vivência profissional, na qual o entrelaçamento da história de minha carreira e da história de uma conceituada empresa familiar me capturou.

Na minha experiência profissional pude acompanhar o início de um processo de sucessão, pois tive a oportunidade de desenvolver minhas atividades na área de Recursos Humanos sob o comando de pai e filho ao mesmo tempo. Sentia-me dividida e muitas vezes não sabia exatamente qual rumo, ou melhor, que direção tomar. A palavra divisão é bem adequada para retratar o sentimento dos funcionários da empresa, os quais percebiam que tinham "dois chefes", cada um deles com uma filosofia, uma direção para determinados assuntos, como as políticas de recursos humanos. Divergências existem e sempre existirão, porém o caminho, a forma escolhida para resolver os impasses é que é muito importante. O filho suceder o pai! A transição de uma geração para a outra pode ocorrer num ambiente que vai da harmonia a grandes turbulências.

Todo indivíduo tem necessariamente desejos, percepções e expectativas diferentes. Em uma mesma estrutura familiar essas particularidades e singularidades estão mescladas pelos laços de afeto, porém, como há sentimentos naturais ao ser humano, como ciúme, ressentimento, o desejo de ser o preferido, a história familiar amplia, em maior ou menor grau, essas emoções. Quando os membros de uma família vivem situações comuns em uma atividade empresarial que os envolve como acionistas, herdeiros ou sucessores, esses sentimentos necessariamente estarão presentes. Isso explica, em grande parte, o porquê de as questões empresariais, nas empresas familiares, serem influenciadas por aspectos da dinâmica familiar. Todas as famílias têm seus conflitos próprios e estes podem ser exacerbados por desavenças que envolvem assuntos empresariais. Nesse momento eles ultrapassam as paredes dos lares, infiltram-se e espalham-se por toda a organização.

Em qualquer empresa, seja ela multinacional, familiar, estatal, sem fins lucrativos, há dificuldades inerentes à vida profissional. Problemas de comunicação, rivalidades, ciúmes, *by pass*, competição, dedurismo são, com certeza, encontrados em todos esses tipos de organização, alguns aspectos em maior grau e outros, em menor grau, variando conforme o estilo de gestão adotado. Conflitos ocorrem em todas as organizações, porém há um pormenor nesse tipo de empreendimento: se surge um mal-estar gerado por desavença ou disputa, este, em geral, pode ser resolvido com a demissão do(s) envolvido(s). Mas, numa empresa familiar, o que fazer com a rivalidade entre irmãos, ciúme entre noras, a disputa de poder entre pai e filhos?

Tal singularidade da empresa familiar, esse pormenor, pode levar o empreendimento a ser palco de grandes conflitos e rachas dentro da própria família. Os desafios e as dificuldades vivenciados por todos os funcionários de uma empresa familiar são multiplicados quando problemas familiares e empresariais se "misturam", dificultando o trato com sentimentos de rivalidade, inveja e ciúmes. Pais, filhos, irmãos, cônjuges trabalhando juntos...

Afirmar que a empresa familiar é aquela em que as pessoas da família trabalham é uma definição incompleta, pois a família pode nela trabalhar ou não. A empresa familiar "é caracterizada pelo controle societário exercido por uma ou mais famílias ao longo do tempo" (Bernhoeft et al., 2006, p. 50). A marca deixada pela família na gestão e no controle da organização imprime particularidades peculiares em seu modo de funcionamento.

O que uma loja de conveniência de uma esquina tem a ver com empresas como Cargill, Walmart e Gerdau? Todas essas empresas têm uma característica central: estão ligadas a uma família, e é essa ligação que as torna um tipo especial de empresa (Gersick et al., 1997, p. 1). Outro ponto em comum entre as empresas familiares é a configuração família, patrimônio e empresa (Gersick et al., 1997; Alvares (Org.). 2003; Bernhoeft et al., 2006).

No mundo inteiro pode-se afirmar que a sucessão é um dos maiores desafios enfrentados pelas empresas familiares. Mais de 80% de todas as empresas do mundo são familiares, e no Brasil estima-se que cheguem a 90%. Entretanto, a estatística sobre a longevidade dessas empresas é alarmante, pois 67% não ultrapassam a segunda geração. Na região do Triângulo Mineiro, especialmente em Uberlândia, minha cidade natal e onde resido, o número de empresas familiares é expressivo. Mais de 90% das empresas aqui instaladas são administradas por famílias e a maioria se encontra na mão da primeira geração. Muitas delas não vivenciaram o processo de transição e a preparação da segunda geração para assumir o empreendimento é, em muitos casos, no meu ponto de vista, relegada a segundo plano.

Na revista *Exame* de março de 2005, a matéria de capa trata de sucessão e fornece dados surpreendentes. De acordo com um estudo internacional (não é mencionada a entidade que o realizou), "65% dos casos de mortalidade em companhias familiares são provocados por conflitos entre parentes" (p. 25) e, de acordo com Bernhoeft, R.

et al. (2006), 67% das empresas familiares não ultrapassam a segunda geração. E o peso econômico das companhias controladas por familiares é extraordinariamente elevado: 70% na Espanha, 75% na Inglaterra, 80% na Alemanha e 90% no Brasil. Nos Estados Unidos, os grupos familiares empregam 62% da força de trabalho. Resumindo, a empresa familiar é a espinha dorsal da economia. No Brasil, estima-se que 75% das empresas familiares estejam sob o comando da primeira geração, 20% nas mãos dos filhos dos fundadores e apenas 5% sob o controle das gerações seguintes. De acordo com esses dados pode-se afirmar que, ainda, muitas dessas organizações familiares brasileiras – 75% estão no comando da primeira geração – não experienciaram os problemas que as cercam.

Para compreensão desse tema, foram usadas reportagens divulgadas pela mídia; estudos sobre família do ponto de vista antropológico, sociológico e psicanalítico; a constituição da sociedade e da família no Brasil e na região do Triângulo Mineiro e feitas entrevistas com donos de empresa familiar. Aqui irei me ater às entrevistas com três proprietários de empresa familiar.

As entrevistas foram individuais e com duração de aproximadamente uma hora. Não foram adotados questionários a serem respondidos pelos entrevistados, e, sim, um roteiro geral de entrevista que era manejado de acordo com o diálogo desenvolvido com o entrevistado. Todas as entrevistas foram feitas nas dependências das empresas, além de terem sido gravadas e transcritas na íntegra, bem como as minhas recordações das impressões obtidas durante sua realização.

Sobre as empresas e os entrevistados

A empresa S, com sede em Uberlândia, é uma rede de supermercados e na época da entrevista contava com sete lojas. É administrada por quatro irmãos (três homens e uma mulher), sendo que Marco[2] (empresário que concedeu a entrevista) é o maior acionista. As esposas dos três irmãos trabalham na companhia, bem como parentes dos irmãos e das esposas. A empresa S. foi fundada pelo pai, porém quem trouxe o impulso comercial e a vontade de crescer foi Marco. Mas só após o falecimento do pai, ele assumiu a liderança do empreendimento.

---

[2] O nome do empresário Marco, de seu pai e de seus irmãos são fictícios.

Fundada em 1976, a empresa B, situada na cidade de São Paulo, é a maior rede de varejo em seu ramo de atividade. Com mais de trinta anos de história, a empresa começou com uma pequena loja na cidade de São Paulo. Na época da pesquisa contava com 170 pontos de venda espalhados pelo Brasil e uma *Mega Store* em São Paulo, a maior loja de artigos de viagem e acessórios de couro da América Latina. O empreendimento encontra-se na transição de gestão da primeira para a segunda geração. Antonio Pedrosa[3] é o fundador e presidente da empresa B, onde suas três filhas trabalham: Antonieta é diretora-comercial, Fernanda, diretora-financeira e Raquel é responsável pela área de criação de produtos.

O grupo C, com sede em Uberlândia – Minas Gerais, nasceu em 1954 e atua nos setores de telecomunicações, agronegócios, turismo e serviços de infraestrutura. O grupo conta com 11 mil funcionários e está presente principalmente nas regiões Sudeste e Centro-Oeste. A empresa foi eleita por sete anos consecutivos, pela revista *Exame*, como uma das "Melhores empresas para você trabalhar no Brasil". O empreendimento encontra-se na gestão da terceira geração. João Pedro Albuquerque, filho e sucessor do fundador, é presidente do conselho e seu filho João Paulo é o CEO[4] da companhia.

O método de investigação

Tendo como fundamento o método psicanalítico por ruptura de campo, a interpretação dos dados obtidos na pesquisa procurou analisar e descrever alguns aspectos do processo sucessório nessas empresas. A Teoria dos Campos e, em especial, os desenvolvimentos de Fabio Herrmann sobre clínica extensa foram os orientadores teóricos que permitiram, nessa interpretação, pensar psicanaliticamente o tema da sucessão em empresa familiar.

A Clínica Extensa diz respeito à ampliação do alcance do método da Psicanálise para além da padronização do *setting* no tratamento clínico

---

[3] O nome do empresário Antonio Pedrosa, de suas filhas e outros profissionais que aparecem no relato são fictícios.

[4] CEO: Chief Executive Officer. Pode ser chamado de principal executivo, presidente, superintendente, diretor-geral. As pessoas costumam fazer confusão quando a empresa tem os dois, CEO e presidente. Nesse caso a função do segundo é mais representativa. (Fonte: http://www.umtoquedemotivacao.com/recursos-humanos/dicionario-rh. Acesso em: 5/05/2008).

de consultório, bem como à sua aplicação a situações exteriores ao consultório, como hospital, clínica universitária, consulta médica, escola. Também é clínica extensa a Psicanálise da cultura e da sociedade, da literatura e das artes. Pode-se ver que é muito mais amplo o alcance do método da Psicanálise na investigação da psique humana, que, para Herrmann, compreende a psique do real.

De acordo com Herrmann (2001a) o processo interpretativo é responsável pelas rupturas de campo e o conhecimento sobre a psique humana é produzido mediante tal operação metodológica. Porém, como lançar mão do método interpretativo? Às vezes somos tentados a procurar receitas prontas, mas, se cada ser humano é único, pode-se então afirmar que não há uma receita padrão. A marca do humano é a imprevisibilidade, mostra uma parte de si, porém escorrega, desliza, finge, foge de si... de outro. É dizer:

> *Que sei eu do que serei,*
> *eu que não sei o que sou?*
> *Ser o que penso?*
> *Mas penso ser tanta coisa!*[5]

Desvelar a psique humana é um mistério!? Se, de um lado, o ser humano mostra uma faceta que mais nos remete a um mistério, então o investigador da psique deve adotar uma postura que ajude a desvelá-lo. Ao realizar as entrevistas e principalmente ao analisá-las, norteei-me pela seguinte expressão: "Deixar que surja para tomar em consideração" (Herrmann, 1993, cap. 6, p. 83). Contudo, foi uma tarefa árdua deixar surgir o material a ser pesquisado e desenvolvido por mim durante meu mestrado. Deixar surgir nos predispõe a ter contato com nossas angústias. Também temos de abrir mão de nossas certezas para lidar com as incertezas, pois é preciso mudar o escopo da análise do fenômeno em questão. É de certo modo deixar suspensas as teorias aprendidas, os (pre)conceitos e pressupostos para a (re)construção de outros possíveis conhecimentos.

Quando estamos inseridos em um campo[6] não nos damos conta das complicadas e intricadas relações nele existentes. Foi fora desse

---

[5] Fernando Pessoa, Tabacaria.
[6] Campo ou inconsciente relativo significa "zona de produção psíquica bem definida, responsável pela imposição das regras que organizam todas as relações que aí se dão; é uma parte do psiquismo em ação, tanto do psiquismo individual, como da psique social e da cultura"

campo, o da empresa familiar, que me foi possível (re)pensar qual(is) o(s) possível(eis) sentido(s), para cada um desses entrevistados, de ter de passar o comando para o próximo da linha de sucessão, ou de já ter recebido o bastão – caso de duas empresas familiares participantes desta pesquisa.

Pesquisar, entrevistar e analisar o material sobre sucessão familiar foi um grande exercício, tanto espiritual quanto emocional. Ao sermos inundados de informações, esquecemos de olhar para além de nossa visão e ouvir com a voz do coração. A possibilidade de analisar o campo e a relação estabelecida nas entrevistas com os donos de empresas familiares, recordar minhas experiências, pesquisar o tema, enfim, tudo que surgiu no transcorrer desta pesquisa contribuiu para resgatar a minha humanidade. Pode soar estranho dizer que foi um resgate de "ser humano", mas considero que foi um (re)aprendizado de escutar com a voz do coração, de conhecer e entender a loucura e a paixão humanas, os aprisionamentos e os sofrimentos que cada um carrega consigo...

Isto é clínica extensa; é sair do consultório e empreender uma pesquisa utilizando o método psicanalítico por ruptura de campo na empresa familiar. É ver o mundo de outro jeito e empreender uma análise do(s) possível(eis) significado(s) que tem uma atitude, um comportamento, uma ação para aquela pessoa ou um grupo em especial. E por intermédio de Marco, Antonio e João Pedro, os entrevistados, foi possível fazer a pesquisa e analisar alguns aspectos do campo da sucessão em empresa familiar, bem como compreender o processo sucessório em suas respectivas empresas e o(s) significado(s) desse processo para cada um em particular.

Cada um, à sua maneira, comunica suas dificuldades, os impasses, os entraves travados, muitas vezes provocando, na entrevistadora, inibições, necessidade de mudar de assunto, desconforto. Marco, Antonio e João Pedro encontraram uma forma de lidar com as regras do jogo da vida e enfrentá-las. Marco com sua espingarda bamba! Antonio com pare, olhe e escute! E João Pedro com a linha de defesa e ataque!

(Herrmann, 2001c, p. 59). Uma relação humana, seja individual ou coletiva, só é provida de sentido por causa das regras e determinações de um campo. O campo não deixa à mostra suas regras e só através de uma operação, a ruptura de campo, é possível trazê-las à superfície.

A saga dos entrevistados

Vejamos como foi o processo sucessório das três empresas pesquisadas. Na empresa S, a sucessão não apresentou problemas, mas para Marco, o sucessor, foi marcada pela rivalidade e por sentimentos ambivalentes em relação ao pai. Apesar de Marco elogiá-lo em vários momentos da entrevista, deixa escapar nas entrelinhas sua rivalidade com ele. Marco mostra sua rebeldia filial ao comprar um terreno por um preço e dizer ao pai outro valor, enganando-o. Ao invés de apontar o pai no porta-retrato, indica outra pessoa em seu lugar. Afirma sentir ciúmes dele. Esses episódios aparecem na entrevista de forma velada, disfarçada. Entretanto, a rivalidade entre pai e filho é um fato e sentimentos ambivalentes de amor e ódio estão presentes na relação dessa díade. Mas esses sentimentos ambivalentes fazem parte da natureza humana. Como enfrentá-los e resolvê-los, eis a difícil arte que se descortina para o sucessor.

Marco encontra um caminho... sua rivalidade é resolvida com a morte do pai, porém sentimentos de remorso e culpa persistem e se deixam entrever em algumas de suas falas – por exemplo: *"Eu tinha ciúmes dele"* – e nos episódios a que acima me referi. Como a refeição totêmica simbolizava para os irmãos da horda fraterna a identificação com o pai e a incorporação de sua força, Marco, depois da morte do pai, "incorporou-o" através de uma identificação idealizada[7]. Marcos é o modelo ideal para o filho Marco. O que se descortina é que este campo da "identificação idealizada" dará um colorido todo especial às relações estabelecidas por Marco. Assim, suas parcerias com os irmãos em suas empresas e com os dois sócios nas demais assumem uma característica de clã sob sua chefia.

Contudo, Marco acredita que pode realizar suas façanhas de empreendedor com um instrumento que não lhe dá condições de atingir o que espera. Marco refere-se a esse instrumento dizendo "... *Estou*

---

[7] A identificação é um processo psicológico pelo qual o sujeito assimila ou apropria-se de um aspecto, uma propriedade, um atributo do outro e se transforma, total ou parcialmente, segundo o modelo desse outro. A personalidade constitui-se e diferencia-se por uma série de identificações. Dentre os tipos de identificação, há a identificação idealizada. Na idealização, as qualidades e o valor do objeto são levados à perfeição. Porém este tipo de identificação é visto como frágil, pois leva a um esvaziamento das capacidades da pessoa e esta apresenta baixa tolerância às frustrações. (Vocabulário de Psicanálise: Lapanche e Pontalis, 2000; Vocabulário Contemporâneo de Psicanálise: Zimerman, 2001).

com uma espingarda e dando três tiros ao mesmo tempo". É uma espingarda mágica que consegue dar três tiros ao mesmo tempo e acertar os três alvos diferentes. Também ele almeja ser o bambambã na sua área, assim denominei seu instrumento, a espingarda bamba. O equilíbrio é tênue: ou está em uma posição de perito, de bambambã, ou de aprendiz e desconhecedor. É um pêndulo que deve exigir-lhe esforço sobre-humano, ainda mais que tem como concepção um modelo idealizado. Mas, como chefe do clã – pois Marco assumiu as funções de seu pai, tomou o seu lugar à frente dos negócios na empresa familiar –, exige de si missões às vezes impossíveis. E Antonio, na empresa B, em pleno processo de sucessão? A forma que ele encontrou para conduzir o processo sucessório remete-me à história do rei Lear, que tinha três filhas e não conseguia eleger uma delas como sua sucessora ao trono. Antonio encontra-se nessa situação, o que o deixa paralisado. A paralisação de Antonio está na proibição de expressar o que pensa e sente. Essa proibição o impede de lidar e tratar com as filhas sobre o processo sucessório, bem como da profissionalização da empresa. Antonio vive essa situação como um emaranhado que o leva a se defrontar com duas tarefas impossíveis. De um lado, não sente confiança de passar o bastão para a filha que parece ser a mais indicada para o cargo. Assim é impossível escolher uma filha para sucedê-lo. De outro, fazer a transição para uma empresa profissional também está sendo um processo difícil, complicado e inviável.

Todas essas complicações próprias de Antonio, que vieram à tona nesse processo, precisam ficar escondidas dele e por ele. E, para complicar um pouco mais, há que carregar e elaborar o luto do homem empresário que, ao passar o poder, perderá sua posição de patriarca. Esses pontos cegos de Antonio o deixaram paralisado, porém em um lugar que particularmente considero perigoso para ele e sua empresa.

Pare, olhe, escute! Essa mensagem de Antonio, que captei a partir do uso constante dessa expressão na entrevista, usei como metáfora, relacionando-a aos avisos nos cruzamentos de estradas de ferro. Atribuí-lhe tanto a função de avisar às filhas para tomarem cuidado ao atravessar a linha de trem, como também a de tomarem cuidado com ele, o trem Antonio, que pode atropelá-las. Pare, olhe e escute é também um aviso para si mesmo, neste caso com um pequeno senão, pois o próprio Antonio não o leu. Quer dizer, ao cruzar a linha sem ler o aviso, ficou parado sobre os trilhos. Tudo indica que uma das regras do campo do processo sucessório da empresa B é a proibição de fazê-lo deslanchar. Não é permitido por ele tentar cruzar a linha de trem e, se ele o faz, fica estacionado no meio do cruzamento. Que travessia turbulenta!

Entretanto não é só Antonio que tem dificuldades em enfrentar o encontro consigo mesmo e de jogar conforme as regras do jogo da vida. Eu fiquei tão envolvida e angustiada com as aflições e os impasses de meu entrevistado que redirecionei o tema para a área de recursos humanos. De um lado, queria saber quais ações a área poderia implementar para ajudar nessa travessia, mas, de outro, tirei a responsabilidade do dono de conduzir o processo e o trouxe para o RH. Essas são dificuldades que acabam nos aprisionando às regras de um campo, e nossa visão de mundo e do outro ficam estreitas e empobrecidas. Refletindo sobre o desenrolar dessa entrevista e os dados nela obtidos, procurando desvelar o sentido que está tendo o processo sucessório para Antonio, não estou mais preocupada com as ações que eu ou uma área poderia desenvolver. O mais importante é entender, acolher e compartilhar essa trajetória que me parece tão repleta de angústia, impasses, medos, encontros e desencontros.

E, por fim, a empresa C e a entrevista com o presidente do conselho, o bailarino contador de histórias João Pedro. Foi uma entrevista difícil, cujo campo transferencial defini como o da relação de defesa e ataque, isto é, João Pedro empreende um combate comigo para poder dirigir a entrevista, passando de entrevistado a orientador da entrevistadora. Foi a reflexão sobre esse campo transferencial, isto é, as vivências despertadas em João Pedro, obrigando-o a me atacar e a se defender, que me permitiu entender como foi tumultuada a sucessão da primeira para a segunda geração na empresa – do pai Josué para o filho João Pedro. Do processo sucessório ele pouco falou, mas falou um pouco de si e de sua trajetória de ter sucedido o pai através das três histórias narradas: de Ronald Reagan, do bailarino e da ovelha negra. Revelando-se através do relato sobre os três personagens e pelo campo transferencial estabelecido na entrevista, foi possível, também, entender como o tema – sucessão – propiciou que uma avalanche de emoções soterradas e mal digeridas aflorasse em João Pedro.

Como cada um joga sua partida nesta vida, o jogo possível para ele durante a entrevista, já por mim referido ao definir o campo transferencial, foi defesa e ataque. Aquele presidente que, em um primeiro momento, achei cordial e amistoso, foi-se transformando em um homem, na minha percepção, bravo, imponente, intransigente e mandão. Tomou as rédeas da entrevista, ditou as regras, decidindo o que falar, como, quando e até mesmo onde – um canto de sua sala de trabalho, arrumado como uma sala de visitas. Desde o início de nosso encontro, abordou assuntos que o descaracterizavam como entrevistado. Senti-me como se estivesse em uma arena de gladiadores e a posição que assumi foi a de ficar intimidada diante dele.

Urano e Cronos, deuses do Olimpo, ao se sentirem ameaçados pela perda do poder, encontraram um jeito de eliminar a concorrência, ou seja, os filhos. Urano mandava-os de volta ao seio materno quando nasciam e Cronos os engolia. O pai da horda primeva os expulsava quando atingiam uma determinada idade. Acredito que João Pedro, ao se sentir ameaçado, não por mim, mas pelo tema que levava como objeto da entrevista, lança mão do ataque, intimidando o adversário. Mas nessa história há um equívoco – não era eu sua adversária.

A história vivida por ele nessa transição de poder deixou marcas profundas! Ele narra como foi e como se sentiu nesse processo através das histórias daquelas três personagens. João Pedro foi o bailarino que "dançou" quando foi afastado da empresa e que voltou depois a "dançar conforme a sua coreografia" quando retornou ao poder. Ele foi a ovelha negra que, afastado da empresa, brigou com a família e ficou exilado por vários anos. E quando, após algum tempo, assumiu a direção do grupo, voltou como Ronald Reagan, o manda-chuva, o que comanda a empresa e ali dita as regras. E seu sucessor? Ao passar por esse assunto, refere, mas não nomeia o filho, e diz que se ele tiver a competência que teve ao suceder o pai... Só posso inferir que esse processo deve ameaçá-lo e é possível que reaja defendendo-se e atacando quem se interpuser em seu caminho.

Outro ponto que destaco na abordagem deste tema se refere às relações entre pais e filhos, o qual compreende três aspectos: a competição entre pai e filho (a luta contra o pai tirânico, a submissão ao pai); rivalidade entre irmãos (a competição e a escolha do herdeiro); e o encontro consigo mesmo (o enfrentar-se a si mesmo). No caso de João Pedro, o encontro consigo mesmo correlaciono a Hamlet. Porém não se trata do sentimento de culpa, e sim do espectro do pai Josué que o persegue nas vinte quatro horas do dia. João Pedro cobra de si ser forte, ser o guardião da herança recebida do pai, tanto no aspecto financeiro quanto no dos valores e tradições da família. Se o filho nobre falhar nessa missão, que é excluído por ele no dito "avô rico, filho nobre e neto pobre", pode levar a empresa a desaparecer de cena, e até mesmo ele pode vir a perecer. Neste caso, penso poder afirmar que é o espectro do pai que pode matá-lo, o que leva João Pedro a tomar uma posição de constante vigilância, de estar à espreita, de não cometer deslizes, de não errar. Que batalha árdua ele trava consigo mesmo!

A saga desses três empresários é compartilhada por outros sucessores. A revista *Exame*, de março de 2005, tem uma matéria intitulada "O desafio de trabalhar com o pai", em que os sucessores entrevistados afirmam que a sombra do pai os acompanha na trajetória profissional. Têm de conviver com a ambivalência em relação ao pai – este é pai e chefe, ou seja, é a pessoa que invejam e admiram, mas, de outro lado, é visto como empecilho aos desejos de poder. Reclamam que geralmente os pais os veem como crianças, não os julgando aptos para assumir responsabilidades de maior envergadura. De acordo com a reportagem, 80% dos pais não acreditam que o filho esteja preparado.

Ser chefe não é fácil, e ser sucessor menos ainda. Para facilitar a vida das empresas e dos chefes, os seres humanos inventam algumas regras. Os povos primitivos criaram o tabu que envolvia chefes e reis da época. Na atualidade, defende-se a criação dos Conselhos de Administração. O que posso afirmar é que na empresa de Marco, que está em fase de expansão, essa questão nem sequer é pensada. Ele quer imprimir uma marca de clã de família, pensamento divergente daquele que recomenda o Conselho de Administração. Na empresa de Antonio, a implantação do conselho está delineada por entraves, e no momento é inviável. Na empresa de João Pedro há o Conselho de Administração, porém isso não contribuiu para apaziguar os temores que carrega consigo. Qual o melhor caminho a tomar?

Cada um desses sucessores – Marco, Antonio e João Pedro – encontrou uma forma de lidar com as regras do jogo da vida e enfrentá-las. Essas regras configuram a própria forma emocional com que cada um deles vivenciou a entrevista comigo. Na análise dessas entrevistas fui, pouco a pouco, podendo identificá-las. Marco com sua espingarda bamba. Antonio com pare, olhe e escute. E João Pedro com a linha de defesa e ataque. Se há um campo em comum que dita as regras do processo de sucessão desses empresários, arrisco-me a defini-lo como campo da casa bamba. Há uma linha muito tênue entre a família e a empresa. Para uma empresa familiar se profissionalizar é preciso que a família (des)apareça, isto é, que desapareça do comando executivo da empresa e apareça simplesmente como família. Esse é o delicado equilíbrio que se descortina. Enquanto Marco e Antonio estão no meio do caminho, João Pedro coloca a empresa acima da família e vê-se diante do desafio de não deixar desaparecer a empresa familiar.

Nas famílias brasileiras, sobretudo as das cidades menos cosmopolitas do país, ainda vigoram as características da família patriarcal do chefe e seu clã. Na análise das entrevistas de Marco, Antonio e João Pedro isso aparece, principalmente, na centralização do poder de comando da empresa familiar nas mãos desses empresários. O processo autoritário como o campo constituinte do pensamento no mundo em que vivemos, descrito por Herrmann (2001b, cap. 7), imiscui-se na centralização do poder nessas empresas, ou pela impossibilidade de dar andamento ao processo sucessório – na empresa B, com Antonio; ou pela "missão impossível" de dar três tiros ao mesmo tempo com a mesma espingarda para atingir alvos diferentes – na empresa S, com Marco; ou no eterno jogo de defesa e ataque – na empresa C, com João Pedro.

A sucessão na empresa familiar é envolvida por uma emaranhada teia. De todos os fatores implicados, destaco dois cruciais. Primeiro, a dinâmica familiar, em que a estrutura familiar inconsciente dará todo o colorido aos vínculos e às relações estabelecidas no seio familiar e, consequentemente, se refletirá nas relações na empresa. O segundo refere-se ao campo dominante do mundo em que vivemos – o processo autoritário. Este campo permeia e entranha-se em todos os outros. Muitas empresas familiares mantêm a tradição de escolher o primogênito como o sucessor do pai. O clã Klein, das Casas Bahia, deixa claro que segue o princípio da Bíblia Sagrada, ou seja, o poder será transferido ao filho homem mais velho. É o processo autoritário "investido" dos poderes religiosos definindo a regra do jogo. Mesmo com essa regra definida, o processo sucessório pode ocorrer em graus que vão desde dramas até tragédias.

Pensar o mundo em que vivemos pela farsa e pelo regime do atentado (Herrmann, 2001b, cap. 8), ajuda-nos, nas considerações sobre a família contemporânea. De um lado, ela está mudando sua estrutura, constituindo-se de dois ou mais pais, meio-irmãos, irmãos, o que dá um lugar mais relevante a outro "personagem mitológico", que vem unir-se a Édipo – Narciso. Somado à rivalidade com os pais, Narciso encarna uma figura em que o "eu" é mais importante, o individualismo preponderá e o prestígio ontológico é alicerçado no que a pessoa aparenta ser. É a humanidade sem interdito, a família em desordem (Roudinesco, 2003). Em um processo sucessório pressupõem-se acordos e regras definidas. Como serão as regras com Narciso? O narcisista opõe-se a um acordo porque desconsidera a alteridade e só aceita uma relação de unicidade, em que não haveria necessidade de acordos. Somando-se a isso, no campo da farsa ou da mentira conveniente, as regras são inventadas e podem ser modificadas ao bel-prazer de quem as define. E para complicar mais as coisas, quando instalado o regime do atentado, as decisões tomadas não serão pautadas pela reflexão, pela ponderação dos fatos e, sim, pelo ato puro (Herrmann, 2001b, cap. 8). Além da rivalidade com o pai e com os irmãos e o encontro consigo mesmo, esse é o novo panorama que se descortina para as empresas familiares e sucessores. Todas essas ponderações aqui feitas irão delinear um novo formato para as sucessões nas empresas familiares. A tragédia irá persistir nesse cenário!?

Escutando com o ouvido torto, analisando as entrevistas com a voz do coração, ou seja, embasada no método psicanalítico por ruptura de campo, pude descrever algumas regras organizadoras do campo sucessório em empresas familiares. A problemática do tema "sucessão familiar" surge da boca de Marco, Antonio e João Pedro, se prestamos atenção não só ao que nos comunicam, mas na forma como o fazem, no desempenho durante a entrevista, com ou sem entraves, e nas próprias repercussões na entrevistadora – inibições, necessidade de mudar de assunto e ficar mais ou menos à vontade. Focar a empresa familiar no divã foi uma aventura a que me lancei de corpo e alma e na tentativa de descerrar algumas das regras do campo sucessório. Campos foram rompidos! O que essa pesquisa representará para os sucessores não o posso afirmar com precisão, contudo, para mim... Uma poesia que apenas diz:

> ...Deu-me olhos para ver.
> Olho, vejo, acredito.
> Como ousarei dizer:
> Cego, fora eu bendito?
> Como olhar, a razão
> Deus me deu, para ver
> Para além da visão-
> Olhar de conhecer...
>
> Fernando Pessoa

Referências bibliográficas

ÁLVARES, E. (Org.), *Governando a empresa familiar*. Rio de Janeiro: Qualitymark; Belo Horizonte: Fundação Dom Cabral, 2003.

BERNHOEFT, R. *et al. Família, família, negócios à parte*: Como estabelecer laços e desatar nós na empresa familiar. São Paulo: Editora Gente, 2006.

CARRIJO, M. L. *A empresa familiar no divã: Estudo a partir do método psicanalítico por ruptura de campo*. Dissertação de Mestrado. São Paulo: Pontifícia Universidade Católica de São Paulo – PUC-SP, 2008.

GERSIK, K *et al. De geração para geração*: Ciclos de vida das empresas familiares. Trad. Nivaldo Montingelli Jr. São Paulo: Negócio Editora, 1997.

HERRMANN, F. *Andaimes do real*: O método da psicanálise, 3ª ed. São Paulo: Casa do Psicólogo, 2001a.

_____. *Andaimes do real*: Psicanálise do quotidiano, 3ª ed.. São Paulo: Casa do Psicólogo, 2001b.

_____. *Introdução à Teoria dos Campos*. São Paulo: Casa do Psicólogo, 2001c..

_____. Psicanálise e política: No mundo em que vivemos. *Percurso. Revista de Psicanálise*. Ano XVIII, 2006, nº 36, 1º semestre p. 5-24.

LETHBRIDGE, T. O desafio de trabalhar com o pai. *Revista Exame*. Revista quinzenal. Ed. Abril, Edição 838, Ano 39, nº 5. 16 de março de 2005, p. 22-30.

ROUDINESCO, E. *A família em desordem*. Trad. André Telles. Rio de Janeiro: Jorge Zahar, 2003.

Capítulo 10
CONFLITOS DE (VARA DE) FAMÍLIA E A ESCUTA ANALÍTICA[1]

Claudia Amaral Mello Suannes

Novas demandas para a Psicanálise

Tentando contemplar a diversidade de pedidos de ajuda psicológica que não se encaixavam nos padrões do tratamento psicanalítico clássico, Winnicott desenvolveu três modalidades de variação da técnica, são elas: *psicoterapia a pedido, psicanálise compartilhada e consultas terapêuticas*. Tais variações foram desenvolvidas a partir de sua experiência como pediatra, o que inclui trabalho com crianças evacuadas dos centros urbanos durante ameaças de bombardeio na época da Segunda Guerra Mundial.

Vivendo num momento histórico diferente, assistimos a um declínio da procura por atendimento clínico padrão, porém, como

---

[1] Este artigo baseia-se em considerações desenvolvidas na parte I da minha dissertação de mestrado: A sombra da mãe: Um estudo psicanalítico sobre identificação feminina a partir de casos de Vara de Família.

Winnicott, defrontamo-nos com situações de sofrimento humano que contêm um pedido de ajuda psicológica distinta daquela que poderia ser oferecida no tratamento psicanalítico clássico. Atualmente, com uma frequência cada vez maior, os psicanalistas vêm sendo chamados a exercer funções em ambientes mais diversos, como, para citar alguns exemplos, hospitais, escolas, abrigos, penitenciárias e, também, nas Varas de Justiça, que é, justamente, o foco de nossa reflexão neste trabalho.

Nas Varas de Família, especificamente, o profissional *psi* é convocado a exercer a função de perito judicial em casos de disputa de guarda de filho ou de desacordo em relação ao sistema de visitas do genitor que não reside com a criança. A perícia consiste, *grosso modo*, em estudo de caso e posterior elaboração de laudo, e sua função é oferecer subsídios para que a decisão judicial leve em consideração o interesse da criança ou do adolescente envolvido nessas ações.

Do ponto de vista processual, a tramitação desse tipo de ação obedece aos mesmos princípios que regem o andamento dos processos de Varas Cíveis, os quais envolvem antagonismo entre pessoas, instituições ou grupos, cujas relações muitas vezes circunscrevem-se à questão conflitiva que deu origem ao processo judicial. Sendo um vínculo circunstancial, terminado o processo jurídico, encerra-se, também, o contato entre as partes em litígio.

As Varas de Família, como o próprio nome diz, envolve necessariamente relação entre pessoas que convivem no mesmo espaço social e cujas relações, intensas e contínuas, permanecerão após o término da ação judicial. Como mencionado acima, os profissionais *psi* são chamados a ocupar o lugar de perito judicial, isto é, o de *expert* que fará um estudo técnico ou cientifico, que, por sua vez, será usado como parâmetro que ajudará o juiz a decidir sobre a guarda de uma criança ou sobre o sistema de visitas do genitor que não mora com ela. O modelo pericial supõe, portanto, que o impasse existente entre duas pessoas significativas uma para a outra possa ser resolvido por um terceiro (o juiz), por meio da leitura de um estudo técnico.

Porém, como a sentença judicial não encerra o vínculo entre aqueles que, no processo, são chamados de "partes", frequentemente os profissionais que lidam com Vara de Família assistem a um constante retorno dos casos (seja abertura de novas ações judiciais entre as mesmas pessoas, seja introdução de novas acusações em processos que estão em andamento), configurando uma situação caracterizada pela cronificação do litígio.

Com base nessas considerações, psicanalistas e psicólogos de diferentes vertentes metodológicas vêm se questionando sobre os alcances e os limites do modelo pericial, articulando tal discussão com a importância de se promover uma ação interventiva junto às famílias que vivem processos litigiosos em Vara de Família. É a partir desse quadro que alinhavarei a discussão de que as entrevistas necessárias ao estudo podem se constituir como oportunidade de escuta analítica junto às pessoas que procuram o Judiciário para resolver seus conflitos intrapsíquicos e intersubjetivos.

Antes disso, porém, farei uma breve explanação de como se dá a tramitação processual em Vara de Família e de como essas famílias chegam à perícia, para situar o contexto no qual o trabalho é desenvolvido.

Uma pessoa que não está de acordo com o ex-cônjuge em relação a determinados aspectos da vida do filho que têm em comum (onde e com quem a criança deve morar, e com que frequência deve encontrar-se com o outro), ingressa com uma ação judicial requerendo a guarda do filho e/ou uma forma de regulamentação de visita, esperando que o juiz conceda o que foi pedido. O magistrado determina que a parte contrária se manifeste e, se não houver acordo, ele lançará mão de alguns meios de prova para decidir, sendo a perícia uma delas. No processo judicial as pessoas "falam" sempre por meio de seus advogados, os quais traduzem para a linguagem jurídica o conflito vivido pelo cliente.

Assim sendo, entre a vivência subjetiva que motivou a pessoa a ingressar com a ação e o andamento processual, que segue determinados trâmites, há uma progressiva transformação do conflito subjetivo em conflito jurídico. De acordo com o cientista político Andrei Koerner:

> (...) o conflito deve ser transformado em processo (...), no qual os envolvidos são representados como partes individuais que defendem seus interesses antagônicos perante um terceiro neutro, o juiz. O processo judicial se desenrola de acordo com procedimentos formalizados, em que as partes têm a oportunidade de apresentar suas pretensões e os dispositivos jurídicos que lhes dão apoio, bem com as suas respectivas versões dos fatos e os elementos probatórios que permitem reforçar seus próprios argumentos. O modelo supõe que as próprias partes fornecerão ao juiz os elementos suficientes para decidir, ao participar de um processo que transformou o conflito em um antagonismo formalizado juridicamente. (Koerner, 2002, p. 43)

Na instauração de um processo judicial, portanto, as pessoas, representadas por seus advogados, apresentam sua questão conflitiva a um terceiro, o juiz. Este, por sua vez, organiza o conflito de modo a torná-lo passível de resolução (o que ocorre quando da decisão judicial), usando, para isso, determinados parâmetros, um dos quais imprime uma maneira de as pessoas se comunicarem no processo, que a psicanalista Mara Caffé chama de "dessubjetivação do conflito"[2].

É neste contexto, então, que os casos chegam para a perícia, ou estudo psicológico, denominação também adotada para designar o trabalho.

A perícia já propõe, prontamente, um movimento em direção contrária à estruturação do problema em linguagem jurídica: nas entrevistas são as famílias (e não seus representantes) que falam, e a escuta não está voltada para os aspectos legais, factuais e pragmáticos. Desse modo, o estudo psicológico se constitui como um encontro que contém em seu bojo a possibilidade de restituir a voz à pessoa e aos processos inconscientes que subjazem ao seu pedido formal.

Voltemos agora ao início do artigo, quando mencionamos as modalidades de variação da técnica propostas por Winnicott.

Para explicar o que seriam as consultas terapêuticas, o psicanalista convida o leitor a imaginar-se sentado num ônibus, ao lado de alguém que lhe conta uma história. Prossegue, comentando que:

> (...) se há qualquer espécie de privacidade, a história começará a evoluir. Pode ser apenas um longo caso de reumatismo ou uma injustiça no escritório, mas o material já está lá para uma consulta terapêutica. A razão por que isso conduz a lugar algum é simplesmente porque, na ocasião, não se está intrinsecamente dando de modo deliberado e de um modo profissional a tarefa de usar o material apresentado e por isso o material oferecido no ônibus se torna difuso e enfadonho. Na consulta terapêutica, o material se torna específico e muito interessante, já que o cliente logo começa a sentir que a compreensão pode ser acessível e que a comunicação a um nível profundo pode se tornar possível. Obviamente seria um ato irresponsável transformar vizinhos de ônibus em clientes (...) mas com crianças trazidas à psiquiatria infantil a situação é aproveitada e o trabalho é feito. (Winnicott, 1984, p. 15, grifo meu).

---

[2] No livro Psicanálise e direito a psicanalista analisa a noção de conflito para o Direito e para a Psicanálise, indicando os dispositivos que cada um utiliza para lidar com eles. A questão é abordada aqui de forma sucinta, contudo sugiro ao leitor interessado na questão o trabalho aqui citado.

E em outro artigo, acrescenta:

> Gosto de fazer análise e anseio sempre pelo seu fim. A análise só pela análise para mim não tem sentido. Faço análise porque é do que o paciente necessita. Se o paciente não necessita de análise, então faço outra coisa (...). Sempre me adapto um pouco às expectativas do indivíduo, de início. (...) Ainda assim, me mantenho manobrando no sentido de uma análise padrão. (...) Se nosso objetivo continua a ser verbalizar a conscientização nascente em termos da transferência, então estamos praticando análise; se não, somos analistas praticando outra coisa que acreditamos ser apropriado para a ocasião. E por que não haveria de ser assim?" (Winnicott, 1983, p. 152 ss.)

Não estamos no ônibus, mas numa instituição de poder, e não somos um acompanhante circunstancial ou um interlocutor a quem a conversa não leve a lugar algum: estamos vinculados ao juiz, o qual tem a prerrogativa de tomar uma decisão cujos efeitos têm consequências diretas no curso da história dessas pessoas. Ao mesmo tempo, convém repetir, não estamos num lugar qualquer e não somos um acompanhante circunstancial: fazemos parte da cena judiciária na qual o juiz foi convocado por essas pessoas a dar um rumo às histórias que estão contando. O magistrado, a quem elas atribuíram o poder de resolver seus conflitos familiares, convocou para a cena um profissional *psi*, que ficou encarregado de ouvir essas histórias para oferecer subsídios a quem for decidir. Será só ao juiz a quem essa conversa levará?

É certo que nas clínicas psicológica e psicanalítica, em geral, há demanda de análise ou de ajuda psicológica, o que não acontece necessariamente com as pessoas encaminhadas para estudo psicológico por determinação judicial. Contudo, como lembra Fernanda Otoni de Barros, nas Varas de Família "ouve-se o eco das apelações insatisfeitas, os desencontros amorosos causando a demanda de uma reparação, esperando que a Lei possa colocar-se na posição de regular o irregulável" (Barros, 1997, p. 40). Assim, embora não seja uma instituição de saúde mental, é o Judiciário o lugar que essas pessoas escolheram para tratar, viver e falar da dor da separação, dos rompimentos de vínculos, da desidealização da família e de si mesmas. Não haveria aí uma questão sintomática a ser pensada?

A perícia na perspectiva da clínica extensa

Fabio Herrmann, no artigo "Da clínica extensa à alta teoria: A história da Psicanálise como resistência à psicanálise", salienta que, em Freud, a Psicanálise ocupava uma área muito maior do que a terapia de consultório e que, depois dele, a teoria confinou-se nela. Atualmente, a crise da clínica padrão força a prática de uma clínica extensa, mas essa prática pode assentar-se, equivocadamente, na teoria "padrão" forjada a partir da clínica padrão ou, ainda, em uma simplificação desta. Nesse sentido, o autor faz uma distinção importante entre teoria e método psicanalítico. A teoria repetida e transportada para outros contextos, sem a devida consideração à noção de campo, torna-se estéril e reificada. O método, por sua vez, inclui a noção de "ruptura de campo", e, desse modo, pode reinventar-se constantemente.

O autor chama a atenção para a necessidade de a Psicanálise, praticada fora de seu contexto original, manter o vínculo com a "alta teoria", ou seja, com as linhas que medeiam entre o rigor absoluto do método psicanalítico e as hipóteses especulativas mais gerais a respeito do psiquismo, isto é, a metapsicologia.

Nas palavras de Herrmann:

> A clínica extensa, tal como Freud a criou e a realidade atual multiplicou, não é um mérito, mas um acontecimento. (...) Estendida a clínica, já não temos pacientes habituais. Outras patologias impõem-se (...). Voltar à sociedade, voltar à cultura (...) exige a ruptura do campo epistemológico daquilo que se entende por ciência. (...) Exatamente aqui incide a exigência da alta teoria, pois é preciso notar que a clínica extensa não vem da falta de pacientes mas da quebra do (...) círculo vicioso doutrina reificada, clínica-padrão. (Herrmann, 2002, p. 19)

Tal fundamentação nos permite dar sentido à formulação de Winnicott segundo a qual se pode ser psicanalista adaptando o atendimento a situações de sofrimento humano que não se encaixam naquilo que Herrmann chama de "clínica padrão".

Na mesma linha, Luís Cláudio Figueiredo inicia o artigo "Transferência, contratransferência e outras coisinhas mais", *ou a chamada pulsão de morte*, com a seguinte epígrafe: "... o modo como o psicanalista se coloca diante-de (...) também constitui a possibilidade do psicanalisar" (Figueiredo, 2003, p. 127).

Nesse artigo, o autor trabalha com a hipótese de uma contratransferência primordial, isto é, de uma contratransferência que consiste em uma disponibilidade do analista para funcionar como suporte de transferências. Apoiando-se em Ferenczi, Figueiredo afirma que a propensão a estabelecer relações transferenciais faz parte do psiquismo humano e, estendendo a noção ferencziana, refere-se à propensão do humano para ser suporte de transferências e, assim, servir como destinatário e depositário dos afetos alheios. Situando a origem dessa propensão na condição de desamparo que, sendo inerente ao humano, o torna dependente de cuidados que vêm do outro, o autor está aludindo a uma condição mental que se caracteriza pela possibilidade de se deixar interpelar pelo sofrimento alheio naquilo que ele tem de "desmesurado, incomensurável, desconhecido e incompreensível".

Entre outras articulações teóricas, o autor relaciona tal análise com a concepção winnicottiana de uma preocupação com o outro anterior à constituição do aparelho psíquico e à própria noção de alteridade, no momento em que o "mim começa antes do eu". Rigorosamente falando, diz Figueiredo, "a contratransferência primordial é não só a condição do psicanalisar, mas do vir-a-ser do sujeito, do existir como subjetividade". Desse modo, a faculdade de se preocupar com o outro não diz respeito ao samaritanismo, mas à nossa condição humana de se deixar afetar pelo outro em virtude de nosso desamparo original. É nesse contexto, por conseguinte, que a contratransferência não é pensada apenas em seu sentido estrito, qual seja, como resposta ou reação à transferência do paciente, mas a algo que a precede.

Retornemos, então, à possibilidade de se articular o encontro destinado à realização da perícia com oportunidade de uma escuta a partir da qual o sujeito possa vir a ressignificar o próprio discurso.

Mencionamos acima o contexto no qual se dá o encontro do psicanalista com as pessoas que fazem parte de um processo judicial: o sujeito entra com uma ação judicial, na expectativa de que um outro (o juiz) resolva o conflito que ele, por si só, não é capaz de resolver, e o magistrado, por sua vez, determina que a decisão judicial será posterior à realização do estudo psicológico.

Se a família vem para entrevista por causa dessa rede institucional, e se sua transferência é preponderantemente com a instituição judiciária, estaria o psicanalista fadado a ficar imobilizado diante de um discurso que – uma vez que é produzido no encontro com um outro, representado como detentor de um poder repressivo – revela-se pobre em termos de associação livre?

A psicanalista Mara Caffé também se interroga sobre essa questão:

De início, ao lidarmos com as dificuldades e limites da atividade pericial, pensávamos que tal condição obstaculizaria definitivamente os bons termos da tarefa diagnóstica da perícia. A família estabeleceria com o perito uma transferência muito desfavorável, o que inevitavelmente comprometeria o trabalho. Assim, durante a perícia, a mencionada "herança" do juiz quanto às condições do lugar do perito deveria ser evitada ou diluída (...). Entretanto (...) não se trata de iludir ou suprimir o caráter normatizador e sancionador do lugar de perito, que marcam as condições transferenciais; trata-se, sim de circunscrevê-lo adequadamente, colocá-lo a serviço da perícia. (Caffé, 2003, p. 96-97, grifos da autora)

Nessa mesma linha, Sidney Shine, no artigo "O conflito familiar transformado em litígio processual", estabelece uma relação entre "escolha da neurose", como entendida por Freud, e "escolha" da via processual para lidar com o conflito familiar. Essa analogia parece-nos útil para analisar a questão da demanda dessas famílias cujos conflitos as levam ao Judiciário.

Mencionamos acima o processo de dessubjetivação do conflito engendrado na instauração de um processo judicial. Ocorre, contudo, que a dessubjetivação que opera nesse processo não se deve unicamente aos dispositivos do campo do Direito. O conflito de família transforma-se em conflito de Vara de Família por uma escolha de seus partícipes: o advogado tem procuração para falar pela pessoa que vive o conflito, ao passo que o juiz é por ela provocado a resolvê-lo, o que o fará por meio dos dispositivos legais de que dispõe. Mesmo nas situações de entrevista psicológica, muitas vezes o conflito é apresentado com se fosse externo ao sujeito e como se fosse do outro a responsabilidade do sofrimento vivido em si. Consequentemente, é a regulação ou o controle sobre a ação desse outro a solução vista como capaz de pôr fim ao sofrimento. A partir de uma transformação do discurso da insatisfação ou do sofrimento para o discurso do merecimento (isto é, é a tentativa de impingir ao outro a responsabilidade pelo sofrimento imerecido, ou injusto), espera-se que um terceiro (o juiz) tenha autoridade para instituir (ou restituir) uma situação em que as próprias necessidades sejam atendidas. Assim sendo, a instituição de poder, caracterizada por dispositivos normatizadores e sancionadores é, de certa forma, resposta a necessidades específicas dessas famílias.

Retornemos à reflexão de Mara Caffé:

(...) podemos encontrar uma perspectiva à instituição da escuta analítica nas condições de um perito fortemente revestido com os atributos normatizadores e sancionadores, considerando justamente que tais atributos não são impostos apenas pela natureza da estrutura judicial, mas também pela demanda familiar. Há, portanto, uma demanda familiar, inconsciente em muitos dos seus aspectos, de encontro com este perito que se reveste dos atributos mencionados. (Caffé, 2003, p. 98, grifos da autora)

Desse modo, a transferência com o perito é atravessada por uma questão sintomática da família. Por alguma questão que não lhe é externa, foi o Judiciário a instituição escolhida para resolver os conflitos intrapsíquicos de algum de seus membros e/ou os conflitos intersubjetivos do grupo familiar. Como diz Mara Caffé, não se trata de iludir ou suprimir o caráter normatizador e sancionador do lugar do perito e suas implicações transferenciais. Trata-se, antes, de colocá-lo a serviço do trabalho.

Assim, estabelecer um enquadre marcando a relação de causalidade entre o estudo psicológico e a decisão judicial é, de certa forma, circunscrever o campo transferencial/contratransferencial, permitindo que o impasse que se apresenta como um problema jurídico possa vir a ser configurado como uma questão pensada pela própria família. Ou, dito de outro modo, uma vez que marca a estreita relação existente entre estudo psicológico, decisão judicial e expectativa de resolução de conflito, o enquadre permite tecer uma rede transferencial a partir da qual o sujeito possa vir a reconhecer em si o que o angustia e o motiva a pedir ajuda no Judiciário. Uma vez que a linguagem contém em si a possibilidade de expressar o inusitado, a escuta, intimamente articulada com a fala dos dois sujeitos que se encontram na situação de entrevista, pode produzir mudanças, oferecendo ao sujeito oportunidades de metaforizar o próprio discurso e caminhar na direção da subjetivação do conflito.

Referências bibliográficas

BARROS, F. O. O amor e a lei: O processo de separação no Tribunal de Família. In: *Psicologia, ciência e profissão*. Brasília, 1997.

CAFFÉ, M. *Psicanálise e direito*. São Paulo: Quartier Latin, 2003.

FIGUEIREDO, L. C. "Transferência, contratransferência e outras coisinhas mais, ou a chamada pulsão de morte". In: *Elementos para a clínica contemporânea*, São Paulo: Escuta, 2003.

HERRMANN, F. Da clínica extensa à alta teoria: A história da psicanálise como resistência à psicanálise. *Revista Percurso de Psicanálise*, n° 29, São Paulo: Instituto Sedes Sapientiae. 2002.

KOERNER, A. Justiça consensual e conflitos de família: algumas reflexões. In: Agostinho, M. L. & Sanchez, T. M. *Família*: Conflitos, reflexões e intervenções. São Paulo: Casa do Psicólogo, 2002.

SHINE, S. O conflito familiar transformado em litígio processual. In: Agostinho, M. L. & Sanchez, T. M. *Família*: Conflitos, reflexões e intervenções. São Paulo: Casa do Psicólogo, 2002.

SUANNES, C. A. M. *A sombra da mãe*: Um estudo psicanalítico sobre identificação feminina a partir de casos de Vara de Família. Dissertação de Mestrado, Pontifícia Universidade Católica de São Paulo, 2008.

WINNICOTT, (1962) D. W. Os objetivos do tratamento psicanalítico. In: *O ambiente e os processos de maturação*. Porto Alegre: Artmed, 1983.

_____. *Consultas terapêuticas em psiquiatria infantil*. Rio de Janeiro: Imago, 1984.

Parte 2
Interpretação e ficção

Capítulo 1
INTERPRETAÇÃO E FICÇÃO I

Ana Maria Loffredo

Introdução

Embora fosse inegável o empenho de Freud para conferir legitimidade a suas descobertas perante seus pares, Krafft-Ebing teria dito, em 1896, que suas teorias não passavam de "um conto de fadas científico" (Strachey, 1986, p. 188) e o professor Liepmann, de Berlim, logo após a publicação de *A interpretação dos sonhos*, considerara que "as ideias imaginosas de um artista triunfaram sobre o investigador científico" (Jones, 1975, p. 358). É assim que o pensamento freudiano, desde suas origens, estabelece uma tensão no próprio conceito de ciência, temática que atravessa as várias gerações de psicanalistas, descortinando questões cruciais para a Psicanálise contemporânea.

Trata-se do alcance teórico-metodológico de uma *poética psicanalítica*, em seu sentido mais radical. Basta nos remetermos tanto à escrita de Freud, em especial a seus relatos clínicos[1], como à regra básica que

---

[1] Como bem demonstra a conhecida apreciação de Freud, no fim da escrita do caso "Elizabeth von R", sobre o estilo de romance de seus relatos clínicos (Freud e Breuer, 1895/1990, p. 174).

sustenta o dispositivo psicanalítico[2], para reconhecer como a presença da tradição mito-poética no percurso freudiano não tem caráter acidental, nem ilustrativo, mas exprime uma particularidade epistemológica do discurso freudiano, explicitando uma relação de fundamentos entre *estilo* e *método* de investigação (Birman, 1991, p. 57).

Nesse caso, como definir poesia? Para Octavio Paz, algo que aponta para um *elemento distintivo que permite diferençar técnica de criação, utensílio de obra de arte*. Artista e artesão transformam a matéria-prima, mas "a pedra triunfa na escultura e humilha-se na escada" (1982, p. 137), diz o poeta, desde que cabe ao artista servir-se de seus instrumentos para que recuperem sua *natureza original*. Não há algo, aqui, aparentado ao que se espera promover na situação analítica?

Como disciplina, a Psicanálise apresenta-se com objeto próprio, para cuja investigação cria um método que visa, em seu horizonte mais amplo, a produzir experiência poética. Parece que há uma estranheza na própria apresentação do método, de modo que talvez seja justo aí, na emergência da temática do *Unheimlich*, que a densidade do estranhamento balize a ocorrência do tipo peculiar de conhecimento que persegue, jamais alcançado definitivamente, apenas vislumbrado. É que "o ato poético é exatamente o ato de fundação por tradução, o ato de apropriação do próprio a partir desse sítio instaurado como estrangeiro" (Fedida, 1991, p. 53).

Ciência e técnica, de um lado, poesia e imaginação, de outro. À *função do real*, instruída pelo passado, como é destacada pela psicologia clássica, escreve Bachelard, é preciso articular uma *função do irreal*, crucial para o exercício do psiquismo verdadeiramente criador. É que no confronto com a solidão do instante, considera o filósofo, "a poesia vai até mais longe do que a ciência, pois ela aceita o que ele tem de trágico" (Japiassu, 1977, p. 75) e nos alimenta para o embate com o desamparo, diria a Psicanálise. Assim se explicita, em A *poética do espaço*, uma verdadeira fenomenologia do poético, detectável como fio condutor do processo analítico:

> É preciso então que o saber se acompanhe de um igual esquecimento do saber. O não saber não é uma ignorância, mas um ato difícil de superação

---

[2] A semelhança entre o dispositivo técnico da livre associação e a ambientação para a criação poética é assinalada pelo próprio Freud em uma referência explícita ao poeta F. Schiller. (Freud, 1900/1989, p. 124).

do conhecimento. É a esse preço que uma obra é a cada instante essa espécie de começo puro que faz de sua criação um exercício de liberdade. (Bachelard, 1974, p. 352, grifo meu)

A dupla vertente de sua filosofia nos oferece a possibilidade de uma tópica segundo a qual a posição do analista se definiria pela interseção de dois campos, em que a mobilidade entre o "pensamento disciplinado" e a "imaginação criadora" deve garantir a função criativa da situação analítica, promovendo uma permeabilidade entre o "homem diurno da ciência" e o "homem noturno da poesia"[3].

E se o poema é, "para alguns, a experiência do *abandono*; e, para outros, do *rigor*" (Paz, 1982, p. 28, grifos meus), trata-se, justamente, de um abandonar-se à precisão de si em um trabalho a dois, diverso da formação em massa a dois presentes na hipnose, desde que a situação analítica seja concebida como um *lugar*, caso estejamos de acordo para reconhecer-lhe uma organização cênica cujo paradigma é o sonho, matriz exemplar de acesso ao infantil. Em outras palavras, é esperado que o analista consiga se manter neste *sítio do estranho*, ou, como diria Freud, numa cena radicalmente diferente da do paciente (Fédida, 1988, p. 80). Trabalho singular, desde que "A Psicanálise não pode, de forma alguma, constituir-se em uma teoria da comunicação. Ela se instaura tecnicamente de uma ruptura da comunicação (...) e isto tampouco significa que não exista, em um tratamento analítico, uma complexidade de modalidades de comunicação" (Fédida, 1991, p. 20-21).

A escuta do analista, em seu *silêncio*, é atividade de linguagem e deve facilitar o *figurável* e, por sua vez, a fala do analisando se movimenta na conquista de seu próprio silêncio e, assim, de seu ritmo associativo. Poderíamos dizer que, a rigor, "a situação analítica não existe, já que ela existe só para ser constantemente reinstaurada" (Fédida, 1998, p. 80).

Breve passeio pelas origens

A *interpretação dos sonhos* não só inaugura oficialmente o debate relativo ao tipo de "objetividade" e de "realidade" proposto pelo discurso freudiano, como traz uma inversão radical do ponto de vista

---

[3] Essas ideias são desenvolvidas em Loffredo, 2002.

epistemológico, em relação ao formato hipotético-dedutivo do *Projeto de psicologia* (Freud, 1895/1995). A teoria do aparelho psíquico se funda na prática da interpretação, que não é concebida como exterior ao trabalho de constituição da teoria e não se restringe ao estatuto de uma técnica que tem por objetivo a eficácia clínica. Ao contrário, o método instaurado pela nova disciplina desempenha um papel decisivo no estabelecimento das teses sobre o funcionamento e a estrutura do aparelho psíquico. Ou seja, o trabalho de explicação se fundamenta no trabalho de interpretação (Monzani, 1991, p. 113).

Portanto, a montagem de um aparelho psíquico, conforme enunciada no capítulo VII de *A interpretação dos sonhos*, é veiculada pelo método interpretativo que circunscreve, ele próprio, a possibilidade de formulação dessa tópica fictícia, em que a espacialidade virtual aloja uma dinâmica e dá um sentido e direção aos processos psíquicos.

É assim que a relação da *produção do inconsciente* com o próprio *método interpretativo* é fundamental, de modo que "(...) só se pode saber do inconsciente pela inversão dos passos metodológicos que o descobrem, sendo que estes não implicariam eficácia clínica se não se identificassem realmente, mas de forma invertida, com o próprio inconsciente (Herrmann, 1991, p. 101).

No quadro da oposição explicação/interpretação não só se explicita o instrumento epistemológico da Psicanálise, como disso se deriva atribuir à atividade onírica um sentido originário. Não é à toa, portanto, que Freud faz questão de afirmar no início do segundo capítulo dessa obra: "O título que escolhi para minha obra deixa claro a tradição em que quero situar-me na concepção dos sonhos" (Freud, 1900/1989, p. 118).

A proeminência do estatuto do sentido perante o estatuto da explicação traz para primeiro plano a questão da verdade no discurso da loucura e veicula "uma circularidade essencial entre o discurso psicanalítico e o discurso da loucura" (Birman, 1991, p. 50). Como se observava nas tragédias de Shakespeare e em outras criações do imaginário da Renascença, é resgatada a antiga representação do louco como aquele que tinha acesso trágico à verdade e sabia enunciá-la. Não é trivial, portanto, considerar a ênfase freudiana no saber contido no discurso delirante, em contraponto aos limites do conhecimento psiquiátrico. Em seu ensaio sobre Schreber, Freud considera que os componentes de seu delírio

> (...) não são senão a representação concreta e projetada no exterior de investimentos libidinais; e emprestam ao seu delírio uma surpreendente

concordância com nossa teoria (...) Fica para o futuro decidir se existe mais delírio na minha teoria do que eu pretendia, ou se há mais verdade no delírio de Schreber do que os outros estão preparados para acreditar. (Freud, 1911/1990, p. 7 2, grifo meu)

É nesse contexto que o fantasiar teórico subjacente à construção das ficções metapsicológicas, produzidas pela interpretação, converge para as referências de Freud à teoria como "mito" e "bruxaria", em contraposição ao discurso positivista do fim do século XIX.

Se a *narrativa onírica já é, ela própria, uma interpretação* (Freud, 1900/1989), o deciframento psicanalítico deve se ocupar da remontagem desse processo interpretativo, que converge para a produção das imagens do sonho. Desde que o sentido se reporta à realidade psíquica, "a experiência da loucura e as produções simbólicas mais valorizadas na cultura passam a ter a mesma ordenação fundamental (...) e o modelo metapsicológico do sonho se torna o eixo metodológico que vai funcionar como ordenador dessas diferentes formações simbólicas" (Birman, 1991, p. 64-65).

É nesse ponto que podemos destacar o alcance teórico-metodológico da concepção de *inconscientes relativos* proposta por Herrmann:

A decifração de qualquer relação – individual ou coletiva, intrapessoal, interpessoal, uma obra cultural, um período histórico – mostra os determinantes da consciência nela empenhada, ou seja, seu inconsciente relativo, o inconsciente da relação. O ato que o faz surgir é a ruptura de campo. Ora, a descamação, por assim dizer, de sucessivas camadas de inconscientes relativos deixa um resto, matriz comum dos vários níveis, em cada um repetida de forma algo diferente, talvez, mas identificável como esquema comum; é a esse limite da ruptura de campos sucessivos, ou inconscientes relativos, que o analista se dirige em seu trabalho e a que chama inconsciente. (1991, p. 109)

Em outras palavras, para a Teoria dos Campos,

(...) cada conjunto de relações é determinada por regras que lhes dão sentido, regras não expressas nem sequer pensáveis enquanto o sujeito permanece no âmbito de seu domínio (...). Tais regras formam o campo dessas relações, mas também se poderia dizer, sem medo de errar, constituem seu inconsciente relativo – relativo, porque pertinente às relações que determina e nas quais se descobriu. (Herrmann, 2001, p. 122)

Nuances do método

Entretanto, a concepção de interpretação não é unívoca no decorrer da obra freudiana, sofrendo as oscilações das inovações teóricas de seu percurso, que convergem para o impacto metodológico da conceituação de pulsão de morte, em que se impõe o espaço do irrepresentável, no qual o desamparo do analista se reveste de uma inevitável densidade dramática. Embora os limites e os impasses da experiência psicanalítica se recortem de modo exuberante nesse momento, têm seus antecedentes vislumbrados desde as origens da constituição da Psicanálise, quando se poderia dizer que o "umbigo do sonho" está revestido de estatura conceitual (Freud, 1900/1989d, p. 519).

Importa discriminar como o termo "interpretação" oscilou no trajeto freudiano do contexto de *deciframento-descoberta* ao sentido de *criação, invenção e produção* e suas repercussões no plano da metapsicologia, desde que essa se constitui tendo como suporte a experiência psicanalítica, com a ambição de dar, dos processos psíquicos inconscientes, tanto uma *explicação causal* como uma *descrição em termos gerais*, para além dos dados clínicos singulares. Assim se explicita a presença necessária da dimensão metapsicológica na psicanálise, esteja ou não fundada em termos do repertório conceitual criado por Freud (Mezan, 1998, p. 345).

O belo texto "Construções em análise" (Freud, 1937/1989) ilustra esse campo de questões de modo exemplar. Da analogia entre o trabalho do analista e o do arqueólogo derivam consequências significativas do ponto de vista metodológico e é nessa teoria da "construção" que, "Sob uma última forma, Freud vai sugerir uma pista para dar estatuto à 'atividade ficcionante'" (Assoun, 1996, p. 70). O analista, escreve Freud, se dirige a algo que está "vivo, não a um objeto destruído" (Assoun, 1996, p. 261); o arqueólogo, por sua vez, trabalha com objetos que apresentam partes irremediavelmente perdidas, ao contrário do objeto psíquico, cuja pré-história é visada pelo trabalho analítico. Nesse caso, "todo o essencial se conservou, embora pareça esquecido por completo; está ainda presente *de algum modo e em alguma parte*, só que soterrado, inacessível ao individuo" (Assoun, 1996, p. 262, grifos meus).

Nesse quadro metodológico, o esquecido é perseguido a partir dos indícios que deixa atrás de si – "dizendo melhor, temos de *construí-lo*" (Freud, 1937/1989, p. 260) –, como também se supõe a preservação do essencial em *alguma parte*, como algo que tivesse existência. Para

Assoun: "Ali onde é possível 'adivinhar' (*erraten*), tem-se o direito de reconhecer o trabalho do *Phantasieren*: a 'construção' é, pois, a forma de 'fantasiar' necessária no processo analítico e é permissível considerar a *Konstruktion* como a forma adequada de *Fiktion*." (1996, p. 70). Entretanto, cabe ao analisando legitimar a atividade ficcionante do intérprete, pois "se há 'reconstrução' (*Rekonstruktion*) é porque existe um objeto de origem que, tendo existido, a torna possível. Lembrete de evidência que mostra que, se o objeto deve ser de alguma forma 'reinventado' – é realmente isso que faz da arqueologia uma 'arte' em seu gênero –, ele deve igualmente unir-se 'assintoticamente' ao objeto real de origem." (Assoun, 1996, p. 70).

Num dos últimos textos de Freud, pode ser detectada a dupla abordagem presente desde o início de suas pesquisas: de um lado, uma concepção de cientificidade embasa uma noção de verdade enquanto *correspondência* e articula-se à busca da *referência* no trabalho de investigação; e, de outro, a ênfase na *polissemia* das palavras, já anunciada desde as obras inaugurais, converge para a constatação de uma pluralidade de sentidos, jamais esgotáveis pela interpretação, colocando em questão a busca por uma *origem* pontual e definitiva. Na década anterior, já havia afirmado Freud, a respeito de uma interpretação: "não temos mais remédio senão nos familiarizarmos com essa polissemia dos sonhos" (Freud, 1925/1989, p. 131). Também é evidente que é sob esse ângulo, não conteudístico, que se manteve o interesse maior pela descoberta freudiana.

Se considerarmos que a produção de conhecimento se realiza num jogo contínuo entre *invenção* e *descoberta*, como propõe Fabio Herrmann

> (...) a zona de eficácia veritativa no processo de criação não se encontra exatamente em I, na invenção, nem em D, na descoberta, mas no meio dos dois: I/V/D. Verdade (V), nesse sentido, não se confunde com confirmação, é promessa de nova produção de saber, possibilidade antecipada. (Herrmann, 2004, pp. 12-13)

A investigação psicanalítica se faz, portanto, pelo exercício da discriminação entre invenção e descoberta, condição necessária para que novidades se anunciem nas brechas entre ambas.

A cena, o cenário e o drama

Como a ficção exposta na montagem do aparelho psíquico freudiano cumpre, fundamentalmente, uma função interpretante, é estratégica a localização, no capítulo VII de A *interpretação dos sonhos*, da contribuição de Fechner, segundo a qual "*a cena de ação* dos sonhos é diferente da cena da vida representacional de vigília" (Freud, 1900/1989, p. 566). Ideia essa de *cena* que não só dá lastro a toda a engrenagem da *teoria dos lugares* pertinente à construção de uma tópica, como nos remete à riqueza da metáfora do *cenário* e do *teatro* para aninhar a dinâmica psíquica e as ocorrências do campo transferencial.

É em função desse cenário que poderíamos afirmar que "o lugar do analista é nenhum". Ao deslocar-se da posição de destinatário do discurso do paciente, captado em sua direção a um terceiro ausente, o analista exercita seu posicionamento *ideal*, de modo que o campo transferencial promove uma aventura em múltiplas dimensões, em torno desses três eixos básicos de referência. Disso se deriva que a situação analítica transcende o *setting* e é mais bem definida pelo *sítio da linguagem* que lhe é próprio, sítio este entendido como o local das localidades psíquicas, sendo, por excelência, o lugar de *observação psicanalítica*. Entretanto, deve ser enfatizado que

> (...) o analista não observa nada fora de sua atividade de construção na linguagem e, portanto, fora do poder de figurabilidade. (...) não se poderia literalmente sustentar que o analista observa figuras, pois é a figurabilidade que constrói na linguagem os lugares de observação. (Fédida, 1991, pp. 141-142)

Nessa tópica fictícia o lugar do analista não se define, portanto, pelo espaço e lugar materiais das sessões, desde que favorecer a situação analítica signifique manter a posição de *estranho-íntimo*, condição básica da dissimetria entre ele e o analisando. Esse lugar virtual, por ser nenhum, recorta-se como o lugar dos lugares, suporte para a mobilização de *pontos de vista*. Em outras palavras, de horizonte que dá perspectiva para sua atividade de construção na linguagem.

A ideia de *Chôra*, tal qual aparece no Timeu, é inspiradora para se tematizar uma "teoria dos lugares", desde que, entre os três tipos de seres aí apresentados por Platão, é a ele que cabe a característica de *dar lugar*: "é um receptáculo que recebe e propicia todas as determinações, mas não 'conserva' nenhuma" (Fédida, 1991, p. 125). Ela é informe e de tal forma não materializável, que basta que identifiquemos imaginariamente o psicanalista a ela, que o façamos ocupar o lugar de Chôra, e ela desaparecerá. Chôra invisível, é o que acolhe e transforma em *figuras*.

Na ambientação conceitual psicanalítica é desse modo que o sonho como paradigma da situação analítica se reporta a "uma *escuta psicanalítica* constantemente formadora de figuras. As palavras provêm das imagens visuais e se escutam como *nomes* na medida em que a linguagem que as escuta em silêncio produz o desenho delas" (Fédida, 1991, p. 137). A analogia da produção poética com o que se cria no *setting* analítico não é, portanto, nem trivial nem artefato ilustrativo, pois não é a poesia a arte da criação de realidades amorfas e submersas que carecem de existência, a menos que sejam nomeadas?

Esse sítio do estranho no qual o analista espera permanecer se remete a um lugar onde se engendra e se mantém o campo transferencial, o que confere ao registro do *Unheimlich* a função de parâmetro de referência para se definir a instalação ou não da situação analítica.

Creio que é nesse ponto que se poderia falar de uma *objetividade* própria à situação psicanalítica, produzida pelo campo transferencial, do qual podem emergir eventuais descobertas e mudanças de pontos de vista. Re-historicizar ou historizar o que estava mudo e opaco é, de certa forma, criar posições de leituras antes impossíveis sem a operação do método psicanalítico.

De modo que no encaminhamento peculiar que a situação analítica faz da compulsão à repetição, colocando-a no eixo da transferência, pode-se considerar que a neurose de transferência "se situaria num domínio intermediário entre a estrutura neurótica e a vida real e, por isso mesmo, possibilitaria a passagem de um lugar para outro" (Birman, 1991, p. 203). Pois a transferência é o espaço *dramático* e dinâmico em que se encena a rede complexa de sobredeterminação do sintoma e, por isso mesmo, como *palco*, a ela se ajusta com propriedade o termo *campo*, mais passível de comportar teoricamente a dinâmica mutante das personagens em cena.

Em seu sempre revisitado *Crítica dos fundamentos da psicologia*, Politzer (1998) considera que a contribuição maior de Freud não se referia à descoberta de processos inconscientes ou mesmo do próprio inconsciente, como destaca Gabbi Jr. (1998, p. XIV), no Prefácio a essa obra. O que o filósofo enfatiza é o antagonismo radical entre Freud e a psicologia clássica, por ter deslocado "o interesse das entidades espirituais para a vida dramática do indivíduo", e, em termos de seu método, ter-se desviado "da investigação da realidade interior para ocupar-se apenas com a análise do "drama" (Politzer, 1998, p. 103). Escreve o autor:

> Tomamos o termo "drama" na sua acepção mais inexpressiva, descolorida ao máximo de todo sentimento e de todo sentimentalismo; na acepção que ele pode ter para um encenador; em resumo, na sua acepção cênica. O teatro deve imitar a vida? A psicologia, para escapar de uma tradição milenar e para retornar à vida, talvez deva imitar o teatro. (citado por Gabbi Jr, 1998, p. XII, nota 19)

Nesse sentido, é exemplar o Prefácio de Schiller (2004) à sua peça teatral *A noiva de Messina*[4]. O poeta-filósofo que, com Goethe é inspiração constante para Freud, de certa forma encena as personagens metapsicológicas da ficção freudiana, em *Sobre o uso do coro na tragédia* (p. 185-196).

O debate no Século das Luzes, como bem esclarece Suzuki (2004), em seu Posfácio a essa obra, gravita em torno da questão de "saber se o teatro é ou não uma instituição moral" (p. 216), pergunta para a qual a resposta do poeta é incisivamente negativa. Em seu texto, Schiller apresenta o ponto de vista segundo o qual a moralidade presente na peça teatral não pode ser duradoura, pois a ilusão que ela promove é passageira. Toda a teoria do ilusionismo, ainda segundo esse comentador, se funda no pressuposto aristotélico de que se deve tocar emocionalmente o espectador para liberá-lo de paixões semelhantes e ajudá-lo a evitar os mesmos erros que o espetáculo encena. Adepto da proposta kantiana, Schiller entende que, ao contrário, a exacerbação afetiva por parte do espectador inibe a autonomia do espírito e é um obstáculo ao exercício de sua liberdade:

> O teatro deve permanecer um jogo, mas um jogo poético (...) a verdadeira arte não visa apenas um jogo passageiro, mas é séria em seu propósito, não somente de pôr o ser humano num sonho de liberdade momentâneo, mas de torná-lo realmente e de fato livre... (Schiller, 2004, p. 186-187)

---

[4] Agradeço a Luiz Tenório de Oliveira Lima por essa bela referência e seus desdobramentos, nos inspiradores seminários de Psicanálise e Literatura, que se realizaram sob sua coordenação, na Sociedade Brasileira de Psicanálise de São Paulo, no decorrer de 2008.

Cabe à arte dramática conceber um espectador com capacidade de reflexão e julgamento e, em vez de tentar atuar diretamente sobre sua sensibilidade ou afetividade, deve, ao contrário, concebê-lo como alguém dotado de reflexão e capacidade de julgar por si próprio. Nesse contexto, o papel do coro é considerado crucial para o poeta, na tragédia moderna, pois ele ajuda a *produzir* a poesia:

> (...) o coro presta ao trágico moderno serviços ainda mais essenciais que ao poeta antigo, justamente porque torna inutilizável para ele tudo o que resiste à poesia, e o impele para o alto, para os motivos mais simples, mais originais e mais ingênuos. (Schiller, 2004, p. 191)

É que nessa proposta de relação que deve ser facilitada entre palco e plateia, o coro assume uma posição fundamental, de "anteparo e mediador", para que as paixões sejam contidas como garantia para a autonomia do espírito. É assim que "O coro purifica, portanto, o poema trágico ao separar a reflexão da ação, e justamente por meio dessa separação ele mesmo se arma com força poética" (Schiller, 2004, p. 195). E para o coro converge ao mesmo tempo a encenação de um indivíduo concreto e de uma personagem universal, da mesma forma que ocorre com as personagens trágicas.

Escreve Suzuki:

> Reconhece-se naturalmente aí a concepção de Schiller do homem estético como livre jogo entre as capacidades espirituais e sensíveis. Mas o texto Sobre o uso do coro na tragédia faz uma inflexão filosófica diferente na apreciação desse homem estético, inflexão na qual é plausível supor uma aproximação maior com a ciência da natureza de Göethe e com a filosofia da identidade de Schelling. (Suzuki, 2004, p. 221)

Todos, como sabemos, muito frequentados por Freud. Inspirado por Schelling, Schiller descreve o "poético" como "ponto de indiferença do ideal e do sensível". Em termos de uma peça teatral, significa que, em sua perfeita *idealidade*, ela é ao mesmo tempo, *real*. O que o poeta pretende alcançar é uma obra onde, não havendo diferença entre ideal e real, entre interior e exterior, os dualismos "ilusão x realidade" e "ficção x verdade" possam ser evitados (Suzuki, 2004, p. 221-222).

A temática da *introdução do coro antigo na cena trágica do teatro romântico* encena não só a posição ocupada pelas personagens metapsicólogicas criadas por Freud, como o drama da história do sujeito que se encarna na cena transferencial. Alegoria da operação do método psicanalítico que expressa a tênue, embora necessária, *separação entre o universo da vigília e o universo onírico,* demarcando o jogo sutil de suas interferências recíprocas, traz para o cenário da constituição do sujeito a estreita relação entre desamparo, tragédia e poesia na montagem teórico-metodológica freudiana.

A definição de *desamparo* foi justamente circunscrita por Freud (1926/1990) no intervalo compreendido entre as exigências incontornáveis da pulsão e as insuficiências nos instrumentos de simbolização de que dispõe o sujeito. Condição estrutural de desamparo "que funda a ética trágica do discurso freudiano" (Birman, 1997, p. 67), em que se aloja, em toda sua radicalidade, o "mal-estar da civilização". E que está no âmago da aventura a que é convocado o sujeito, expressa nessa máxima de Goethe, retomada por Freud em mais de uma ocasião: "aquilo que herdaste de teus pais, apropria-te dele e faze-o teu".

A tese do desamparo, sendo radical, não admite terapêutica. Não há cura ou salvação, mas resta como única saída o confronto com essa crueza da existência, que faz o sujeito embeber-se nesse labirinto de apropriações e desapropriações, que está no cerne da produção da singularidade.

De modo que na perspectiva dos ingredientes míticos dessa cenografia, a dor, o exílio e a traição são os componentes fundamentais do drama envolvendo a tragicidade da superação de si, implicado no processo de constituição da subjetividade. A possibilidade de viver a agonia do trágico torna-se, assim, medida de humanização[5].

O pecado – superar-se a si, transgredir-se – é a marca original que autentica o humano. O pecado, faísca de graça – e não de desgraça –, dom recebido que garante que a vida possa ter graça, uma vez fora do paraíso.

---

[5] Reproduzo o que foi desenvolvido em Loffredo, 2007.

Referências bibliográficas

ASSOUN, P. L. *Metapsicologia freudiana*: Uma introdução. Rio de Janeiro: Jorge Zahar Editor, 1996.

BACHELARD, G. A poética do espaço. In: *Bergson e Bachelard* São Paulo. Abril Cultural, 1974. (Coleção *Os Pensadores*, vol.38).

BIRMAN, J. *Freud e a interpretação psicanalítica*. Rio de Janeiro: Relume-Dumará, 1991.

_____. *Estilo e modernidade em psicanálise*. São Paulo: Editora 34, 1997.

FÉDIDA, P. *Clínica psicanalítica*: Estudos. São Paulo: Escuta, 1988.

_____. *Nome, figura e memória*. São Paulo: Escuta, 1991.

FREUD, S. (1900). La interpretación de los suenõs. In: S. Freud: *Obras Completas*. Vol. 4 Buenos Aires: Amorrortu, 1989.

_____. (1900). La interpretación de los suenõs. In: S. Freud: *Obras Completas*. Vol. 5 Buenos Aires: Amorrortu, 1989.

_____. (1911). Puntualizaciones psicoanalíticas sobre um caso de paranoia (Dementia paranoides) descrito autobiográficamente. In: S. Freud, *Obras Completas*. Vol.12. Buenos Aires: Amorrortu, 1990.

_____. (1925). Algumas notas adicionales a la interpretación de los suenos em su conjunto. In: S. Freud. *Obras Completas*. Vol. 19. Buenos Aires: Amorrortu, 1989.

_____. (1926). Inhibición, sintoma y angustia. In: S. Freud. *Obras Completas*. Vol. 20. Buenos Aires: Amorrortu, 1990.

_____. (1937). Construcciones en el análisis. In: S. Freud. *Obras Completas*. Vol. 23. Buenos Aires: Amorrortu, 1989.

FREUD, S. & BREUER, J. (1895). Estudios sobre la histeria. In: S. Freud, *Obras Completas*. Vol. 2. Buenos Aires: Amorrortu, 1990.

GABBI Jr., O. F. (1998). Prefácio. In: G. Politzer. *Crítica dos fundamentos da psicologia*: A psicologia e a psicanálise. Piracicaba: Unimep, 1998, p. v-xxviii.

HERMANN, F. *Andaimes do real*: Livro primeiro. O método da psicanálise. São Paulo: Brasiliense, 1991

_____. *Introdução à Teoria dos Campos*. São Paulo: Casa do Psicólogo, 2001.

_____. *Da clínica extensa à alta teoria. Meditações clínicas*. Quarta Meditação: A intimidade da clínica (material de aula). Sociedade Brasileira de Psicanálise de São Paulo, 2004.

JAPIASSU, H. *Para ler Bachelard*. Rio de Janeiro: Francisco Alves, 1976.

JONES, E. *Vida e obra de Sigmund Freud*. Rio de Janeiro: Zahar, 1975.

LOFFREDO, A. M. Sobre a escrita dos relatos clínicos freudianos. In: *Jornal de Psicanálise*, 2002, 35(64/65), 175-189.

_____. Freud e Nietzsche: Tragicidade e poesia. In: *Imaginário*, 2007, ano XIII, (14).

MEZAN, R. *Tempo de muda – Ensaios de psicanálise*. São Paulo: Companhia das Letras, 1998.

MONZANI, L. R. Discurso filosófico e discurso psicanalítico. In: B. Prado Jr. (Org.). *Filosofia da psicanálise*. São Paulo: Brasiliense, 1991.

PAZ, O. *O arco e a lira*. Trad. Olga Savary. Rio de Janeiro: Nova Fronteira, 1982.

POLITZER, G. *Crítica dos fundamentos da psicologia*; a psicologia e a psicanálise. Piracicaba: Unimep, 1998.

SCHILLER, F. Sobre o uso do coro na tragédia. In: Schiller, F. *A noiva de Messina*. São Paulo: Cosac & Naify, 2004.

STRACHEY, J. (1896). Introdução a la etiologia de la histeria. In: S. Freud. *Obras Completas*, Vol.3. Buenos Aires: Amorrortu, 1986, p. 187-188.

SUZUKI, M. Posfácio: A "guerra ao naturalismo" – A propósito do coro na *Noiva de Messina*. In: Schiller. *A noiva de Messina*. São Paulo: Cosac&Naify, 2004.

Capítulo 2
INTERPRETAÇÃO E FICÇÃO II

Camila Salles Gonçalves

Para introduzir o tema, retomo um texto de Freud, cuja publicação antecedeu a *Interpretação dos sonhos*, que comentei em simpósio recente, sobre Literatura e Psicanálise[1], com outra abordagem. Um motivo consciente de meu reiterado interesse é o fato de, neste artigo, haver uma comparação entre um mecanismo psíquico e a composição literária ou poética.

"Sobre as lembranças encobridoras" de Freud, de 1899, aborda a função das referidas lembranças no processo analítico. Apresenta um diálogo, ficção não declarada, enquanto tal, pelo autor, entre ele, analista, e um seu ex-analisando. Trata-se de "material autobiográfico apenas dissimulado" (in Freud, 1995, p. 303), segundo nota de Strachey. Nele encontro exemplos, até ao pé da letra, desta afirmação de

---

[1] Texto "Uma visão freudiana da criação literária", de minha autoria, apresentado no "Simpósio Interdisciplinar: Literatura e Psicanálise", realizado nos dias 10 e 11 de novembro de 2008, no Departamento de Letras Clássicas e Vernáculas da Faculdade de Filosofia, Letras e Ciências Humanas da Universidade de São Paulo.

Fabio Herrmann: "No fundo, Freud inventou o mundo anímico como quem escreve um grande romance, mas habitou-o como se fora uma das personagens" (2002, p. 13). Além da peculiaridade das personagens, revemos interpretações de Freud em ato e a função destas em sua ficção, que parece tomar forma diante do leitor.

Relembro momentos da narrativa que faz parte do texto: o analisando, homem de 38 anos, que Freud teria livrado "de uma pequena fobia" (Freud, 1995, p. 303) no ano anterior, chamara a sua atenção para lembranças de sua primeira infância, que tinham "desempenhado certo papel na análise" (Freud, 1995, p. 303). De formação acadêmica, o paciente, após a experiência de análise, teria passado a se interessar por questões psicológicas, embora estas fossem alheias à sua profissão. Ele diz que lhe causam assombro as lembranças, de épocas precoces, que voltam e que se referem a fatos ou momentos que não parecem ter importância. Vale a pena determo-nos em uma cena representativa das lembranças que relata:

"No prado brincam três crianças (entre dois e três anos de idade), uma delas sou eu, os outros dois, meu primo, um ano maior, e minha prima, sua irmã, que tem quase a mesma idade que eu". Os pequenos colhem flores amarelas, cada um tem um ramalhete na mão. De repente, os meninos veem como mais bonito o que está com a meninazinha e caem sobre ela. Diz o narrador: "e lhe arrancamos as flores". Ela vai chorando até a casa e recebe da camponesa, como consolo, um grande pedaço de pão preto. Os meninos a seguem, dizem à mulher que também querem pão e são atendidos. O narrador conclui: "Este pão me sabe de um modo peculiar na lembrança; e com isto interrompe-se a cena" (Freud, 1995, p. 305). Pergunta ao Freud personagem: "Pode o senhor mostrar-me um caminho que leve a esclarecer ou interpretar esta supérflua lembrança de infância?" (Freud, 1995, p. 305).

A partir de sua personagem, também narrador, Freud diz-nos que lhe pareceu aconselhável perguntar-lhe desde quando ocorria esta lembrança e se ela, desde a infância, retornava periodicamente à sua memória, ou se tinha aflorado em algum momento posterior, após uma ocasião marcante. Informa-nos, em seguida, ter percebido que essa pergunta foi tudo o que precisou fazer para que seu interlocutor encaminhasse a solução. Este teria continuado por si só, uma vez que não era "novato em tal tipo de trabalho" (Freud, 1995, p. 305).

O ex-paciente lembrava-se de, aos dezessete anos, em férias, ter voltado a seu local de nascimento, que sua família deixara por causa de uma catástrofe no ramo da indústria de que o pai se ocupava. Numa cidade grande, anos difíceis, que preferiu não registrar, e as saudades dos belos bosques da região natal. Ao retornar ao campo, hospedara-se na casa de uma família amiga, que não se tinha mudado e havia prosperado financeiramente. Dessa vivência, gravou algumas cenas. Fazia parte da família uma jovem de quinze anos, pela qual se apaixonou, embora ela tivesse estado presente por poucos dias, pois também viera passar férias, e logo voltara para o colégio. Mais tarde, passeando pelos bosques reencontrados, imerso em suas fantasias amorosas, ele imaginava como teria sido bom se tivesse permanecido no local, se sua família tivesse mantido os bens e ele conseguido se casar com a moça. Seus castelos no ar não se construíam no futuro, "mas buscavam melhorar o passado" (Freud, 1995, p. 306). Fala da forte impressão que lhe causou o vestido amarelo que ela usava quando a viu pela primeira vez e conta que, por um longo período de tempo, toda vez que se deparava com aquela cor, sentia-se sob o mesmo efeito. Entretanto, diz ter se sentido indiferente ao revê-la, em ocasiões mais recentes.

Freud pergunta: "E o senhor não supõe haver uma ligação entre o amarelo do vestido da jovem e o amarelo tão hipernítido das flores da sua cena de infância?" (Freud, 1995, p. 307).

Ele admite a possibilidade de haver uma ligação, mas diz não se tratar do mesmo amarelo. Comenta que, ao caminhar pelos Alpes, notara flores, semelhantes à dente-de-leão mas de um amarelo mais escuro, mais próximo ao do vestido da moça. Prosseguindo, conta que, aos vinte anos, hospedara-se na casa do tio e voltara a encontrar os companheiros da primeira infância, da cena com as flores dente-de-leão. A família destes também se encontrava em situação financeira superior à da sua.

Freud pergunta: "e lá o senhor voltou a se apaixonar, desta vez por sua prima?" (Freud, 1995, p. 307).

O ex-paciente responde que, nessa época, estava envolvido demais com seus estudos e não se interessara pela prima, mas que, ao contrário da situação imaginada com relação à outra jovem, de fato, seu pai e seu tio tinham conversado a respeito da possibilidade de eles se casarem, ele e a prima. Para isso, julgavam, deveria deixar os estudos *abstrusos* e se dedicar a outros, voltados para a vida prática, que lhe garantissem a sobrevivência. Só mais tarde, às voltas com as agruras do início da vida profissional, à espera de uma colocação, tinha pensado em como teria sido bom realizar o projeto do pai de, arranjando aquele casamento, ressarci-lo da perda que a bancarrota financeira trouxera para sua vida.

Freud faz uma interpretação lapidar: "Eu situaria nesta época, de suas duras lutas pelo pão, o afloramento da cena infantil em questão, se você pudesse me confirmar que foi nesses mesmos anos que conheceu o mundo alpino" (Freud, 1995, p. 308).

Infelizmente, tenho de parar de fazer citações do texto e resumir, ainda mais, a sequência das interpretações de Freud: o pão campesino, realçado na lembrança, com uma intensidade quase alucinatória, corresponde à ideia de ter permanecido no vilarejo e casado com a moça rica do vestido amarelo. Neste caso, o pão lhe teria sabido muito bem. A cena de infância tem elementos que estão na segunda fantasia, a de se casar com a prima.

Freud diz: "Tomar as flores para trocá-las por pão não me parece um mau disfarce para o propósito que seu pai tinha para você: devia abandonar seus ideais pouco práticos e dedicar-se a um 'estudo para ganhar o pão', não é verdade?" (Freud, 1995, p. 308).

O analisando continua a colaborar com a interpretação, que reúne o amarelo do vestido de uma jovem e o pão campesino de outra e o *tomar* (*arrancar, roubar*) as flores. Freud, além de interpretar, o informa a respeito de mecanismos psíquicos em ação e produz teoria:

> É assim: ambas as fantasias projetam-se uma sobre a outra e disto é feita uma lembrança de infância. O trecho com as flores alpinas é, pois, igualmente a marca para o tempo desta fabricação. Posso assegurar-lhe que se fazem tais coisas inconscientemente, do mesmo modo que se compõe literariamente (*dass man/.../ gleichsam dichtet*). (Freud, 1995, p. 309; 1956, p. 546)[2]

Seu interlocutor aceita a interpretação e a teoria, que o analista continua a desenvolver: dá o nome de lembrança encobridora (*Deckerinnerung*) à recordação que retorna à sua memória e diz que ele não deve se surpreender com seu aparecimento, pois ela se destina "a ilustrar as duas direções mais importantes da sua biografia, o influxo dos dois movimentos pulsionais mais poderosos: a fome e o amor" (Freud, 1995, p. 309).

Temos um *flash* do estilo freudiano, que nunca é demais admirar, nesta interpretação que une, a meu ver, com genial criatividade, a descoberta (*Entdeckung*) do desejo, a reiteração da doutrina, enunciados teóricos *ad hoc* e uma citação de Schiller.

---

[2] Tradução modificada a partir do original em alemão.

Após ouvir de Freud que a fome e o amor tudo movem, o paciente aprendiz retruca: "Sim, o senhor representou bem a fome. Mas e o amor?" (Freud, 1995, p. 309).

Responde o mestre: "Na minha opinião, está no amarelo das flores. É verdade que não posso desconhecer que a representação do amor nesta cena sua de infância segue de perto minhas experiências atuais" (Freud, 1995, p. 309).

Espero ter sugerido de que modo o artigo nos permite acompanhar o diálogo entre analista e analisando, no qual ambos se dedicam à prática da interpretação. Freud vai descobrindo que as lembranças não têm origem na primeira infância e, sim, no presente, e *encobrem* o não dito. Penso que um bom modo de compreendermos a cura psicanalítica é acompanhar seu processo de desvelamento do desejo e as consequências que acarreta. Podemos, nesta ficção, reconhecer a *manifestação velada do desejo*, na própria letra do autor.

Freud vinha de um período de autoanálise. Talvez tenha relação com o efeito desse processo o fato curioso de o "tipo de lembrança encobridora que neste artigo se examina de maneira predominante – aquele em que uma recordação precoce é utilizada como tela para ocultar um acontecimento posterior – quase não aparecer em escritos posteriores", como observa Strachey (in Freud, 1955, p. 294). Não é impossível escutar os meandros do escrito de Freud; deixo de fora tal possibilidade, pois minha proposta é apenas a de pôr em foco a rede ficcional interpretativa, que analista e analisando vão tecendo. Entretanto, vale indicar o contexto da criação dessas personagens.

Um dos sentidos com que os interlocutores da ficção freudiana se deparam, é o que resulta da associação do ato de tomar as flores (*die Blume wegnehmen*) com o de *de-florar* (*das Deflorieren*) (Freud, 1956, p. 549). As crianças da cena da primeira infância são o próprio Freud, e seus sobrinhos, o menino, um pouco mais velho, e a irmã. Renato Mezan comenta a encruzilhada em que Freud se encontrava, quando escreveu "Sobre recordações encobridoras", no fim de 1898 ou no início de 1899. Para este autor, a cena na pradaria de Freiberg, "encobre" o que talvez tenha sido "o seu fantasma fundamental", a saber, "o de defloração, tanto no sentido sexual, como no figurado ou sublimado: conquistar, descobrir, abrir caminhos nunca antes percorridos..." (Mezan, 1985, p. 218). Assim, por meio da interpretação da lembrança encobridora, Freud teria superado seus *bloqueios emocionais*, colocando-se "em condições de retomar a obra sobre os sonhos" (Mezan, 1985, p. 218), o que fez em 1899, na primavera.

Quero propor uma questão: a ficção, entremeada com a interpretação, é engenhosa, é bela, mas em que medida faz parte de um processo de cura? O analista parece fazer que o desejo do analisando saia de baixo ou de trás da lembrança encobridora. Tudo se passa como se este buscasse se realizar, e a interpretação mostrasse seu *desenho*. Para Fabio Herrmann, o desejo "é o estado aberto do inconsciente, a força de determinação do inconsciente sobre as relações emocionais, que as cria e lhes dá forma. O inconsciente, como tal, esconde-se; o desejo manifesta-se, posto que veladamente, por isso pode ser desvelado (Herrmann, 1991, p. 127).

A afirmação sobre a manifestação do desejo pode escandalizar aqueles que creem no desejo inconsciente *em si*. Mas, talvez, possam admitir que o desejo *desvelado*, já que não é traçado por versos de Schiller, ainda que possa estar também encoberto e expresso por uma associação linguística inconsciente, só existe no processo de análise. Ou seja, que a ficção freudiana é verdadeira, no sentido de mostrar que é no diálogo analítico que o desejo vem a ser. Caso contrário, teríamos de acreditar em sua existência em míticas profundezas. Entendo que Freud não está encontrando "o *sentido inconsciente verdadeiro* das palavras do paciente" (Herrmann, 1991, p. 119), está, antes, provendo-o com palavras, como podemos acompanhar em sua narrativa. Penso que o *inconsciente relativo* insinua-se na produção da lembrança encobridora e na sua interpretação, criação poética atual compartilhada. Há o inconsciente, mas não existe um inconsciente substancial enfiado na mente, como uma pedra da loucura.

É verdade que o diálogo de "Sobre lembranças encobridoras", à semelhança dos *Diálogos*, de Platão, também conduz à doutrina já estabelecida, aos *dogmata* (Goldschmidt, 1963). Às voltas com um lance do "*duelo do desejo*" (Herrmann, 1991, p. 127), Freud exemplifica também a ação de mecanismos que se tornaram famosos, como o recalque (*Verdrängung*) e o deslocamento (*Verschiebung*). Mas não os reduz a arrazoados de um atestado de que capturou o desejo inconsciente. Seu movimento é bem mais complexo e interessante do que isto. Após as interpretações, a personagem que o representa teoriza com o interlocutor analisando, aponta para aquilo que entrou na fabricação da fantasia e no sinal que esta carrega, de reversão de espaço e tempo.

Não encontro, nos parágrafos que destaquei, um Freud dominado por algo como "a fantasia psicologizante e cientificista de encontrar o *sentido verdadeiro inconsciente*" (Herrmann, 1991, p. 119). Vejo, em sua narrativa, exemplos de interpretações que desencadeiam a ruptura de campo e, nela, perfis de uma personagem psicanalista que não ancora sua interpretação num único sentido.

Fabio Herrmann trata de esclarecer a interpretação, em *Andaimes do real*, e diz que, a seu texto, "Não a podendo ancorar no *sentido inconsciente verdadeiro*, só lhe resta apelar para a própria proliferação de representações possíveis que a interpretação evoca, como fundamento da prática analítica" (Herrmann, 1991, p. 119).

Na ficção, Freud e seu analisando vão descobrindo sentidos da narrativa, que estão na narrativa que habitam, dando voz ao desejo. Assim, quando a Teoria dos Campos nos esclarece a respeito de desejo e interpretação, ela me aparece rigorosamente freudiana em seu resgate do método da psicanálise. Entendo que ao dizer que *o amor está no amarelo das flores*, o analista provoca *ruptura de campo*, desfaz a crença pressuposta pelas lembranças que se repetem. Na formulação do método pela Teoria dos Campos, *desejo, campo, interpretação* e *cura* são noções indissociáveis. Detenhamo-nos numa síntese, precedida da consideração de que o desejo difere da *emoção*, noção esta que, na teoria psicanalítica, é "construção teórica que pretende dar conta do plano real, articulador da psique ao corpo" (Herrmann, 1991, p. 163). Para Fabio Herrmann, "o desejo não pode ser concebido como pura construção teórica, faltar-lhe-ia base intuitiva, nem como experiência vivida. Ele não corresponde ao experimentado, mas à lógica do experimentado" (Herrmann, 1991, p. 163).

Considero plausível, pois, fazer uma espécie de ligação direta, associar este pensamento com a ficção freudiana, na qual acompanhamos o surgimento da associação literária, que traz *poiésis* ao desejo e ensaia um rastreamento da "lógica do experimentado". Penso ver que há uma *lógica da concepção* segundo a palavra de Freud, uma *Fabrikation*. Proponho agora que sigamos a continuação do parágrafo citado de *Andaimes do real*:

> Assim é que, buscando um assunto-limite para o processo psicanalítico, encontramos uma identidade: o Campo Psicanalítico, ruptura potencial de todos os campos relacionais, é o procedimento apto à construção/denúncia do desejo – campo último da experiência emocional intrínseca ao sujeito. A análise fala do desejo, que detém a palavra na análise. (Herrmann, 1991, p. 163-164)

O processo psicanalítico dá-se em um Campo, campo este apresentado como *ruptura potencial*. Pode-se dizer, *grosso modo*, que só há processo porque um certo modo de ver e viver suas relações e lembranças, que caracteriza o analisando, que se repete e o atormenta, tem possibilidade de ser rompido. É certo que a análise não falará do que ele já sabe. Mas é certo também que só pode tocar sua "experiência emocional intrínseca" se nela há um diálogo em que se constrói e denuncia.

Destaquei, numa etapa do diálogo freudiano, o efeito de composição literária ou poética, de ação que resulta em ação: *man dichtet* (a gente *compõe poética* ou *literariamente*[3]) ao modo da projeção de fantasias uma sobre a outra. Sugeri um ponto em comum com os diálogos de Platão, que encaminham os interlocutores de Sócrates para os conceitos eternos, para a doutrina, uma vez que, no texto de Freud, o diálogo chega à teoria psicanalítica até então produzida. As ficções, que se valem de restos recordados da infância, são subsumidas por conceitos, com efeito, já estabelecidos, mas que ainda não tinham esta representação literária, que afina e multiplica seus sentidos.

Encontramos o elo, imprescindível para a interpretação, na escrita literária sobre a fome e o amor, que se apropria dos versos de Schiller, e um Freud que provoca poeticamente a ruptura de campo, ao responder, de modo inesperado, que o amor está no amarelo das flores. Espero que tenhamos entrevisto, nesta ficção freudiana, a arte da interpretação e a teoria que por meio dela toma forma, evitando "um erro comum", a saber, o de "concluir apressadamente que, sendo ficção, a Psicanálise carece de eficácia terapêutica, ou que, sendo literatura, a Psicanálise deixa de ser ciência" (Herrmann, 2002, p. 14).

A literatura não é a Psicanálise, mas faz parte dela, pode até favorecer a interpretação que provoca a ruptura de campo. Presenciamos, nas narrativas freudianas, a interpretação que liberta o sujeito da repetição do sentido único, rompe a versão sofredora e repetitiva de uma autobiografia paralisante. A Teoria dos Campos, de um lado, me parece muito próxima de momentos do Freud que apresentei. De outro, a crítica, por ela exercida, ajuda-me a localizar, no mesmo artigo freudiano, o direcionamento para a doutrina, do qual podemos prescindir. Penso que minha questão encontra contornos nesse posicionamento de Fabio Herrmann: "Para atingirmos a madura autonomia de uma ciência completa, seria indispensável separar o método da Psicanálise

---

[3] Peter Gay também não deixa de assinalar em nota: "O útil e intraduzível termo alemão Dichter aplica-se igualmente ao romancista, ao dramaturgo e ao poeta", Gay, P., Freud – Uma vida para o nosso tempo. São Paulo: Companhia das Letras, 1989, p. 286.

das práticas e das teorias (freudianas ou escolásticas), a fim de o utilizar onde e como melhor nos aprouver" (Herrmann, 2002, p. 11).

No texto comentado, há composição a partir de projeção recíproca de fantasias inconscientes. Várias outras visões da arte do *Dichter* constituem um temário, que atravessa toda a obra de Freud. Além disso, vale ressaltar que, desde o início, em vários de seus escritos, a apresentação de fatos da clínica tem uma tessitura que se compõe com a evocação explícita de tragédias shakespearianas[4]. Mas a composição que traz evocações poéticas também, às vezes, entra na interpretação, tem parentesco com o chiste, que traz o riso, do qual Freud vem a tratar mais tarde. Na lógica emocional da transferência, a criação também pode emergir "quando dois campos se rompem por ação recíproca" (Herrmann, 2002, p. 25), quando o já sabido depara com a fantasia.

---

[4] Detive-me em aspectos das relações da obra de Freud com a literatura, em outro lugar: Salles Gonçalves, C. "Sobre a ars poetica de Freud". In: Percurso – Revista de Psicanálise, ano VIII, n°15, 2o semestre de 1995, p. 35.

Referências bibliográficas

FREUD, S. (1899) "Über Deckerinnerungen". In: *Gesammelte Werke* (Erster Band). London: Imago Publishing Co., 1956.

_____. "Sobre los recuerdos encubridores". In: *Obras completas III*, Buenos Aires: Amorrortu, 1995, p. 292- 315).

GAY, P. *Freud* – Uma vida para o nosso tempo. São Paulo: Companhia das Letras, 1989.

GOLDSCHMIDT, V. *Les dialogues de Platon*. Paris: Presses Universitaires de France, 1963, p. XXV.

HERRMANN, F. *Andaimes do real livro primeiro* – O método da psicanálise. São Paulo: Brasiliense, 1991.

_____. *A infância de Adão e outras ficções freudianas*. São Paulo: Casa do Psicólogo, 2002.

MEZAN, R. *Freud, pensador da cultura*. São Paulo: Brasiliense, 1985.

SALLES GONÇALVES, C. "Sobre a *Ars poetica* de Freud. In: *Percurso – Revista de Psicanálise*, 1995, Ano VIII, nº15, 2º semestre, p. 35-42.

Capítulo 3
Ficção e interpretação na Teoria dos Campos

Nelson da Silva Junior

O olfacto é uma vista estranha. Evoca paisagens sentimentais por um desenhar súbito do subconsciente. Tenho sentido isso muitas vezes. Passo numa rua. Não vejo nada, ou antes, olhando tudo, vejo como toda a gente vê. Sei que vou por uma rua e não sei que ela existe com lados feitos de casas diferentes e construídas por gente humana. Passo numa rua. De uma padaria sai um cheiro a pão que nauseia por doce no cheiro dele: e a minha infância ergue-se de determinado bairro distante, e outra padaria me surge daquele reino de fadas que é tudo que se nos morreu. Passo numa rua. Cheira de repente às frutas do tabuleiro inclinado da loja estreita; e a minha breve vida de campo, não sei já quando nem onde, tem árvores ao fim e sossego no meu coração, indiscutivelmente menino. Passo numa rua. Transtorna-me, sem que eu espere, um cheiro aos caixotes do caixoteiro: ó meu Cesário, apareces-me e eu sou enfim feliz porque regressei, pela recordação, à única verdade, que é a literatura. (Pessoa, 1999, p. 264-265)

Introdução

Nesse fragmento do *Livro do desassossego*, o *tempo sensível da memória*, tempo inventado por Proust em seu *Em busca do tempo perdido*, aparece quase como tão palpável quanto a famosa *madeleine* do herói francês. Em ambos os casos a evocação olfativa das lembranças parece ser capaz de trazer à vida elementos longínquos do passado, com uma força que talvez não tivessem tido quando aconteceram. Na experiência do herói proustiano da interioridade, o presente ganha sentido, se alimenta e se redime de uma vida imanente à memória. Por muito tempo, pensou-se que a Psicanálise nada mais seria que uma técnica de evocação proustiana, capaz de curar o presente ao trazer à tona o passado a cores e ao vivo. Tratar-se-ia apenas sempre de descobrir a *madeleine* que estaria dando o sabor a cada momento da sessão. Creio que a Psicanálise é, contudo, mais próxima da experiência do herói pessoano, o heterônimo mais inexistente de todos, Bernardo Soares. A felicidade de Bernardo Soares, tal como a do herói de Proust, se alimenta do passado, os cheiros e os perfumes lhe trazem as experiências que viveu e que perdeu com a força que teriam se não tivessem se perdido. Mas algo de inquietante aparece no tempo sensível de Soares que o separa do herói de Proust: sua felicidade só se completa quando Soares reencontra algo que nunca viveu, quando regressa a experiências literárias e, portanto, ficcionais. Soares se reconhece num passado vivido literariamente. Que significaria isso, seriam nossas lembranças todas feitas dessa mesma natureza? Seríamos nós feitos de ficção?

Em trabalho anterior (Silva Junior, 2001) examinei esse efeito hiperbólico da ficção como algo próprio tanto à obra de Fernando Pessoa quanto à situação analítica. Segundo penso, a experiência do inquietante provocada pelos textos de Fernando Pessoa pode revelar um aspecto esquecido da situação psicanalítica, a saber, a ficção em seu aspecto inquietante, hiperbólico, aspecto que denomino como a *ficcionalidade da psicanálise*. O próprio Freud temia tal aproximação de sua ciência com a ficção, tal como pude então demonstrar (Silva Junior, 2001), o que torna esse aspecto ainda mais interessante.

Nosso plano de voo será então o seguinte. Em primeiro lugar, farei uma breve retomada histórica do termo ficção e de seus sentidos. Isso nos permitirá compreender o surgimento das experiências de ficcionalidade na cultura e a articulação da *ficcionalidade da psicanálise* com seu tempo. Em segundo, tentarei demonstrar como a *ficcionalidade da psicanálise* é inseparável daquela que deve ser considerada a última e mais ousada contribuição de Freud para a técnica psicanalítica, a saber, as construções em Psicanálise. Em nenhum outro momento de sua obra *ficção e interpretação* estiveram tão próximos. Finalmente, uma das poucas exceções ao esquecimento da *ficcionalidade da psicanálise*, encontrei na obra de Fabio Herrmann, a qual gostaria de retomar em dois pontos, e, através deles, explorar com vocês algumas das diferenças estruturais entre dois aspectos do campo ficcional, a saber, a ficção e a ficcionalidade, assim como suas diferentes funcionalidades na situação analítica.

Ficção e ficcionalidade a partir do inquietante

Em Freud (1919/1982) o inquietante é o resultado de um conflito entre o que é julgado como real e o que é julgado como pertencendo à ficção. Note-se que o tema do inquietante, segundo essa definição, é indissociável do tema da ficção. O inquietante seria, nesse sentido, essencialmente um *afeto cognitivo*, ocupado tão somente em estabelecer os limites do que posso conhecer e do que imagino a cada caso. Segundo penso, contudo, o inquietante vai muito além de um *afeto cognitivo*, tendo essencialmente uma *função epistemológica*. Com isso quero dizer que quando a questão de estabelecer se uma coisa é da ordem da ficção ou da realidade se coloca enquanto tal, ela necessariamente traz consigo uma dúvida ontológica a respeito da realidade como um todo e de suas condições de possibilidade. Nesse sentido, esse sentimento vale como método espontâneo do psiquismo ocidental moderno de problematizar a sombra do cotidiano como tal. De que modo a cultura ocidental criou as condições para o encontro desta sombra? Retomemos alguns pontos de referência na história semântica da ficção para descobri-lo.

Segundo o *Dicionário histórico da língua francesa*, "ficção é um empréstimo (1223) do latim imperial *fictio* "ação de fabricar, criação" e, por ilustração "ação de fingir e seu resultado". Termo jurídico em baixo latim medieval; *fictio* deriva de *fictum*, supino de *fingere*, "inventar". (Rey, 1995, p. 793).

Desde sempre a ideia de ficção e seu sentido de fabricação parecem entrar em tensão com uma espécie de interdição: a fabricação humana é impossível, restrita ou contém em si a ideia de uma *hybris*, de um excesso do humano frente à ordem divina. Já em Aristóteles, a diferença entre *poiésis* e *techné* equivale também a um ato realizado por um sujeito: *poiésis* se refere a uma criação que aparece por si mesma; *techné* diz respeito às aparições que precisam de uma intervenção humana. Note-se que a *técnica*, nesse sentido, não cria, portanto, verdadeiramente seu objeto, ela o resgata do esquecimento. Ao ser humano não cabe criar nada, toda sua indústria simplesmente retira da sombra criações já feitas.

Na qualidade de *ação de fabricar*, *ficção* remete também à origem do termo *fetiche* pelo viés da palavra em português feitiço. Os marinheiros portugueses nomeavam assim as imagens religiosas das culturas tribais que encontravam. A *adoração de uma imagem feita*, eis a origem histórica da palavra *fetiche*. Assim, um Deus fabricado pelo homem é um *fetiche*. Mas o inverso, a saber, a ideia que o homem seja criatura é a própria regra na Idade Média. Para Santo Agostinho, por exemplo, a alma é *fabricada*: "anima factitia est", (Agambem, 1988, p. 18). Só a Deus cabe criar. Produzir artificialmente alguma coisa desde a origem foi aparentemente sempre experimentado pela inteligência das línguas como um poder exclusivamente divino. Tal poder, entretanto, quando passa para o lado humano, o faz sempre ao preço de um castigo.

Assim, por um longo período da cultura, Deus não é apenas um grande industrial, ele é o único. O caráter divino da usina universal ainda garante a previsibilidade do futuro, a ideia mesma de uma direção a seguir. Ora, precisamente o que define a Modernidade é a dissolução da religião como organização simbólica privilegiada da cultura e sua substituição pela ideia da Razão. Razão que passa a substituir a definição de ente criado do ser humano e o coloca no centro de todo conhecimento possível. Nesse sentido, podemos falar de uma substituição da ideia que Deus criou o homem pela ideia que o homem pode se criar a si próprio. É nesse momento que a ficção em sua versão ontológica adquire uma significação negativa: se a ficção/fabricação do mundo por Deus era reasseguradora, no caso desta criação ser responsabilidade do homem, um abismo se abre e ameaça tragá-lo a cada passo. A ficção só adquire um caráter hiperbólico e ameaçador em nossa cultura quando ela não pode mais ser garantida pela ideia de uma divina providência que a tudo prevê e provê. Tal ameaça estará presente, doravante, em todas as produções culturais. É desse modo que a experiência de um tempo sensível literário em Bernardo Soares e a situação analítica não podem deixar de se confrontar com uma mesma questão, a saber, será que "de tanto brincar de fantasmas, nós não acabamos nos tornando um"? (Caillois, 1986, p. 51).

Construções em Psicanálise[1]

Esta preocupação não é facilmente descartável pela experiência psicanalítica, sobretudo se levarmos em conta o conceito de construção, introduzido por Freud em 1937. Com efeito, nunca Freud se aproximou tão perigosamente da ideia de uma construção artificial das lembranças infantis *pelo* e *através* do trabalho analítico.

Para falar da construção, Freud retoma a conhecida analogia entre o trabalho do analista e o trabalho do arqueólogo. Ambos devem reconstruir algo destruído do passado a partir de indícios e de restos. Contudo, a construção analítica tem, segundo Freud, a "desvantagem" de não saber o que deve construir. Para sabê-lo, o analista depende totalmente da confirmação do paciente, que pode ou não ocorrer pelo surgimento de novas recordações. Eis porque a construção é fundamental e essencialmente *preliminar*, ou seja, como ela supõe a cada vez uma continuidade imprevisível do outro, uma construção não pode ser pensada senão como *estruturalmente inacabada*.

A partir desse caráter preliminar, a construção se apresenta de modo correlato como *essencialmente fragmentária* no discurso freudiano[2]. "O analista", diz Freud, "realiza um fragmento de construção e o comunica ao paciente para que este [fragmento] aja sobre ele. Com ajuda do novo material que aflui, ele constrói um novo fragmento, que utiliza da mesma forma, e assim por diante até o fim" (Freud, 1937, p. 398).

A construção é assim *preliminar* e *fragmentária* no sentido de referir-se sempre a um psiquismo que deve reagir a ela. De fato, "apenas a continuidade da análise", escreve Freud, "pode decidir sobre a correção ou a inutilidade de nossa construção" (Freud, 1937, p. 402). Se a construção for inadequada, nada ocorre, sendo limitada a eficácia sugestiva do analista. Se adequada, seus efeitos ocorrem tanto numa forma negativa, provocando uma resposta do tipo "nisto nunca pensei (teria pensado)", quanto numa forma positiva, na qual uma associação traz algo semelhante ou análogo à construção. Às vezes é um ato falho que responde pelo paciente. Finalmente, uma reação terapêutica negativa (sentimento de culpa, necessidade masoquista de sofrimento)

---

[1] Freud, S. Konstruktionen in der Analyse. Frankfurt: Fischer Taschenbuch Verlag, Studienausgabe, 1937, v. XI, p. 398.
[2] Ibidem, p. 400.

pode também ter valor afirmativo de uma construção[3]. Haveria assim, segundo Freud, diferentes tipos de confirmação de construção, mas todos são indiretos.

Isto equivale a dizer que o paciente não pode lembrar-se totalmente da própria história, nem dizê-la definitivamente. Assim nem o analista pode construí-la sozinho, nem o paciente tem *a priori* sua verdade histórica. Tal verdade histórica é em si mesma uma criação *do* e *pelo* processo analítico. Nesse sentido, a historicidade do sujeito freudiano é essencialmente não um acúmulo de *dados concretos*, mas sim um *produto do sentido*. A natureza de tal historicidade é mais próxima da ficção do que da matéria, uma vez que o passado que está em jogo é essencialmente transformável. Diferentemente da historiografia material, a historicidade psicanalítica funda-se em sua *abertura iminente* para um *passado imprevisível*. Assim, podemos dizer que a alteração do outro em análise é uma possibilidade imprevisível e, sobretudo, incontrolável. Durante a situação analítica, a finalidade é *cuidar desta abertura*, isto é, conservar aberta a possibilidade de transformação imprevisível dos sentidos do passado e do destino. O destino e o passado podem, e devem, numa cura analítica, ser abertos a transformações imprevisíveis. Entretanto, para além dessa finalidade de âmbito individual, a historicidade do inconsciente representa um momento de transformação da cultura pela Psicanálise. Não podemos, pois, reduzir essa historicidade aos efeitos terapêuticos de cada análise individual, pois o que está em jogo é uma nova cena do discurso, com suas regras e leis próprias, cena que se inscreve na cultura deste século, ao abrir o "romance subjetivo" para novas possibilidades narrativas.

É nesse sentido que compreendo Fabio Herrmann, quando afirma que a *Psicanálise é a Ciência Geral da Psique*, uma vez que o *método analítico* transcende a clínica que lhe deu origem. Para encerrar nosso breve percurso, vejamos em que sentido essas posições de Fabio Herrmann contribuem para a discussão da natureza ficcional tanto das construções analíticas quanto do material sobre o qual incidem.

---

[3] Ibidem, p. 401-402.

Campo como ficção e a interpretação como ruptura de campo

Uma das grandes conquistas da Teoria dos Campos é, com efeito, precisamente seu posicionamento radicalmente desontologizante diantes das teorias psicanalíticas. Antes de serem tomados como modelos dos quais hipotéticas estruturas psíquicas seriam os referentes, parece-me que uma das propostas mais fecundas de Fabio Herrmann é a de que consideremos os conceitos psicanalíticos em geral como elementos de mesma natureza que as supostas estruturas psíquicas às quais eles se referem. Assim, cabe pensar em um deslocamento epistemológico original em ação no pensamento de Fabio Herrmann: *uma teoria psicanalítica não seria qualitativamente diferente de uma fantasia, seja ela consciente ou inconsciente*. Coerentemente, Fabio Herrmann nomeava a metapsicologia como a *ficção teórica* de Freud.

A situação clinica não é, contudo, um mero jogo de espelhos, em que sintoma e teoria se refletem ao infinito permanecendo sempre iguais a si mesmos. A experiência psicanalítica já ultrapassa seu primeiro século e, nesse tempo, as não poucas transformações psíquicas nos pacientes que a ela se submeteram corroboram a ideia de que há algo de específico e radicalmente fecundo nesse jogo dialético de representações teóricas e experiências clínicas. Se esse é o caso, como pensar as relações das teorias com suas clínicas? Se a eficácia das teorias não se deve a terem uma natureza qualitativamente diversa daquela dos sintomas que costumam interpretar, como devemos pensar os processos de transformação mútua que observamos nesse encontro? Parece-me que a resposta de Fabio Herrmann aponta aqui para o mais evidente e, nesse sentido, o mais invisível: a eficácia da Psicanálise não reside e não depende dos conteúdos representacionais de suas teorias, não depende de seu material, cuja natureza é tão ficcional como aquela das formações psíquicas, e sim da forma com a qual tais ficções teóricas se relacionam com as ficções patológicas. Tal forma constitui o *método psicanalítico*.

Lançando mão de uma imagem ainda inspirada numa relação especular, creio que, com a Teoria dos Campos, podemos imaginar a eficácia do método analítico (quando comparado com a natureza ficcional das teorias analíticas) através da seguinte analogia: as ficções teóricas dos analistas e os sintomas dos pacientes estariam dispostos, pelo método analítico, como dois espelhos com planos não paralelos, e sim ligeiramente inclinados, em que o efeito a cada vez deslocado de seus reflexos multiplicaria exponencialmente as diferenças entre as imagens. Tal dispositivo permite-nos conceber a possibilidade que elementos de mesma natureza possam gerar diferenças a partir da mera heterogeneidade de suas posições. Assim, temos uma espécie de metateoria psicanalítica que parte de dois postulados relativamente simples: em primeiro lugar a homogeneidade da natureza de todas as produções psíquicas sejam elas teorias, sintomas ou obras de arte; em segundo, a primazia do método sobre as teorias, o que significa que não são as teorias que contém em si o princípio de sua eficácia clínica e interpretativa, e sim sua posição relativa a cada verbalização e produção psíquica sobre a qual atua.

O não encontro, o vazio da ruptura das expectativas presentes na comunicação podem assim ser pensados enquanto o motor fecundo do *método analítico*, que nada mais seria que a própria forma *a priori* de todas rupturas de campo possíveis. Trata-se, note-se bem, de um conceito cujo referente não é uma estrutura psíquica, e sim a forma geral das rupturas e das leis de transformação desta estrutura. *Método analítico*, na significação que Fabio Herrmann lhe confere, refere-se, portanto, a algo essencialmente distinto de qualquer coisa fixa, palpável, idêntica a si mesma.

Para concluir, eu diria que a teorização do *método analítico* de Fabio Herrmann permite distinguir dois tipos, duas modalidades de funcionamento de nossas ficções teóricas. Primeiro, aquela modalidade em que nossas ficções constituem e mantém um campo, como é o caso de nossos sintomas, e do funcionamento sintomático de algumas de nossas teorias. Segundo, aquela abertura pela qual nossas teorias e, eventualmente, nossos sintomas, podem levar o campo sobre o qual incidem a sua ruptura. Nesse sentido, pode-se dizer que se a sombra de uma ficcionalidade hiperbólica que ameaça a cultura ocidental desde a modernidade pode ocupar o centro da poética de artistas como Fernando Pessoa, na experiência analítica ela é não menos central, tal como demonstra o conceito de *método analítico* de Fabio Herrmann.

Referências bibliográficas

AGAMBEN, G. La passion de la facticité. In: Agamben, G.; Piazza, V. (Orgs.). *L'ombre de l'amour: Le concept d'amour chez Heidegger*. Paris: Payot, 1988, p. 9-107.

CAILLOIS, R. Mimetismo e psicastenia legendária, *Che vuoi?* Psicanálise e Cultura, 1986, n°0, p. 50-74.

FREUD, S. *Konstruktionen in der Analyse*. Frankfurt a. M.: Fischer Taschenbuch Verlag. Studienausgabe, 1937, v. XI, p. 398.

SILVA JUNIOR, N. A ficcionalidade da Psicanálise. Hipótese a partir do inquietante em Fernando Pessoa. In: Bartucci, G. (Org.), *Psicanálise, literatura e estéticas de subjetivação*. Rio de Janeiro: Imago, 2001, p. 289-322.

Capítulo 4
SOBRE A LITERATURA DE FICÇÃO COMO REINO ANÁLOGO DA PSICANÁLISE[1]

Fernanda Sofio

O análogo

As denominadas *ficções freudianas*[2] de Fabio Herrmann podem ser interpretadas como exercícios que exploram sua *teoria do análogo*[3] entre outras teorias da Teoria dos Campos. De acordo com a teoria do análogo, para cada ciência há um *reino análogo*, uma forma de conhecimento pressuposta, imprescindível à produção de conhecimento naquela ciência. O reino análogo da física, nesse sentido, é a matemática, por oferecer o território para o qual o físico se retira para suas elaborações teóricas. Nesse pensamento, o reino análogo das ciências

---

[1] O trabalho vincula-se ao tema de meu projeto de doutorado.
[2] F. Herrmann. A infância de Adão e outras ficções freudianas. São Paulo, Casa do Psicólogo, 2002.
[3] F. Herrmann. O análogo. In: Revista Educação. Especial: Biblioteca do Professor: Freud. São Paulo, 2006, nº 1, p. 74-83.

sociais, bem como da Psicanálise, é a literatura de ficção. É sempre no reino da literatura de ficção que são criadas as teorias em Psicanálise, tanto no trabalho de consultório, como no cotidiano. Só a literatura de ficção tem poder *curativo*, dado seu poder criativo. É do lugar da literatura de ficção que o psicanalista conversa com seu paciente – desde um *campo* diferente daquele proposto –, que escreve teoria, interpreta, e investiga o quotidiano, apropriando-se espontaneamente do método psicanalítico.

A teoria do análogo é uma ideia central à obra de Herrmann porque ela mergulha nos fundamentos da Psicanálise e empreende o resgate de outra proposta, esta freudiana, que aponta o horizonte de vocação da Psicanálise de tornar-se uma ciência geral da psique. A Psicanálise é, nesse sentido, uma *ciência interpretativa*, em que se visa à *ruptura de campo* para a *invenção/descoberta* de sentidos possíveis no Campo Psicanalítico. O análogo da Psicanálise é a literatura de ficção, porque não se está envolvido com a verdade do que é contado, mas com sua função interpretativa[4]. A literatura de ficção é o reino análogo da Psicanálise no sentido de que a Psicanálise, como a literatura, atravessa a rotina, perfura-a. Por esse processo revelam-se diferentes formas em que o homem habita seu mundo. Adicionalmente, a Psicanálise conta com a possibilidade de ser operacionalizada metodologicamente.

O objetivo de uma Psicanálise, bem como ocorre na literatura de ficção, não é encontrar verdade, ou mesmo verdades, mas viabilizar o método psicanalítico por ruptura de campo. Nesse sentido, Herrmann cita *Dom Casmurro* de Machado de Assis: o objetivo não é entender se Bentinho é ou não filho de Dom Casmurro. O importante, isto sim, é a tensão criada neste conto[5]. A literatura de ficção mostra o homem e seu mundo interpretativamente, por um processo de ruptura com a rotina, com o consensual.

Ficções freudianas

Herrmann brinca com o tema da ficção e da metaficção em seu livro *A infância de Adão e outras ficções psicanalíticas*, de que "A infância de

---

[4] Herrmann, F. O análogo. In: Revista Educação. Especial: biblioteca do professor: Freud. São Paulo, 2006 nº 1, p. 74-83 & Quarta Meditação, Sobre a verdade como tensão entre invenção e descoberta (I/V/D), inédito.
[5] Herrmann, F. Andaimes do real: Psicanálise da crença, 2006, p. 83, 86-7.

Adão" é o principal conto. Exercitando a concepção de literatura de ficção como reino análogo da Psicanálise, Herrmann cria alguns contos literários, cuja análise nos mostra seu embasamento em teorias da Teoria dos Campos. Portanto, trata-se de levar ao extremo sua concepção de reino análogo, fazendo ficção literária. Todos os contos obedecem a uma forma literária, além de obedecerem a uma lógica psicanalítica tal como trabalhada pela Teoria dos Campos. Ou seja, têm personagens, enredo, mostram o desenrolar de uma história ou poesia. Também, são exercícios crítico-heurísticos[6] que visam à cura psicanalítica.

Vejamos mais de perto algumas imagens lançadas e o tom irônico do conto "A infância de Adão". O próprio título constitui-se uma ironia – a história de uma infância que não houve. "A infância de Adão", enquanto metáfora de um processo analítico do primeiro homem bíblico, tem como palco não o consultório psicanalítico, mas um zoológico, cuja inspiração, nos diz o autor[7], foi o Zoo de Berlim, um zoológico e, além disso, uma linha de ônibus e um bairro central da antiga Berlim Ocidental, visitada pelos Herrmann em julho de 1990, logo após a queda do Muro. Sabemos que no processo analítico o paciente idealiza o analista. Herrmann escancara essa idealização, tratando por O Senhor, o analista que no conto não emite uma palavra, tomando-o por Deus todo poderoso, onisciente, mas, usando de sua fina ironia, enquadra-o num zoológico[8].

O conto, portanto, não é uma aplicação de teorias psicanalíticas em si, mas uma operacionalização da Psicanálise. No trecho mencionado acima, é explorada a operacionalização especificamente do processo de análise e os pontos que encontra para entender esse processo. A epígrafe dita o contexto inicial do conto que é tanto a crise de Adão – que precisará *desesquecer* seu passado que não houve, ou seja, lembrá-lo para poder esquecê-lo – como o impasse de qualquer paciente em análise, pois todos recriam seu passado. A ideia de que o passado é recriado no processo analítico é aqui levada à sua última consequência: a (*re*)-criação de um passado realmente inexistente, do

---

[6] L. Herrmann. Andaimes do real: Construção de um pensamento. São Paulo: Casa do Psicólogo, 2007.
[7] F. Herrmann. Sobre a infância de Adão. Percurso. Revista de Psicanálise. n° 38, ano XIX, 2007, junho p. 11-22.
[8] F. Herrmann. A infância de Adão e outras ficções freudianas. São Paulo, Casa do Psicólogo, 2002, p. 85.

primeiro homem bíblico que já nasceu adulto: *Aquilo que há por não ser: a infância de Adão, o inconsciente*[9].

A denominada *ficção freudiana* é, portanto, o casamento da literatura de ficção, obedecendo a uma série de regras e a uma forma literária, com Psicanálise, obedecendo à outra série de regras, que dizem respeito ao método interpretativo de ruptura de campo, e tendo por pressuposto a cura psicanalítica. Não se trata de uma aplicação da Psicanálise à literatura e nem de uma recorrência a ela, mas de uma Psicanálise que só pode se constituir nessa amálgama com a literatura. Neste caso, parece-me que se trata de um exercício em *alta teoria*[10], altíssima eu diria, justamente por tratar-se de penetrar as entranhas da própria Teoria dos Campos pela literatura de ficção.

Vimos que no conto em questão isto é retratado pela psicanálise ficcional de Adão. Nas palavras do autor:

> A análise do homem empreendida em "A infância de Adão"', não é em suma uma análise existencial, não é um empreendimento filosófico, não é literatura experimental, nem sequer é uma súmula da Psicanálise, mesmo quando reúna seus principais conceitos. É só uma psicanálise, o retrato falado do que imaginamos ser uma psicanálise vista de dentro por seu "dâimon", o riso humano de um deus agnóstico, descrente de si, mas fiel à ironia curativa. (Herrmann, 2007, pp. 21-22)

Especificamente neste conto, vê-se em prática a seguinte formulação: literatura de ficção + método interpretativo por ruptura de campo = ciência da Psicanálise por escrito.

Consequências

Por que a expressão *ficção freudiana*? A questão merece ser considerada. Visto que para Herrmann a literatura de ficção é o análogo da Psicanálise como vimos, ou seja, que toda Psicanálise imprescinde

---

[9] Ibidem, p. 75-80, 85.
[10] Fabio Herrmann denomina o teorizar sobre o método da Psicanálise de alta teoria. Conforme desvelado pela Teoria dos Campos, pode ser caracterizado pelos conceitos metodológicos de campo, ruptura de campo, vórtice e expectativa de trânsito. F. Herrmann. Da clínica extensa à alta teoria: meditações clínicas. Inédito.

da literatura de ficção, não bastava dar a estes exercícios o nome de ficções. Estas também são ficcionalizações tanto quanto as são as que estão, por exemplo, no livro *Andaimes do real: O método da Psicanálise*. No entanto, *A infância de Adão* é o único livro de Herrmann em que, além de cada capítulo ser declaradamente uma ficcionalização, criam-se vários contos (ficções). Para ressaltar o uso da ficção neste livro, houve a necessidade de propor a expressão *ficção freudiana*.

Tomemos mais um conto do livro, o denominado "Bondade", para contarmos com um exemplo adicional. Nesta psicanálise de um sentimento, vê-se que caminham juntos na obra de Herrmann o desenvolvimento heurístico e sua forma de expressão literária: o método e o análogo. Parece-me importante o notar. O sentimento bondade cria um mundo bondoso, constitui-se como campo. Herrmann trata de outros sentimentos em seu livro *Andaimes do real: Psicanálise do quotidiano* e demonstra esta característica dos sentimentos em sua interpretação: para Herrmann cada sentimento cria um mundo, e o indivíduo que habita esse mundo passa a ser regido pelas regras que constituem aquele mundo, aquele campo.

Nesta ficção freudiana, Herrmann tanto cria um conto quanto faz a interpretação de um mundo criando por um sentimento. Tanto rompe o campo da bondade, adentrando-o, interpretando a mulher forte da bíblia, definindo a bondade como particularmente visível no mundo feminino, quanto conta uma história. A mulher boa é aquela que age, que faz o que deve ser feito. No conto, trata-se de uma senhora que é mãe e avó da mesma criança: mãe porque irá criar a criança e avó porque criou também sua mãe, quem deu luz à criança e não a poderá criar. Na interpretação de Herrmann, bondade é *um ego que invadiu o superego – não ao contrário*; é também *um estar no outro mais do que ele mesmo está em si*[11]. Nesse sentido, claramente Psicanálise (arte da interpretação por desvelamento de sentidos) e literatura de ficção são indissociáveis.

Estes breves exemplos testemunham o uso que Herrmann faz de uma série de recursos literários para fazer interpretações do mundo, psicanálises das mais diversas. Uma psicanálise, mostra-nos Herrmann, pode vir vestida de mito, outra de poema, outra, inclusive, de alguma crítica muito verossímil. A função interpretativa de uma ficção não

---

[11] F. Herrmann. A infância de Adão e outras ficções freudianas. São Paulo: Casa do Psicólogo, 2002, p. 37.

está em sua qualidade literária, mas em sua possibilidade de romper, ou não, campos de sentido humano.

Nesse sentido, os contos que compõem o livro A *infância de Adão* exemplificam de maneira primorosa a proposta que procuro explorar de ser Psicanálise um gênero literário. Trata-se de um riquíssimo entrelaçamento de formas literárias, que variam do ensaio psicanalítico teórico ao mito, sempre obedecendo ao método da Psicanálise. Trata-se da demonstração por literatura de ficção de diversas formas de se romper campos de sentidos. Penso, porém, que esta ideia da Psicanálise como gênero literário estende-se a qualquer construção de conhecimento em Psicanálise.

Concluamos com uma pergunta: se tudo é ficção, em quê nos agarramos? A questão assemelha-se à do conto Zêuxis, em relação à investigação freudiana sobre a realidade psíquica: *propor o banimento da noção ampliada de realidade psíquica não faz sentido, resultaria na proscrição de quase todos os analistas praticantes, no mínimo, nem resolveria as questões clínicas derivadas de generalização. Talvez nunca cheguemos a resolver completamente esta questão*[12]. E lembra outra afirmação: *Nunca sabemos onde termina a teoria e onde começa o mito em nossa disciplina indisciplinada*[13]. O livro A *infância de Adão* não explica como se pesca, nesse sentido, mostra o peixe saindo do mar, espetado no anzol. É a interpretação, não a explicação da interpretação. No conto, tudo é ficção, contudo, o paciente se curou.

---

[12] Ibidem, p. 45.
[13] F. Herrmann. Andaimes do real: Psicanálise do quotidiano, 3ª Ed.. São Paulo: Casa do Psicólogo, 2001, p. 253.

Referências bibliográficas

HERRMANN, F. A infância de Adão e outras ficções freudianas. São Paulo, Casa do Psicólogo, 2002.

_____. O análogo. In: Revista Educação. Especial: Biblioteca do professor: Freud. São Paulo, 2006, nº 1, p. 74-83.

_____. O análogo. In: Revista Educação. Especial: Biblioteca do professor: Freud. São Paulo, 2006, n. 1, p. 74-83 & Quarta Meditação, Sobre a verdade como tensão entre invenção e descoberta (I/V/D), inédito.

_____. Andaimes do real: Psicanálise da crença. São Paulo, Casa do Psicólogo, 2006

_____. Andaimes do real: Construção de um pensamento. São Paulo: Casa do Psicólogo, 2007.

_____. Sobre a infância de Adão. Percurso. Revista de Psicanálise. nº 38, junho 2007, ano XIX, p. 11-22.

Capítulo 5
A TRAMA DAS INTERPRETAÇÕES EM LAVOURA ARCAICA: LITERATURA E CINEMA

Renato C. Tardivo

Apresentação

Estas reflexões partiram de minha pesquisa de mestrado em Psicologia Social, defendida em junho de 2009 no Instituto de Psicologia da USP, sob a orientação de João A. Frayze-Pereira e com o apoio da Fapesp[1].

A Psicanálise, considerada do ponto de vista da criação, compreende algo semelhante ao fazer formativo que propõe o italiano Luigi Pareyson em sua estética da formatividade: um fazer que, enquanto faz, inventa o modo de fazer; um perfazer, portanto (Pareyson, 2001).

---

[1] O título da dissertação é Porvir que vem antes de tudo. Uma leitura de Lavoura arcaica – literatura, cinema e a unidade dos sentidos.

Diferentemente de uma abordagem normativa e estereotipada, na qual se recorre à Psicanálise para legitimar representações prefixadas acerca do humano, a Psicanálise como criação abre-se para a comunicação de sentidos e a multiplicidade de perfis.

Como nos lembra Noemi M. Kon (2003, p. 98) em resenha de *A infância de Adão*, livro de Fabio Herrmann, "a dimensão ficcional da psicanálise aproxima-a do conhecimento sobre a alma humana delineado pela literatura, muito mais exato do que aquele apresentado pela ciência".

A ênfase endereçada ao parentesco da Psicanálise com a ficção acabou por levar-me à pesquisa dos conhecimentos da alma humana delineado pelos fundamentos e crítica das artes, amparado principalmente na fenomenologia e na estética.

Ocorre que – e esta, enfim, é a temática trabalhada no mestrado – ao dirigir o olhar para a correspondência entre o romance *Lavoura arcaica* (1975), do escritor paulista Raduan Nassar, e o filme de mesmo nome (2001), idealizado e dirigido por Luiz Fernando Carvalho, acredito que não me afasto muito de um estudo da psique cultural, podendo assim dialogar com a temática da Clínica Extensa proposta por Fabio Herrmann.

O livro

O romance, narrado na primeira pessoa, mostra-nos a volta de um filho para a casa da família. Apesar de não haver referências explícitas, tudo leva a crer que se trata de uma família de imigrantes libaneses, do começo do século passado, que obtinha a sobrevivência do trabalho em sua própria fazenda.

Na primeira parte do livro, o irmão mais velho, Pedro, sai de casa com a missão de trazer André, o narrador-personagem, de volta à família. À medida que entramos em contato com sua história, vemos que André era sufocado pela carga de afeto da mãe e atado pelas leis rígidas do pai.

Nesse contexto, ele vai reclamar os direitos de seu corpo no incesto concretizado com a irmã, Ana. E depois disso não vislumbra alternativa a não ser deixar a casa da família.

A segunda parte trata justamente da volta do filho. Pedro cumpre a missão e traz o irmão de volta a casa. Contudo, como diz o sociólogo Octávio Ianni em ensaio sobre *Lavoura arcaica* (1991, p. 89), "a fuga de André mudara tudo, na aparência de nada mudar". Mudanças irreversíveis teriam acometido aquela estrutura familiar. O desfecho da narrativa é trágico. A suposta coesão da família revela-se rompida, estilhaçada: causadora de uma dor impensável.

Consumada a tragédia, no entanto, André prossegue sem conseguir se desvencilhar daquela estrutura. Assim, na condição de narrador-personagem, ele vai se debruçar sobre os estilhaços quase sempre dolorosos, para, entre o lírico e o trágico, recompor e reviver, ou melhor, viver pela primeira vez de novo a sua história. E, enfim, refletir.

É o mesmo olhar que, simultaneamente, vê e é visto. Frutos do olhar sobre si próprios, os signos irrompem as páginas do livro arrebatadoramente: há um encontro a se consumar. E eles se encontram consigo mesmos. O romance é a leitura, empreendida por André, do texto que está sendo escrito.

O filme

Alfredo Bosi (2003, p. 475) afirma que "compreender um fenômeno é tomar conhecimento dos seus 'perfis' (...) que são múltiplos, às vezes opostos, e não podem ser substituídos por dados exteriores ao fenômeno tal qual este se dá". A compreensão do texto, portanto, deve se debruçar sobre o signo, atenta à opacidade do mesmo.

Esse pensamento de Alfredo Bosi, claramente influenciado por Husserl, também dialoga com Merleau-Ponty, que no ensaio "A linguagem indireta e as vozes do silêncio" escreve:

> A opacidade da linguagem, sua obstinada referência a si própria, suas retrospecções e seus fechamentos em si mesma são justamente o que faz dela um poder espiritual: pois torna-se por sua vez algo como um universo capaz de alojar em si as próprias coisas. (Merleau-Ponty, 2004, p. 72)

Todavia, isso não se dá explicitamente: toda linguagem é alusiva. Ou seja, não é que os signos evoquem a pluralidade de perfis, mas antes que ela está contida, alusivamente, no evento por eles encerrado – no avesso das palavras.

Daí a equipe de Luiz Fernando Carvalho ter encarnado as palavras do romance de Raduan Nassar. Isolados na fazenda, transformada em *set* de filmagem, os profissionais viveram em comunidade, durante quatro meses, o dia a dia de *Lavoura arcaica*. Em depoimento sobre o filme, o diretor deixa claro que não havia um roteiro propriamente; o que eles tinham era um livro (Carvalho, 2002).

Tratava-se de emprestar o corpo às palavras, ao mesmo tempo que se o deixava afetar por elas. Em suma, mergulhar e ser mergulhado, como se todo o processo estivesse "alojado", retomando a expressão de Merleau-Ponty, nas próprias linhas do romance.

O cineasta buscou ao máximo limpar as representações. Seu desejo era trabalhar com sensações. A propósito, Walter Carvalho, diretor de fotografia de *Lavoura arcaica*, revela-nos, no documentário *Nosso diário* (2005)[2], que a câmera só era ligada quando o quadro a ser filmado se transformasse em "coisa viva". Quer dizer, o movimento de câmera e/ou da personagem implica que o quadro seja visto de outras perspectivas. Suas sombras passam a ser vistas de outro ângulo e ele – o quadro – se transforma em "coisa viva". Mas o olho da câmera – continua Walter –, que, por sua vez, testemunha e capta a vida do quadro, é também "coisa viva"; é ele que coloca tudo aquilo para dentro. Essa coisa orgânica, viva – conclui o fotógrafo – tem de possuir verdade; revelar essa verdade é o papel do cinema. Trata-se de uma aventura com a linguagem.

Não por acaso Luiz Fernando embasou-se em Antonin Artaud e sua teoria do duplo, da linguagem invertida, em que se trabalha eminentemente com sensações: para buscar o simples, limpar as representações. Desse ponto de vista, o emissor é, simultaneamente, a coisa que ele emite e o receptor da mensagem (Artaud, 1993). Mais que uma aventura, trata-se de verdadeiro transe de linguagem.

Transe que é fundante do universo de *Lavoura arcaica*. Se, como vimos, o romance é a leitura que o narrador-personagem faz do próprio texto, no filme o olhar que se volta para a história é, nessa mesma medida, um olhar de fora, de quem reflete o acontecimento trágico e irrecuperável.

Olhar que se confunde com a dor do tempo.

---

[2] Dirigido por Raquel Couto, à época assistente de direção de Luiz Fernando Carvalho. Como o próprio título indica, o documentário é uma espécie de diário escrito pela equipe de Lavoura arcaica durante o processo de construção do filme.

A trama de interpretações

André é o filho que parte, mas volta; desafia o pai, mas cede; escancara o discurso endogâmico da família, mas reclama seus direitos no incesto concretizado com a irmã. E, finalmente, sofre a dor de um tempo impiedoso, mas reencontra-se com tudo ao costurar os estilhaços do que restou em um depoimento.

O retorno, contudo, nunca se dá no mesmo ponto. É que a trajetória, tanto no nível das narrativas como da correspondência entre elas, é marcada por sucessivas rupturas de campo. Há sempre um olhar voltado para aquilo que está ocorrendo; olhar que funda perspectiva e, assim, procura renovar as demais leituras - um "codevaneio", na expressão de Mikel Dufrenne (2004).

Codevaneio, portanto, que pode ser pensado do ponto de vista da criação do filme, a partir da leitura que Luiz Fernando faz do romance - e a este procura retornar -, mas pode ser também considerado da perspectiva das trajetórias - no livro e no filme - de André, que parte da tradição e a ela retorna e, em uma terceira acepção, do ponto de vista do processo implicado neste trabalho de pesquisa, isto é, considerando-se que voltar o olhar às duas narrativas e reconstruí-las pode ter resultado no nascimento de uma terceira narrativa. Em suma, há sempre a presença de um olhar que interpreta e, ao fazê-lo, rompe campos.

Presença que parece emblema, nos dizeres de Garcia-Roza, do caráter de inacabamento da interpretação: "(...) não há começo nem fim absolutos (...) não há uma verdade essencial e imutável a ser descoberta, e, acima de tudo, (...) não há sentido sem interpretação assim como não há interpretação sem sentido" (Garcia-Roza, 2004, p. 115).

Em *Lavoura arcaica*, André, ao se voltar para sua história, busca estruturar os estilhaços tragicamente dispersados no - e pelo - tempo. O embate entre a tradição - *arcaica* - e o que ainda vai ser colhido - *lavoura* - implica rupturas que pouco a pouco vão delineando o seu projeto. Projeto que, em última instância, remete à sua constituição enquanto sujeito. Sujeito - e tomo emprestada a definição de Vladimir Safatle: "(...) é aquilo que tem necessariamente a força de construir uma espécie de 'teatro interno' onde seria possível ver, com os olhos da consciência, o desfile de representações mentais do que se dispersou no tempo" (Safatle, 2008, p. 8).

Tempo do só-depois - o que Freud denominou *après-coup* (Freud, 1915/2007) -, em que as inscrições do passado são constantemente ressignifcadas e revividas. Processo invariavelmente marcado por rupturas (Herrmann, 2004) que, nas palavras do criador da Teoria dos Campos, levam à humanização. Porque é sempre possível, lembra-nos André, "de uma corda partida, arrancar ainda uma nota diferente" (Nassar, 2002, p. 174).

Referências bibliográficas

ARTAUD, A. *O teatro e seu duplo*. São Paulo: Martins Fontes, 1993.

BOSI, A. *Céu, inferno*. São Paulo: Editora 34, 2003.

CARVALHO, L. F. *Sobre o filme* Lavoura arcaica. São Paulo: Ateliê Editorial, 2002.

DUFRENNE, M. *Estética e filosofia*. São Paulo: Perspectiva, 2004.

FREUD, S. (1915) *La transitoriedad*. In: S. Freud. *Obras completas*, v. 14. Buenos Aires: Amorrortu, 2007

GARCIA-ROZA, L. A. *Introdução à metapsicologia freudiana 2*: A interpretação do sonho. Rio de Janeiro: Jorge Zahar, 2004.

HERRMANN, F. Introdução à Teoria dos Campos. São Paulo: Casa do Psicólogo, 2004.

IANNI, O. Lavoura arcaica. In: Ianni, O. *Ensaios de sociologia da cultura*. Rio de Janeiro: Civilização Brasileira, 1991.

KON, N. M. Ficções freudianas, ficções herrmannianas. *Ide*. São Paulo: SBPSP, 2003, n. 37, p. 95-99..

Arcaica. Direção e produção de Luiz Fernando Carvalho. Barueri: Europa Filmes, 2005. 1 DVD (163 min).

MERLEAU-PONTY, M. A linguagem indireta e as vozes do silêncio. In: Merleau-Ponty, M. *O olho e o espírito*. São Paulo: Cosac Naify, 2004.

NASSAR, R. *Lavoura arcaica*. São Paulo: Companhia das Letras, 2002.

Nosso Diário. Direção de Raquel Couto. Produção de Luiz Fernando Carvalho. In: Lavoura Arcaica. Direção e produção de Luiz Fernando Carvalho. Barueri: Europa Filmes, 2005. 1 DVD (163 min).

PAREYSON, L. *Os problemas da estética*. São Paulo: Martins Fontes, 2001.

SAFATLE, V. Imagem não é tudo. *Folha de S. Paulo*, caderno Mais!, p. 8, 15 jun. 2008

TARDIVO, R. C. *Porvir que vem antes de tudo. Uma leitura de* Lavoura arcaica *– literatura, cinema e a unidade dos sentidos*. Orientador: João A. Frayze-Pereira. Dissertação de Mestrado, Programa de Pós-Graduação em Psicologia Social – IPUSP/Fapesp, 2009. DVDs

Capítulo 6
O EROTISMO E O TEMPO

Luciana Saddi

Quem és? Perguntei ao desejo.
Respondeu: lava. Depois pó. Depois nada.

Hilda Hilst

É preciso muita força para perceber a ligação entre a promessa de vida, que é o sentido do erotismo, e o aspecto luxuoso da morte.

Georges Bataille

Uma paciente sonhara que seu filho pequeno estava dormindo em seus braços, aninhado em seu peito respirava pausadamente, exalando o frescor da infância misturado ao hálito de baunilha. Sentia a entrega plena e inocente do garoto. Sentia força e poder sobre aquela vida que apenas desabrochava. Naquele instante cumpria-se a promessa de que eles jamais se separariam, eram eternamente um para o outro. Quando, rapidamente, o menino se transforma em uma cobra gigante que escorrega de seus braços e a penetra. A paciente goza e acorda muito assustada.

Em outra ocasião a mesma paciente recorda que seu pai tinha o costume de entrar em seu quarto todas as noites, verificar se as janelas estavam bem trancadas, fechar a porta do banheiro e partir. Muitas vezes ela fingia dormir, esperando que ele fosse embora, outras permanecia de olhos abertos e trocavam algumas palavras de boa noite. Quando adulta, sabia que havia algum tipo de excitação nela criança, pois ao fingir o sono acompanhava todos os detalhes das ações do pai em seu quarto.

Um antigo paciente, muito perturbado, que havia cometido alguns abusos sexuais em crianças, contra-argumentava que apesar da culpa que sentia, achava que não fizera grande mal àquelas meninas, afinal eram inocentes e não tinham ideia de que a masturbação que sofreram por suas mãos fosse algo de natureza sexual. Em outra ocasião comentou que as meninas maiores, de doze ou treze anos, sabem o que é o sexo, de vez em quando o procuram, ele as bolina e depois elas partem fingindo que nada aconteceu. "Quando encontro mulheres em bailes fico excitado, mas não sei o que fazer com elas, é tudo muito sujo e nojento".

Outro paciente em idade avançada comenta sobre os infortúnios da passagem do tempo, pênis flácido, diminuição do desejo, impotência e o pior de todos, segundo ele, nunca mais sentir o gosto de amar alguém verdadeiramente, para esse mal não há Viagra.

Os livros, *A casa das belas adormecidas*, de Yasunari Kawabata, e *Memórias de mis putas tristes*, de Gabriel Garcia Marques, tratam dos problemas sugeridos nos primeiros parágrafos deste ensaio: virgindade, envelhecimento e pedofilia. O próprio Garcia Marques coloca no início de sua novela uma citação do livro do escritor japonês. Poderíamos dizer que são livros que conversam entre si, carregados de um erotismo desconcertante e inesperado, já que apresentam seus personagens principais, homens idosos, numa situação sexual inusitada: eles pagam para dormir com meninas nuas e virgens previamente narcotizadas, em sono profundo. Esse é o mote comum aos dois livros. E creio que há uma visão bastante próxima entre os dois autores, tanto a respeito da posição do homem frente à mulher, quanto frente à menina-virgem, como objeto de seu desejo. Mas indo além das muitas semelhanças desses belíssimos textos, o que cada um dos romances revela é uma forma particular de compreender e questionar o erotismo[1] e o amor, que acredito repousar

---

[1] Há divergência entre os estudiosos a respeito dos termos – literatura pornográfica ou erótica. A palavra pornografia vem do grego pórne, "prostituta", ou pornôs, prostituído, denominando o campo da obscenidade, lida com o sexo de forma chula, grosseira e/ou satírica. O termo erótico, em geral, designa o campo do amor. No entanto, os campos se misturam de tal forma,

em suas respectivas culturas e em diferentes formas de tratamento do objeto amoroso.

Farei um breve resumo de ambos os livros. Desde já peço perdão ao leitor e aos escritores por esse "crime", mas não poderei desenvolver as ideias anteriormente levantadas nem argumentar sobre as questões que envolvem erotismo, amor, relação homem/mulher, impotência, envelhecimento, morte, virgindade e pedofilia sem esse terrível recurso.

O livro *A casa das belas adormecidas* apresenta-nos o personagem Eguchi, velho, 67 anos indo "à procura dessa extrema miséria da velhice", deitar-se ao lado de uma jovem profundamente adormecida, por uma noite inteira, numa singular casa de prostituição para homens idosos, que não contam mais com a virilidade de seus membros.

A linguagem de Kawabata coloca o leitor num clima onírico, tenso e angustiado: "o que a noite me reserva são os sapos, os cães negros e os corpos afogados". O velho Eguchi sabia que caminhava a passos largos para a impotência da velhice, no entanto, ainda era capaz de ter ereção. O leitor é convidado a entrar na dor, no tormento e no desejo confuso desse homem, que quer e não quer uma mulher desperta a seu lado. As questões se colocam da seguinte forma: o que um homem pode fazer com uma menina virgem narcotizada? Há mesmo diferença entre a virgem que dorme e o velho impossibilitado de acordar seu membro? Estamos diante de um paradoxo do tempo, unindo os opostos e destruindo as diferenças, o livro interroga sua passagem. Descreve as intensas perdas físicas e psicológicas do envelhecer, por meio de uma linguagem sensorial e de um especial domínio da narrativa.

Ao observar a primeira virgem, "uma menina inexperiente"[2], ele sente cheiro de leite materno, adormece, sonha e recorda o primeiro amor de sua vida: paixão fogosa, havia deixado uma mancha de sangue no bico do seio dessa primeira namorada. Inocência do primeiro amor, misturada ao leite materno, ao sangue das paixões viris e ao nascimento de suas filhas. Eguchi é tomado por um intenso desejo

---

propriedade intrínseca ao sexual humano, que poderíamos dizer que pornografia é sempre o erotismo do outro. Ver em: 1) Sant'Anna, A. R. O erotismo nos deixa gauche? In: Carlos Drummond de Andrade. O amor natural. Rio de Janeiro: Record, 1992; 2) Bueno, A. Introdução. In: Alexei Bueno (Org.); Antologia pornográfica. Rio de Janeiro: Nova Fronteira, 2004 e 3) Costa, F. M., Introdução. In: Flávio Moreira da Costa (Org.), As 100 melhores histórias eróticas da literatura universal. Rio de Janeiro: Ediouro, 2004.

[2] A senhora que atende o velho Eguchi no prostíbulo classifica as meninas dessa forma: com menor ou maior experiência em dormir narcotizada com os idosos.

de defloramento, refreado pela beleza da juventude virgem, intacta da ação do tempo e pelo intenso sono da jovem. Há vampirismo no ar.

Ao dormir com a segunda menina, "mais experiente" e mais sensual, é tomado por lembranças e sonhos primaveris, fertilidade, frutos, flores e filhas. Também rondam sua mente o incesto, a pedofilia, o amor platônico, as separações e a certeza angustiante de não ter sido capaz de dar conta da "imensurável amplitude do sexo". A menina muda, inerte num sono de narcótico, "seria uma eterna liberdade para os velhotes". Os opostos das condições de virgindade e envelhecimento se fundem num espelho, já não sabemos quem é o vivo ou o morto. Quando a putrefação dos corpos tem início e como o envolvimento sexual, "estar nos braços de uma mulher", pode atenuar esse irreversível sentimento? Há pureza e degradação no ar.

O velho Eguchi não pode mais evitar o estranho prostíbulo, não pode deixar de lado o maligno, a força arrebatadora da morte e do sono profundo, o gozo intenso, o pecado e a salvação. As parceiras mudam a cada vez, e quanto mais atraente e experiente for sua companheira de dormir, maiores são os sentimentos de transgressão das regras da casa (não tocar as meninas). A narrativa evolui num crescente de angústia e medo para o leitor, o personagem é apresentado na intimidade de seus pensamentos e recordações, que ressuscitam, inclusive, o fantasma da culpa pela morte da própria mãe.

Estamos diante de figuras femininas embaralhadas: mãe, esposa, amantes, filhas, meninas virgens e inertes, crianças prostitutas. Embaralhadas também estão a passividade, a impotência, a virilidade, o sonho e a realidade, os mistérios da vida e da morte. Interdição e transgressão. O leitor é oprimido, é envolvido num suspense que atrai e repugna. O fim do livro é ainda mais desconcertante do que seu estranho início.

A linguagem de Kawabata é finamente trabalhada, suas descrições têm força e beleza incomum, ao brincar com os elementos eróticos do imaginário cotidiano os transforma em pesadelos extravagantes. Vale a pena ler o livro. Destaco, nesse meu pequeno "crime" de contar um pouco do livro, os traços e as figuras do erotismo que me interessam discutir; peço ao leitor, novamente, que atenue meu delito, até mesmo porque o coloco diante de delitos ainda maiores.

O livro *Memórias de mis putas tristes* apresenta-nos um velho senhor que às vésperas de completar noventa anos é arrebatado por um intenso desejo: dormir com uma menina virgem. Telefona para uma antiga e conhecida cafetina, faz seu pedido incomum, é atendido, paga o preço exorbitante por essa extravagância sexual e inicia um movimento de recordação e investigação de sua própria vida amorosa e sexual. Nunca havia amado, servira-se de prostitutas com intensa frequência, enquanto seu corpo permitiu, em suas sábias palavras: "Mi edad sexual no me preocupo nunca, porque mis poderes no dependiam tanto de mí como de ellas, y ellas sabem el como y el porqué cuando quierem".

Esse ancião também havia tido relações sexuais totalmente desprovidas de carinho, por longos anos, com sua empregada doméstica, uma garota bem jovem. E quase se casou atraído unicamente pela beleza exemplar da noiva, mas fugiu do altar no dia da cerimônia. Poderíamos resumi-lo dizendo: ele nunca se vinculara a nada nessa vida, nem sequer a um bicho de estimação. Luxúria, egoísmo, avareza, além de um fino humor quanto à condição de envelhecer, seriam suas marcas, registradas em uma vida quase banal, se não fosse ele um escritor, jornalista e leitor bastante inteligente, porém desprovido da capacidade de emocionar seus leitores.

E não é que ele se apaixona, pela primeira vez em sua vida, justamente pela pobre menina trabalhadora, cansada, sonolenta, vendida por sua família miserável para um prostíbulo refinado? Justo agora que o amor carnal está distante de seu membro viril, justo agora que a morte dele se aproxima impiedosamente. Não pensa mais em dinheiro, exige e paga por exclusividade, não mede esforços para se deitar com aquela quase criança desprotegida. Sente ciúmes, ódio, tem fantasias de traição, enfim está vivo.

Concomitantemente a essa paixão intensa reencontra as mulheres que tiveram alguma importância em sua vida e, tomado por um desejo de saber o que havia feito a elas e a si mesmo, investiga seu próprio passado amoroso. Embora a palavra amor, antes desse encontro arrebatador, tivesse apenas o sentido de uma boa noite de sexo num prostíbulo e num jantar. O ancião transforma-se num garoto apaixonado, faz loucuras, e em nome desse sentimento tão poderoso, capaz de ofuscar a opressão da morte e do envelhecimento, torna-se um bom escritor e um bom homem.

O amor é salvação. O erotismo apresentado por Garcia Marques é ligação, cuidado, paternidade e proteção. Menina e velho mergulham nessas águas de sono, de amor e paz – quem salva quem? Quem deles está mesmo mais próximo da morte? Miséria em relação aos recursos materiais e emocionais, exclusão, prostituição, degradação, envelhecimento assemelham esse casal inusitado. Os fantasmas da morte e da solidão, tomados aqui como sinônimos, são definitivamente afastados desse homem que "adota" e "ama" uma mocinha que é filha, virgem, carente de pai protetor e mulher, "amante" no companheirismo de longas e tranquilas noites de sono.

No fim do livro o leitor é contagiado pelo amor, pela paixão e pela ternura. E tal qual o personagem ancião do escritor latino, o leitor também quer viver urgentemente esse incrível poder de renascimento que o amor apaixonado e a filiação conferem aos corações e almas cansadas da vida.

Costumamos dizer que o sono infantil é o sono dos anjos, os adultos o invejam e atribuem bastante valor a essa tranquilidade. Mas é frequente acontecer – e sabemos, que algumas crianças pequenas têm medo de adormecer – de crianças acordarem no meio da noite assustadas por pesadelos e terrores inomináveis. Os velhos e os doentes também lutam contra o sono, o medo de não mais acordar os assola, angústias impronunciáveis aproximam o idoso do bebê. Popularmente falamos da morte como o sono eterno e desejamos ao morto que descanse em paz! Ficamos de mãos dadas com as crianças, contamos histórias universais, histórias que nos foram contadas antes, transgeracionais, para que sintam pertencer, para que possam saber que existe uma continuidade do grupo humano. Dormir em paz nos faz esquecer a descontinuidade da vida, e ao mesmo tempo nos coloca o mais próximo possível, enquanto viventes, da própria morte.

Há ainda uma questão sobre a relação adulto/criança que os autores embaralham de forma interessante, pois a situação de dormir com as jovens alivia a angústia de morte dos velhos. De tal forma que já não podemos mais saber: quem é a criança que precisa de companhia na pior das horas e quem é o adulto que as coloca para dormir?

A posição tanto da virgem quanto do velho nos dois livros se assemelha. A primeira nada pode saber, narcotizada e virgem, sobre aquilo que é seu futuro: as irreversíveis perdas da vida, a decrepitude e a morte. O velho procura esquecer, procura a paz de uma noite "tranquila" de sono, procura vampirizar a vida de quem ainda não sofreu a erosão do tempo, para evitar o que já sabe, seu estado de decomposição anunciado pela impotência e pelas perdas inegáveis das forças de seu corpo, da vontade e do motivo para viver. Ambos se cegam e se agarram na luta desesperada pela negação da vida, indissociável da morte. E renascem à beira do fim. Encontram-se no exato lugar onde viver e morrer nascem. A virgem e o velho dormindo juntos representam e são o próprio orgasmo. Está é a proposta, desconcertantemente erótica, sagrada, dos dois autores.

Estamos também diante de um dos paradoxos propostos pelos escritores, já que a morte e o gozo – tendo o poder de eliminar a passagem do tempo, o torna absoluto – são evitados, os personagens quase não se tocam, em troca de uma morte menor: uma noite inteira de sonhos bem dormidos, a própria vida.

Bataille (1957/2004) em seu ensaio, O *erotismo*, discorre sobre as duas interdições universais aos homens: a morte e o sexo – representantes da violência. Afirma que a primeira interdição humana e histórica, expressa pelos rituais que ocultam o cadáver, testemunha a violência e a desordem que destrói a todos nós. É preciso evitar o contágio com a decomposição e com a putrefação: nosso destino inelutável. Quanto à segunda interdição, o sexo em sua dimensão erótica, carrega o excesso e acarreta a perda do Eu. Portanto Erotismo e Morte devem ser ritualizados, devem ser domesticados de sua selvageria, sofrendo a interdição em nome da manutenção da vida de trabalho humana. Mas não há interdição sem transgressão. Decorre dessa afirmação que as transgressões como: o sacrifício, a guerra, o canibalismo e o sexo são ritualizados e permitidos quando as forças de destruição são conjuradas em nome do sagrado, transcendendo a náusea e a angústia. "O que é notável na interdição sexual é o fato de ela se revelar plenamente na transgressão" (Bataille, 1957/2004, p. 168).

Ora, a transgressão proposta pelos dois autores – a pedofilia mais que simbólica, narrada com bastante intensidade – nos coloca diante do sacrifício sagrado das belas virgens de tempos imemoriais. O prazer misturado ao mistério, condenado e proibido, é liberado apenas para aquele que se encontra a um passo antes da própria morte. Como todo e qualquer condenado, para quem é concedido um desejo irrecusável na noite anterior à sua execução. O grupo humano sempre permitiu exceções, a transgressão, na situação apresentada nos romances, adquire o aspecto de consolo. Embora se encontrem na condição de extremo desamparo, tanto a virgem narcotizada e prostituída quanto o velho, ambos necessitam dessa paralisia no relógio do tempo. E o sacrificado goza dos privilégios dessa situação tanto quanto quem o sacrifica.

Mas a pedofilia também problematiza a situação universalmente desproporcional levantada pela relação mulher e homem, uma relação de poder invertido. O terror fantasiado ou real da impotência masculina diante de seu objeto de desejo é apaziguado pela menina que nada sabe sobre o sexo – não poderá comparar a *performance* de seu companheiro – e que se encontra a um passo antes da própria morte, incapaz de perceber o medo e o desejo que causa aos homens: a mulher inerte.

Seria essa a mulher ideal? A mulher que homem nenhum teme? Que nada exige, que apenas o acompanha sem jamais questionar sua fragilidade? Viva, porém totalmente passiva e ignorante do sexo: a criança do senso comum, a criança pré-freudiana, para um homem que só assim poderá se sentir o todo poderoso? Poderíamos pensar que quem de fato tem o poder é o pedófilo, mas ele o tem, somente, na medida em que está apavorado pelo poder extremo de sentir o desejo e nada saber fazer com o mesmo, diante de uma mulher. Invertendo os sinais do poder para o objeto, ele o anestesia, diluindo sua força, para fazer frente à sua própria pequenez. É a própria desordem criada pelo sexo que deve ser negada, por meio da diminuição do objeto do desejo a um ponto tolerável, sua quase inexistência.

Nos dois livros temos personagens semelhantes: mulheres – meninas puras e passivas – que estão em condição de despertar nos personagens homens sentimentos extremamente poderosos, tanto o amor, que por si só é arrebatador, quanto a violência intrínseca ao desejo. O escritor japonês e o latino concordam, por caminhos diferentes, sobre esse poder que a mulher/desejo tem de enlouquecer os homens. Mas as semelhanças param por aqui, porque o destino dado a esses sentimentos será bem diferente.

Gabriel Garcia Marques convoca o amor filial para aplacar essa violência. Ele convoca a ligação com uma mulher/menina específica, um casamento sagrado, sem sexo, e constrói um altar para adorar sua virgem, para ter um lugar seguro, longe da solidão e do medo. A Virgem Mãe de todo bom cristão. A filha virgem necessitada de proteção dos bons pais. Constrói uma incrível fusão das imagens de mãe e filha, eliminando a imagem da mulher, para alcançar a paz e o sossego do amor.

Já Kawabata leva o velho Eguchi em direção ao profano, à troca de parcerias, à orgia, ao descontrole violento que o erotismo conjura e que tanto se aproxima da morte. Esse personagem parece estar emaranhado em seus próprios sonhos, desejos e recordações, é autorreferente e extremamente solitário, está compulsivamente entregue à própria miséria de envelhecer. Sem consolo real ou imaginário é colocado diante do vazio insondável que é viver, talvez o sexo, em sua juventude, tenha podido distraí-lo, disfarçando e atenuando a inexorabilidade do tempo, a mortalidade contínua que é viver. Mas quando o personagem é colocado diante do desejo e da impotência do gozo, explode em violência.

Creio que os autores nos revelam diferenças culturais importantes, o sagrado do escritor latino bane a obscenidade, a repugnância e a atividade sexual que leva essencialmente o homem cristão à fraqueza. A puta é mártir, depois santa. Sua pureza purifica o velho pecador, tornando-o quase um santo. Quando o sexo é exilado, o amor se torna salvação. Esse é o caminho cristão que tolera o êxtase em nome de Deus ou de algum Santo, o êxtase é religioso. Estamos diante da purificação do sexo. O cristianismo reconhece a sua violência, a sua intrínseca força de morte, mas quando é ofertado a Deus é permitido e glorificado, porque se torna espiritual e alcança a tão almejada amputação da carne.

Para o escritor japonês a carne jamais é amputada. É vivenciada com toda a sua força, em nome da honra, nos sacrifícios exemplares, nos haraquiris, nos atos kamikazes e na prostituição ritualizada das gueixas. Ela está lá, mesmo que quieta, dormindo a seu lado, anseia e provoca. Corpos de meninas desconhecidas, puros corpos lotados de uma força desconcertante, a força do sexo. A tribo primitiva que em dia de festa revive as orgias e o canibalismo, que vive em todos nós. A carne continua a torturar o homem, mesmo quando impotente, ainda assim é sua presa. Nada pode fazer para se livrar do desejo nem a morte do objeto pode salvá-lo dessa doce luxúria, de sua curiosidade, de seu ímpeto ancestral pela fusão dos corpos. O profano jamais é abolido por sacrifício algum. Mais uma de nossas misérias que, somadas à morte, ao envelhecimento e à putrefação, colocam o homem diante de seu terrível destino: somos apenas carne e nenhum espírito pode nos consolar dessa condição. "O que o ato de amor e o sacrifício revelam é a *carne*" (Bataille, 1957/2004, p. 143).

Referências bibliográficas

BATAILLE, G. (1957). O *erotismo*. São Paulo: Arx, 2004.

GARCIA MARQUES, G. *Memória de mis putas tristes*. Buenos Aires: Sudamericana, 2004.

KAWABATA, Y. (1960). *A casa das belas adormecidas*. São Paulo: Estação Liberdade, 2004.

Capítulo 7
O CONCEITO DE "INTERPRETAÇÃO" NA OBRA FREUDIANA

Ana Carolina Soliva Soria

Quando Freud publica A *interpretação dos sonhos* (1900), o termo interpretação (*Deutung*) não é novo no conjunto de seus escritos. Ele já aparece, por exemplo, nos *Estudos sobre histeria*, de 1895-1897, sob dois diferentes sentidos, a saber: designa ora a construção teórica do funcionamento psíquico, ora a recomposição das representações aparentemente desconectadas em uma ordem conjecturada. No primeiro, a interpretação permite consolidar uma teoria sobre a histeria, funciona como instrumento para a elaboração de uma teoria explicativa do funcionamento geral da patologia. Nas palavras de Freud:

> Os fenômenos motores do ataque histérico podem ser interpretados (deuten) em parte como formas de reação geral para o afeto que acompanha a recordação (como a agitação de todos os membros, da qual já se servem as crianças que mamam), em parte como os movimentos diretos de expressão dessa recordação. (Freud, 1895-1897, p. 95, grifo nosso)[1]

---

[1] Todas as traduções que constam nesse texto são de nossa autoria.

No segundo sentido, interpretar seria encontrar as premissas do trauma que jazem na consciência alienada, ou melhor, a lacuna que faltava para completar o fio lógico da argumentação e o motivo suficientemente potente para ocasionar a patologia. Interpretar seria como um "jogo de paciência" (Freud, 1895-1897, p. 296), no qual o médico (o jogador solitário) poderia reordenar corretamente as cartas postas fora de ordem. A respeito do caso de Miss Lucy, Freud escreve:

> Entre os pressupostos daquele trauma, tinha de haver um que ela, de propósito, quisesse deixar obscuro, que ela se esforçou por esquecer. Tomei em conjunto o carinho pelas crianças e o sentimento contra as outras pessoas da casa, então isso tudo só admitia uma interpretação (Deutung) [a de que estava amando o seu patrão]. (Freud, 1895-1897, p. 174, grifo nosso)

O termo interpretação está presente nos textos anteriores a 1900 tanto para explicar os processos psíquicos que possibilitam a formação dos sintomas como para revelar a recordação traumática que jaz na consciência dissociada. Em ambos os usos, o que vigora é a seguinte ideia: há algo que não pode ser observado diretamente, que permanece obscuro e que só pode ser concebido mediante uma *interpretação*. Assim, a causa dos fenômenos motores dos ataques histéricos só pode ser revelada por meio da decifração do que ocorre no interior do psiquismo: a dissociação entre afeto e representação e a condução do afeto às inervações motoras, única via pela qual pode descarregar-se. A reminiscência traumática tem recusado seu direito à palavra, e a única forma de se expressar é pela linguagem não verbal: mediante um caminho associativo, o corpo se encarrega de falar pelo trauma. O evento traumático, ocultado pela repressão, só pode ser apreendido diante das lacunas na fala do paciente. O que não pode ser expresso verbalmente se furta à visão direta da consciência e a interpretação é o único meio de alcançá-lo.

Em seu livro dos sonhos, Freud não dá um sentido original ao termo *interpretação*, mas o reformula frente às modificações sofridas em sua teoria. O sentido anterior de revelar o que estava velado não desaparece; ao contrário, torna-se preciso diante da ideia da criação fantasística, sob três aspectos diferentes: em primeiro lugar, o de que a construção (*Bau*) da fantasia figurada no sonho ou na patologia pressupõe um trabalho de interpretação da consciência, trabalho este que possibilita apresentar para o Eu consciente algo inconsciente, ou melhor, possibilita dar figuração àquilo que não pode ser diretamente apresentado na consciência;

em segundo, o de que o trabalho analítico de chegar à causa inconsciente do sonho ou da patologia (de desvendar as bases inalcançáveis que estão no inconsciente) exige uma nova interpretação que permitirá traduzir a figuração (não verbal) da fantasia em linguagem verbal; e em terceiro, o de que a elaboração de uma teoria acerca do aparelho psíquico, não observável diretamente na experiência clínica, mas concomitante a esta, é fruto de um trabalho de interpretação. Interpretar pressuporá, então, questionar-se sobre *quem interpreta* (cf. Foucault, 2001, p. 601): este *quem* será não apenas o médico que organiza a ordem das representações do paciente ou que constrói (*konstruieren*) uma explicação acerca do funcionamento psíquico. Ele será o sujeito que fantasia (no sonho ou na patologia), será também o autor da interpretação do conteúdo latente de tais fantasias, sendo ao mesmo tempo ele próprio uma criação metapsicológica que permitirá explicar tanto o ato de fantasiar quanto a prática psicanalítica. Nossa intenção aqui é a de analisar o primeiro sentido do termo *Deutung*, a saber: interpretar como fazer aparecer o que é inconsciente na consciência, como construir (*bauen*) fantasias, sem o quê o próprio trabalho analítico seria impossível.

• • •

No capítulo 5 de *A interpretação dos sonhos*, intitulado "O material e as fontes do sonho", Freud nos mostra um sentido bastante importante para a compreensão do termo "interpretação" em sua obra:

> O desejo de dormir, ao qual se adaptou o Eu consciente e que juntamente com a censura onírica e o 'trabalho secundário', que faremos menção mais tarde, que contribui para a apresentação dos sonhos, tem então de ser incluído todas as vezes como motivo da formação de sonho, e cada sonho bem-sucedido é um cumprimento do mesmo. (...) Mas, no desejo de dormir descobrimos aquele motivo que pode preencher o vácuo da teoria de Strümpell-Wundt, que é capaz de esclarecer a obliquidade e o capricho na interpretação dos estímulos externos. A interpretação correta, que a alma que dorme é muito bem capaz de dar, reivindicaria um interesse ativo, exigiria pôr um fim no sono; por isso, de todas as interpretações possíveis só são admitidas aquelas aliadas com a censura do desejo de dormir exercida de modo absolutista. Algo como: é o rouxinol e não a cotovia. Pois se fosse a cotovia, então a noite de amor teria encontrado o seu fim. Então, dentre as interpretações admissíveis do estímulo

é escolhida aquela que pode adquirir o melhor enlace com as moções de desejo que espreitam na alma. Assim, tudo se dispõe inequivocamente, nada está entregue ao acaso. A falsa interpretação não é ilusão, senão – por assim dizer – desculpa. Mas aqui, por sua vez, como no substituto pelo deslocamento a serviço da censura onírica, presenciamos um ato de dobra do processo psíquico normal. (Freud, 1900, p. 240-41)

No trecho acima citado, Freud nos diz que todo sonho realiza um certo desejo, a saber, o de dormir. O impulso para dormir é universalmente o motor do sonho, e este o realiza uma vez que preserva aquele que sonha dormindo. O sonho que nos desperta, como o pesadelo, fracassa em seu propósito. E para preservar a situação desejada, a atenção do sujeito volta-se do mundo exterior para o interior, e serve, ela também, para o cumprimento do desejo de dormir. Se a atenção permanecesse voltada para os estímulos externos, o interesse por eles se manteria ativo e impossibilitaria o dormir. Contudo, os estímulos externos não cessam de chegar a nossos órgãos perceptivos. Para que sensações de frio, barulho etc. não nos despertem, nossa atenção se recolhe dos estímulos externos, cujo caráter desconfortante ganha uma figuração que possibilita a realização do desejo de dormir. O sonho é assim uma *interpretação* dos estímulos que chegam até nós, compatíveis com o repouso. Ele deve necessariamente acompanhar o sono, pois preserva o indivíduo em um estado de aconchego e afastamento das perturbações, sem o qual não seria possível dormir.

Enquanto dormimos, não perdemos a capacidade que, quando acordados, temos de discernir os estímulos. Contudo, apenas a figuração que concilia os estímulos perturbadores e o desejo de dormir é admitida na consciência. Não queremos com isso dizer que a alma se fixa em uma certa figuração para realizar o desejo de dormir. Enquanto a alma acordada se prende a certas interpretações dos estímulos que devem concordar com o julgamento de realidade proferido pela consciência, isto é, à ordenação das representações em associações lógico-causais e ao esgotamento das excitações psíquicas via respostas motoras voluntárias, a alma que dorme está livre de tais exigências e pode interpretar os estímulos que chegam até ela tendo em vista apenas a realização do desejo. Vejamos um exemplo:

> O mesmo sonho de preguiça, em forma particularmente chistosa, conheço de um dos jovens colegas que parece compartilhar minha inclinação a dormir. A hospedeira, em cuja casa habitava perto do hospital, tinha o

estrito encargo de despertá-lo pontualmente a cada manhã, mas também muito trabalho lhe dava se quisesse executá-lo. Uma manhã o sono era particularmente doce. A mulher chamou no quarto: Senhor Pepi levante-se, tem de [ir] ao hospital. Sobre isso, sonhou ele com um quarto no hospital, uma cama na qual jazia, e uma mesa de cabeceira sobre a qual lia-se: "Pepi H. ... cand. med., vinte e oito anos". Diz-se sonhando: se já estou no hospital, não necessito correr para lá, virou-se e continuou dormindo. Com isso, tinha respondido com franqueza o motivo de seu sonho. (Freud, 1900, p. 130)

Este sonho nos mostra que, para continuar dormindo, o chamado da hospedeira é *interpretado* de tal modo que possa se tornar compatível com o sono. O sonho substitui a ação voluntária consciente da vigília, que ao responder à percepção do estímulo externo, por uma criação fantasística, apresenta para o indivíduo o seu desejo em plena realização. No sonho, o chamado da hospedeira é modelado de tal modo que possa acomodar-se ao impulso de dormir. O que motiva essa produção fantasista é a urgência para satisfazer o desejo, e seu conteúdo possibilita o cumprimento deste desejo.

Contudo, os estímulos externos não são os únicos que chegam à alma durante o sono. Freud refere-se a uma outra fonte onírica advinda do interior do psiquismo, a saber: da pulsão. Para Freud, na vida anímica há moções pulsionais inconscientes, a cujo cumprimento o pré-consciente se opõe. Este sistema regula a entrada de certas representações na consciência; é, assim, o órgão censor da alma. A censura não consegue eliminar do psiquismo o desejo recusado, mas unicamente da consciência. O material dela subtraído continua a existir no inconsciente e deve ser permanentemente submetido à inibição.

As únicas representações dotadas de grandes investimentos afetivos e, ao mesmo tempo, desprazerosas para a consciência, são as carregadas de desejos infantis. Durante o sono, a fim de não despertar o interesse ativo por esses impulsos há muito tempo abandonados pela consciência, a censura exerce uma força contra eles e os impede de ganhar representação na consciência. Quando dormimos, a censura se afrouxa e os desejos infantis iniciam sua marcha em direção à consciência (que tem a chave para a motilidade e, portanto, para suas realizações). E como são dotados de uma quantidade de energia suficientemente capaz de despertar um interesse ativo da consciência, o psiquismo acomoda o desejo infantil ao desejo de dormir e cria uma situação que satisfaça a ambos. Neste caso, assim como para os estímulos externos, "o sonho é o guardião do sono, não o seu perturbador" (Freud, 1900, p. 239).

Entre o desejo de dormir, ao qual o Eu consciente se acomoda, e o desejo inconsciente infantil forma-se o seguinte compromisso: o material reprimido não se representa diretamente na consciência, mas indiretamente, isto é, após sofrer um trabalho de elaboração secundária que gera o conteúdo manifesto do sonho na consciência. A pressão que o conteúdo inconsciente, em si mesmo inacessível ao Eu consciente, exerce sobre a consciência lhe possibilita ganhar figuração nesta instância, mediante as reminiscências diurnas e mediante as sensações que chegam até nós durante o sono. Assim, os desejos infantis ganham representação na consciência através de dois materiais distintos: a memória recente da véspera e os estímulos somáticos atuais. Esses dois fatores somados às moções de desejo inconscientes não resultam na produção de uma duplicação do conteúdo inconsciente ou das condições secundárias que a possibilitam. Eles não são uma mera sombra do inconsciente que chega à consciência, mas sua nova forma de expressão. "Não negarei", nos diz Freud, "que também o trabalho do pensamento crítico participa na formação do sonho, que não repete simplesmente o material dos pensamentos oníricos" (1900, p. 318). Ao contrário, ela é uma adulteração criativa: a fantasia é a aparição daquilo que, por si próprio, não tem representabilidade nenhuma na consciência. Como um elemento conciliador de diferentes interesses, ela deve conter elementos tanto conscientes quanto inconscientes. O sonho é um produto fantasiado que realiza tanto o desejo atual como o do passado mais remoto. Nele, passado e presente se encontram e criam uma nova figuração que deve estar, ao mesmo tempo, em ambos os pontos.

Os desejos infantis recusados na consciência pela censura formam um conjunto de moções que por si só são incognoscíveis. Ou melhor, as representações recusadas pela censura são subtraídas do Eu consciente, sendo-lhes velada qualquer possibilidade de se tornarem visíveis. Elas não têm mais acesso à consciência, contudo, exercem pressão sobre esta. E, como não podem ser representadas diretamente, passam por uma elaboração que as apresenta de uma maneira bastante peculiar: o desejo inconsciente é recriado de tal modo que possa entrar na consciência sem deixar de ser irrepresentável. Não queremos com isso dizer que o material exterior possa ser apreendido em sua realidade. Para Freud, tanto realidade externa quanto interna, ou melhor, os dois pontos entre os quais a consciência se situa, não podem ser conhecidos senão de modo fragmentado e requerem *interpretação*. Esta recai sobre o que o Eu consciente não pode alcançar de modo completo. Nas palavras de Freud:

> O inconsciente é o psíquico propriamente real, em sua natureza interna é-nos tão desconhecido quanto o real do mundo exterior, e é-nos dado pelos dados da consciência de modo tão incompleto como o é o mundo exterior pelas indicações de nossos órgãos dos sentidos. (Freud, 1900, p. 618)

O trabalho de interpretação que ocorre no sonho é infinito. Surge na alma por mais de um motivo ou incitação e admite muitas interpretações; sendo assim, os sonhos são suscetíveis de sobreinterpretação (*Überdeutung*), isto é, remetem-se a uma pluralidade de fatores determinantes (por exemplo: as vivências do dia anterior, os estímulos somáticos, os impulsos infantis) que dotam de inúmeros graus a interpretação. Jamais se pode chegar ao conhecimento do material inconsciente em sua completude, pois ele só é dado de maneira fragmentada e distorcida. Sendo assim, não é uma mera cópia da moção de desejo que se inscreve na consciência, nem sua revelação direta para nós, mas algo que, ao mesmo tempo que a oculte, possa expor mais do que apenas uma máscara oca: a fantasia traz o desejo inconsciente em toda a sua realidade e o representa sem que ele perca a sua invisibilidade.

Sem dar ao desejo inconsciente um só traço de linguagem verbal, a fantasia revela o que não pode ser representado diretamente em nossa consciência. Para melhor explicar o trabalho da fantasia, Freud o compara com o trabalho de um artista, pintor ou escultor. Assim como o pintor, por exemplo, consegue expor numa só cena as intenções das diferentes pessoas retratadas sem recorrer à verbalização, assim também o sonho apresenta as relações entre os diferentes pensamentos oníricos por meio de uma recriação do conteúdo latente do sonho. As moções inconscientes podem ser comparadas ao material em estado bruto a ser trabalhado por um artista. O pintor e o escultor estão presos à natureza do material com que trabalham, sem poderem modificá-la; por outro lado, é a própria natureza do material, o mármore ou a tela e a tinta, que conduz o artista a imprimir-lhe uma forma determinada. Ora, de acordo com a comparação de Freud, os pensamentos oníricos são a matéria bruta do sonho, e o que lhe permitirá ganhar figuração na consciência são as reminiscências do dia anterior e os estímulos externos que chegam até nós durante o sono. Contudo, esses dois instrumentos de trabalho da fantasia não podem violentar a natureza do material ao qual imprimem sua forma. O inconsciente não ganha voz diretamente na consciência, ou melhor, a natureza desta última instância não lhe permite discursar sobre o que não se apresenta para ela. Ao incognoscível está vedada qualquer possibilidade de ganhar figuração por meio de representações verbais. Sendo assim, toda exposição possível de seu conteúdo na consciência, mesmo que mediado pelos estímulos externos e pelas recordações do dia anterior, tem de ser por meio de uma figuração, ou melhor, por uma representação pictórica. Escreve Freud:

> Tem-se de responder, em primeiro lugar, que o sonho não tem nenhum meio de apresentação da ordem dessas relações lógicas entre os pensamentos oníricos. Sobretudo, não toma em consideração todas essas preposições[2] e aceita apenas o conteúdo substantivo dos pensamentos oníricos para elaborá-lo. Deixa para a interpretação de sonho restabelecer uma vez mais a conexão que a elaboração do sonho aniquilou. A perda dessa capacidade de expressão tem de estar no material psíquico com o que o sonho é elaborado. Encontra-se em uma restrição semelhante à das artes plásticas, a pintura e a escultura em comparação à poesia que pode servir-se da fala, e aqui também o fundamento da incapacidade está no material por cuja elaboração ambas as artes esforçam-se por dar alguma expressão. Antes que a pintura tivesse chegado ao conhecimento das leis da expressão que valessem para ela, empenhou-se por compensar esse prejuízo. Em quadros antigos, deixava-se na boca das personagens pintadas etiquetas penduradas para fora, que traziam a fala como escrita, que o pintor desesperadamente apresentava no quadro. (...) Mas, assim como finalmente a pintura chegou de outro modo a exprimir (que não por etiquetas oscilantes) ao menos a intenção da fala das personagens apresentadas, delicadeza, ameaça, advertência, e assim por diante, assim deu-se também no sonho a possibilidade de voltar a atenção às isoladas relações lógicas entre seus pensamentos oníricos por uma modificação pertencente à apresentação do sonho que lhe é própria. (Freud, 1900, pp. 317-318)

O conteúdo latente dos sonhos, ou melhor, as moções de desejo que nos movem interiormente têm de sofrer uma transformação para terem

---

[2] No parágrafo anterior ao citado, Freud refere-se às seguintes preposições: "Qual apresentação experimenta no sonho o 'se, porque, como, apesar de, ou – ou', e todas as outras preposições sem as quais não podemos entender a frase ou fala?" (Freud, 1900, p. 317).

acesso à consciência e serem realizadas, mesmo que de modo desfigurado e indireto. Contudo, o trabalho pelo qual se submetem antes de chegarem à luz não modifica sua natureza. Assim como o escultor não consegue mudar a natureza da pedra que remodela, assim também o trabalho do sonho, por mais que modifique as relações entre os pensamentos oníricos, não tem a propriedade de destruir o caráter essencial das moções: mesmo ao ganharem figuração na consciência, elas não deixam de ser ímpetos que nos movem à busca de prazer, mesmo que esse prazer já tenha sido abandonado por nossa consciência atual. É da natureza do material inconsciente mover-nos à criação no estado de sono, e, para isso, a pedra bruta, não representável por si só na consciência, é retrabalhada de tal modo que possa ganhar uma forma inteiramente nova e passível de ser conhecida. A matéria-prima da fantasia subsiste por si mesma, sem que a ela seja necessário voltar nossa atenção consciente. Ela não existe para a consciência, pois não existe para ser conhecida. É dotada de uma força que nos mantém em um perpétuo movimento – mesmo que não tenhamos notícia dela –, ao mesmo tempo que é um impulso de formação. Pode tocar os estímulos externos e as lembranças recentes em infinitos pontos e criar uma rede infindável de analogias entre eles. Suas formas de entrada na consciência são inúmeras, sem que se deixe esfacelar e aniquilar pela censura. Mesmo após atravessar a censura, o material inconsciente apresentado pela fantasia não deixa de ser incognoscível e, portanto, não pode chegar até nós senão como uma *interpretação*.

A consciência, que trabalha apenas com elementos verbais e que busca subsumir tudo o que lhe aparece à lei lógico-causal, nunca será capaz de apreender o desejo inconsciente em sua completude. Freud sabe que, ao tomar o desejo inconsciente como objeto de sua ciência, tem de eleger a interpretação como a técnica analítica por excelência, pois "não há nada de absolutamente primeiro ao interpretar, (...) no fundo tudo já é interpretação, cada signo não é nele mesmo a coisa que se oferece à interpretação, mas interpretação de outros signos" (Foucault, 2001, p. 599). A interpretação em análise jamais alcançará o ponto último de visualização do desejo e terá, assim como no sonho, de revelar de maneira coerente aquilo que se furta à luz da consciência. A diferença entre o primeiro e o segundo interpretar encontra-se no poder de escolha: o sonho produz-se involuntariamente; já em análise, buscamos voluntariamente expressar o inalcançável da consciência. O método psicanalítico constrói-se assim aos moldes da interpretação primeira e universal a todos os homens, a saber: do próprio fantasiar, que oferece imagens à consciência do conteúdo não discursivo que ela não pode capturar diretamente. Essas imagens estão, contudo, organizadas segundo uma ordem estranha ao princípio de realidade e a consciência as toma como absurdas. Durante a análise, uma outra construção de sentido recairá sobre essa primeira. Ela consistirá em separar a cena fantasiada em diversas partes e refundi-las em um todo coerente e comunicável. Essa segunda construção (*Konstruktion*) dá voz ao que jazia na pré-história do sujeito, colocando-o na sequência ordenada do tempo, num espaço comum a todos os homens. A reconstrução da história do indivíduo assim como o próprio método psicanalítico são, portanto, desdobramentos de uma atividade fundamental do psiquismo: a interpretação onírica.

Referências bibliográficas

FREUD, S. (1895-1897). Studien über Hysterie. *Gesammelte Werke*, Band I, Frankfurt a. Main: Fischer Taschenburch Verlag, 1999.

_____. (1896). Weitere Bemerkingen über die Abwehr-Neurosen *Gesammelte Werke*, Band I, Frankfurt am Main: Fischer Taschenburch Verlag, 1999.

_____. (1900). Die Traumdeutung. *Gesammelte Werke*, Band II/III, Frankfurt am Main: Fischer Taschenburch Verlag, 1999.

_____. (1905). Bruchstück einer Hysterieanalyse. *Gesammelte Werke*, Band V, Frankfurt am Main: Fischer Taschenburch Verlag, 1999.

_____. (1999). Der Dichter und das Phantasieren (1908 [1907]), *Gesammelte Werke*, Band VII, Frankfurt am Main: Fischer Taschenburch Verlag.

_____. (1916-1917). Vorlesungen zur Einführung in die Psychoanalyse. *Gesammelte Werke*, Band XI, Frankfurt am Main: Fischer Taschenburch Verlag, 1999.

BIRMAN, J. *Freud e a interpretação psicanalítica*: A construção da psicanálise. Rio de Janeiro: Relume-Dumará, 1991.

CARONE, M. & SOUZA, P. C. A edição brasileira de Freud. In: *Sigmund Freud e o gabinete do dr. Lacan*. São Paulo: Brasiliense, 1989.

FOUCAULT, M. *Dits et écrits I, 1954-1975*. Paris: Quarto Gallimard, 2001.

HERRMANN, F. *A psique e o eu*, São Paulo: Hepsyché, 1999.

RICOEUR, P. *De l'interpretation*: Essai sur Freud. Paris: Éditions du Seuil, 1965.

Capítulo 8
CONSIDERAÇÕES SOBRE A INTERPRETAÇÃO DE TEXTOS LITERÁRIOS: UMA ESCUTA POSSÍVEL?

Débora Ferreira Leite de Moraes

Ouve-me, ouve meu silêncio.
O que falo nunca é o que falo e sim outra coisa.
(Lispector, 1998, p. 28)

Este estudo[1] pretende explorar de que forma o método psicanalítico pode operar na leitura ou, como vou propor, na "escuta" do texto. Para corroborar as minhas proposições, farei algumas considerações sobre a interpretação como um método que pode ser estendido para além do *setting* clínico convencional, neste caso, para a literatura.

---

[1] Trata-se de pesquisa, em andamento, que está sendo empreendida como parte do projeto para a dissertação do mestrado no Instituto de Psicologia da USP, desenvolvida no Laboratório de Psicanálise e Análise do Discurso – LAPSI, sob a orientação da profª. dra. Ana Maria Loffredo.

Os textos literários nos oferecerem pelo menos duas faces para análise: a escrita e a leitura. Não me furtarei de fazer alguns apontamentos sobre a escrita, mas, privilegiarei, neste caso, o leitor e a forma irruptiva de produzir novos sentidos a partir de seu encontro com o texto.

Quando o corpo de questões deste trabalho começou a se formar, especificamente com relação ao diálogo entre a Psicanálise e a literatura, passei a procurar fundamentação para que essa interlocução pudesse ser encontrada na própria teoria freudiana.

Não surpreendida com minhas descobertas, a literatura serviu para Freud não apenas como modelo de identificação de hipóteses teóricas, que precisavam de metáforas ou de respaldo para serem ditas, como também serviu como modelo de discurso.

No primeiro âmbito, é fácil encontrar na metapsicologia freudiana prova dessa afirmação. Exemplo clássico disso é o complexo de Édipo, um dos alicerces da Psicanálise, e que foi inspirado diretamente na tragédia grega de Sofócles, *Édipo Rei*.

No que diz respeito ao modelo de discurso, é consenso entre diversos pesquisadores[2] que o estilo de escrita freudiano está mais próximo dos escritores criativos do que propriamente do estilo médico-científico da época. Por um lado, porque sua teoria inaugurava, epistemológica e metodologicamente, outro campo, que não tinha vinculação com as explicações dadas por manuais médicos e dela se afastava radicalmente no decorrer de seus escritos. Por outro, porque sua escritura, principalmente a dos casos clínicos, se assemelhava mais aos romances e passava a constituir um estilo literário próprio. Ademais, pode-se dizer que Freud muitas vezes não encontrava antecessores no âmbito científico a quem pudesse recorrer, e então, em alguns momentos, o endereçamento direto aos escritores criativos e a obras literárias consagradas parecia muito mais apropriado. Assim, é possível encontrar em diversos escritos freudianos alusão à literatura como principal interlocutora.

Não vou me focar na dimensão epistemológica desses apontamentos, embora seja de grande importância; darei maior ênfase para os propósitos de minhas hipóteses, para o método. Isso porque o próprio método psicanalítico encontrou na literatura inspiração para se constituir. Entre outros aspectos, "Esse parentesco da psicanálise com

---

[2] Refiro-me mais especificamente aos textos publicados no Jornal de Psicanálise, São Paulo, 35 (64/65), dez. 2002, embora o "diversos" abranja também outros autores.

a arte estaria vinculado ao método da associação livre proposto por Freud" (Loffredo, 2000, p. 207).

No texto "Uma nota sobre a pré-história da técnica de análise" (Freud, 1920), que fora publicado pela primeira vez anonimamente[3], referências à tradição literária como precursora da técnica de associação livre podem ser encontradas. Garth Wilkinson, embora médico, usava do método da impressão, que se assemelha a técnica psicanalítica, para fins literários e religiosos. Schiller recomendava a livre associação como recurso para a produção artística. Mas parece que a inspiração freudiana veio de um autor de sua juventude. Ludwig Börne em sua obra A arte de tornar-se um escritor original em três dias (1823) descreve a técnica como solução para o bloqueio criativo de poetas e escritores. Embora não seja explícita a origem, a adoção da técnica da associação livre, também base para a criação poética, é descrita por Freud em A interpretação dos sonhos referindo-se ao poeta e filósofo Friedrich Schiller:

> Não obstante, o que Schiller descreve como relaxamento da vigilância nos portais da razão, a adoção de uma atitude de autoconservação acrítica, de modo algum é difícil. A maioria de meus pacientes a consegue após as primeiras instruções. Eu mesmo o faço de forma bem completa, ajudado pela anotação de minhas ideias à medida que elas me ocorrem. (Freud, 1900, p. 138)

Se ao escritor sem inspiração é pedido que associe livremente suas ideias, sem censura, e ao analisando, no divã, o mesmo é solicitado, há aqui, o espaço comum, o campo criativo, que se forma entre autor e sua criação e entre analisando e seu analista. É desse espaço criativo que emerge a obra narrativa, escrita ou oral, respectivamente, não importando muito neste enfoque se será ficcional ou real, já que se trata de realidade psíquica e produção inconsciente em última instância. As fantasias decorrentes desse processo seriam matéria-prima para o processo criativo dos escritores e também matéria-prima analítica.

Pretendo propor que um espaço criativo, dessa mesma ordem, é constituído entre leitor e texto e que a obra produzida segue o mesmo caminho da construção de uma nova narrativa a partir desse encontro.

Temos, de um lado, a técnica de livre associar e como outra face da mesma moeda, a atenção livremente flutuante. Esta segunda

---

[3] Informação que pode ser encontrada em nota de rodapé no próprio texto mencionado.

condição, que constitui a escuta psicanalítica, opera do outro lado do divã para que, também da parte do analista, não haja censura na escuta. Esses são os dois procedimentos necessários para que o método da interpretação possa operar. De um lado, a abertura do analisando, de outro, a abertura do próprio analista. Ora, em ambos, o mesmo tipo de adjetivação fornece a condição principal para que se possa configurar um lugar de criação. Livre de uma censura que possa se tornar impeditiva da produção de sentidos. Na hipótese apresentada no decorrer deste trabalho, ver-se-á que deve haver por parte do leitor também essa dupla atitude diante do texto. De um lado, uma *leitura livremente flutuante* "conforme as modalidades específicas da escuta psicanalítica (...) a leitura rigorosa se duplica numa escuta indolente, uma leitura flutuante" (Green, 1994, p. 16). Mas, neste caso, essa leitura livremente flutuante promoverá a livre associação do próprio leitor. A partir dessas associações haverá rupturas de sentido em vista do campo que se construiu entre leitor e texto. E a partir dessas rupturas, uma possível produção de sentido. O leitor, neste caso, alterna posições de intérprete e de interpretado. Voltaremos às especificidades dessa relação do leitor com o texto, objetivo deste trabalho, mas, antes de chegarmos a este ponto, já antecipado, e nas indagações sobre a transposição do método psicanalítico para o texto literário, proponho um acompanhamento do percurso que Freud fez em suas análises sobre a arte e a literatura[4].

Se nos abstivermos de comentários sobre *Hamlet* e sobre *Édipo Rei* feitos anteriormente em textos freudianos, é possível considerar que a primeira análise freudiana de uma obra literária foi feita em *Delírios e sonhos na Gradiva de Jensen* publicada em 1907. Freud se aproxima do texto por meio de indagações sobre os sonhos e afirmando que os escritores teriam acesso privilegiado, como testemunho, a conteúdos que não nos são apreensíveis com a mesma facilidade.

---

[4] Procuro acompanhar essas análises estéticas, sucintamente, colocando sob um mesmo título tanto obras artísticas quanto literárias porque o que me interessa, para essas considerações, é a expressão da criatividade, qualquer que seja sua linguagem. Ainda que o faça, não posso deixar de considerar que há uma especificidade na literatura já que a matéria-prima que se vale, diferentemente das artes plásticas, por exemplo, é a própria linguagem escrita. Esse campo, constituído pela palavra, tem suas peculiaridades, todavia, para fins desta aproximação de apontamentos teóricos na obra freudiana sobre o tema da estética, limitar-me-ei a considerar as linguagens artísticas sem discriminação.

Neste estudo, Freud começa a analisar a obra por asserções sobre os personagens, mas, embora dê atenção a essa dimensão, já sugere a importância, que estimará ao longo de suas análises estéticas, da subjetividade do autor: "(...) talvez possamos perguntar timidamente a seu autor se acaso sua imaginação não terá sido determinada por forças outras que não as da sua escolha arbitrária" (Freud, 1907, p. 25).

Também neste texto há indícios do que será depois objeto de investigação freudiana: como o espectador, o leitor é afetado pela obra literária:

> (...) que humilhação para nós leitores! Então o autor estava se divertindo à nossa custa, fazendo-nos participar em pequena escala do delírio do personagem, como se sobre nós também incidisse o escaldante sol de Pompeia, para que julgássemos com maior benevolência o pobre coitado sobre quem realmente incidia o sol do meio dia. (Freud, 1907, p. 27)

Como uma anunciação do que será o percurso freudiano em seu olhar estético, já é possível perceber, nesta primeira publicação sobre o tema, um deslizamento de uma ênfase na *intenção do autor* para uma ênfase também na *intenção do espectador ou do leitor*.

A inclusão do leitor no exame do texto será um dos avanços que Freud fará no decorrer de suas análises sobre a produção literária e artística. No âmbito deste capítulo, vamos acompanhar, brevemente, este trajeto em três momentos: *Leonardo da Vinci e uma lembrança de sua infância*, de 1910, *O Moisés de Michelangelo*, de 1914 e *Dostoiévski e o parricídio* de 1928.

Ainda que Freud fixe limites para a psicanálise no campo da biografia, preza pela vertente autobiográfica em *Leonardo da Vinci e uma lembrança de sua infância* (1910). Por meio da obra e de dados da vida de Leonardo, empreende uma análise do artista e apresenta a possibilidade de o colocarmos num "divã". Tendo em vista que a obra é uma produção inconsciente e, portanto, que seguiria os mesmos mecanismos e lógica inconsciente que um analisando, descrevendo um sonho, por exemplo, faz, num *setting* analítico convencional, Freud procura dados contextuais que poderiam corroborar suas hipóteses acerca do artista. No lugar das associações do autor, Freud faz suas próprias e por isso muitas críticas são feitas a esse tipo de análise da arte.

É importante colher informações da vida de um autor, porque, além do texto, temos um com-texto e a biografia se insere neste âmbito. Entretanto, não parece ponderado, tampouco criterioso para um estudo teórico sobre a expressão artística que se prenda apenas a essa dimensão. É imprescindível que se pense criticamente sobre a possibilidade metodológica de analisar um sujeito sem suas próprias associações e os limites que isso implica. Ainda que se considere para efeitos teóricos a existência de uma *intenção do autor*, nunca se terá acesso a ela, a não ser por meio do que fica explícito e implícito na obra, por meio do que Umberto Eco denomina a *intenção do texto*:

> Sugeri que entre a intenção do autor (muito difícil de descobrir e frequentemente irrelevante para a interpretação de um texto) e a intenção do intérprete que (para citar Richard Rorty) simplesmente desbasta o texto até chegar a uma forma que sirva a seu propósito, existe uma terceira possibilidade. Existe a intenção do texto. (Eco, 2005, p. 29)

Com relação a essa questão da subjetividade do autor, deixarei em suspenso porque o próprio Freud sinaliza outras possibilidades de análise para a arte que veremos a seguir. Passemos então, agora, para um segundo momento: O *Moisés de Michelangelo*, de 1914. Neste texto, Freud inova ao dar atenção ao espectador e à forma como é afetado pela obra.

> A meu ver, o que nos prende tão poderosamente só pode ser a intenção do artista (...) Entendo que isso não pode ser simplesmente uma questão de compreensão intelectual; o que ele visa é despertar em nós a mesma atitude emocional, a mesma constelação mental que nele produziu o ímpeto de criar. (Freud, 1914/1996, p. 217)

No decorrer do texto, ele passa a dar mais atenção à obra e ao espectador e à relação que pode existir entre eles. Freud nunca desconsidera a obra como expressão da subjetividade do artista, mas acrescenta a isso a importância de como esta pode ressoar no espectador.

Já em 1928, em *Dostoiévski e o parricídio* há um encontro de três aspectos da análise de uma produção artística, neste caso, de uma produção literária: os efeitos da biografia sobre a obra, a relação do autor com seus personagens e o impacto que a obra pode provocar no leitor. Temos aqui interligadas as duas intenções: a *intenção do autor* e a *intenção do leitor*, permeada pela *intenção do texto*.

Esta inclusão do espectador, ou do leitor, que tem, talvez, sua expressão mais marcada em O *Moisés de Michelangelo* (1914), será um dos avanços que Freud fará no decorrer deste trajeto e é a partir disso, e usando essa possibilidade como solo, que podemos pensar no método psicanalítico operando na leitura.

O que importa, para as considerações desta transposição de método e as ressalvas pertinentes à mudança de *setting*, é a relação estabelecida entre o sujeito (leitor) e o texto e a construção de sentidos a partir deste encontro.

Esse campo, arrisco dizer um campo transferencial, entre o leitor e o texto, que consente a existência de uma ordem de sentido, constituído pela linguagem, permite a analogia com o processo analítico. O desejo do leitor movimenta-se a partir da provocação do texto e vai haver, assim, uma ruptura de sentidos suscitada pela leitura, pelo texto literário. Birman (1996, p. 58) afirma que "na experiência do leitor, é a escritura que funciona no lugar do analista."

De volta ao pensamento freudiano, em *Escritores criativos e devaneios* (1908/1976, p. 154), Freud compara o ato de criar com o ato de brincar da criança e com as fantasias e devaneios do adulto. Neste texto, indica que na escritura estaríamos falando de uma atualização das fantasias do autor. Birman (1996) propõe uma inversão dessa formulação. O texto, ao ser lido, poderia promover uma atualização das fantasias do leitor. Também para Barthes (2008, p. 58) o prazer da leitura está relacionado às fantasias promovidas a partir dela. O "leitor pode dizer incessantemente: eu sei que são apenas palavras, mas mesmo assim... (emocionalmente como se essas palavras enunciassem uma realidade)". E de fato enunciam já que estão ligadas à capacidade de imaginar, de fantasiar e de remeter o conteúdo lido a conteúdos inconscientes.

Podemos unir essas duas vertentes e pensar que há uma dupla atualização de fantasias quando estamos nos referindo aos textos literários: uma atualização por parte do autor, no processo criativo da escritura, e uma atualização das fantasias do leitor no processo da leitura. O leitor é levado à produção de novos sentidos a partir do texto por meio de suas próprias associações – é nessa vertente que deparamos com a dimensão irruptiva da leitura. O "prazer da leitura vem evidentemente de certas rupturas (ou de certas colisões)" (Barthes, 2008, p. 11). Uma obra literária parece propiciar ao leitor uma situação semelhante àquela que constitui a situação analítica.

Na relação estabelecida por este campo, entre o texto e o leitor, é que há um caminho para a interpretação, para a *escuta* do texto. As duas dimensões, a *intenção do leitor* e a *intenção do texto*, que dialeticamente estão envolvidas, poderão, neste encontro, fazer que o sentido seja produzido.

Birman (1996), citando Barthes e Compagnon, apresenta-nos dois registros para a leitura: o reconhecimento e a compreensão. São duas operações complementares que se alternam e acontecem quando o leitor se depara com um texto.

Quando falamos em reconhecimento, podemos pensar numa desarticulação produzida pelo impacto da leitura. Uma espécie de surpresa do leitor diante do texto que provoca então o encontro com alguns fragmentos que lhe são significativos. Nem todo texto e nem todos os trechos de um texto tem o mesmo efeito. E o mesmo trecho não tem o mesmo efeito em diferentes leitores – isso acontece porque há uma escolha dos fragmentos que não é arbitrária e que incide na circulação do desejo do sujeito-leitor. Então, neste primeiro momento, escolhe-se, podemos dizer isso com as ressalvas que a palavra escolha pressupõe já que o que nos importa, numa visão psicanalítica, é o campo do desejo inconsciente. Mas, vamos dizer: escolhem-se fragmentos descosturados, desconectados – há um momento aqui de desconstrução dos sentidos instituídos e desconcerto passivo do leitor diante desta ruptura de sentidos. Se pensarmos por analogia, certamente chegaremos à comparação desse momento de reconhecimento com o da interpretação psicanalítica, entendendo interpretação nas palavras de Herrmann[5] "como o processo que produz a abertura do psiquismo a novos sentidos, antes impedidos".

O sonho pode ser considerado modelo paradigmático, na teoria freudiana, para a prática do método psicanalítico. Pode-se dizer que em sua teoria, ao "considerar o sonho como uma tessitura multifacetada de signos sem atribuir a ele, *a priori*, um sentido totalizante –, pressupõe que sua estrutura seja análoga a de um texto." (Birman, 1991, p. 79). Tendo em vista que, etimologicamente, o texto é um tecido, posso encontrar em um texto literário essa mesma *tessitura multifacetada de signos* e me valer do mesmo método para inscrevê-lo na ordem do sentido – a interpretação. É importante ressaltar que, para isso, diferentemente do sonho, não conto com as associações do autor e sim com as do leitor. E essa peculiaridade fornece os limites da interpretação de textos literários e sua especificidade.

A outra operação envolvida na leitura seria a da compreensão, que pode ser comparada ao procedimento de construção, exposto por

---

[5] Trabalho apresentado em forma de painel ao International Psycoanalytic Association Congress, Nice, 2001 e que pode ser encontrado em: www.teoriadoscampos.med.br

Freud em *Construções em análise* (1937, p. 277) como a tarefa de "completar aquilo que foi esquecido", de extrair "suas inferências a partir dos fragmentos de lembranças, das associações".

Neste registro da compreensão, o leitor constrói ou reconstrói os fragmentos, articula os sentidos que emergiram durante a fase do reconhecimento. A partir das associações feitas e da ruptura de sentidos, o leitor produz sentidos e os costura no campo simbólico. Há uma produção, uma construção ativa por parte do leitor. Como dito por Freud, na definição do procedimento de construção, se completa, se infere, se reconstitui, se reconstrói a partir dos fragmentos de lembranças e das associações. Essa construção busca por uma ordenação estabelecida a partir do que fora promovido pela interpretação.

Para que haja essa construção por parte do leitor, há um movimento dialético, como mencionamos, entre a intenção do texto e a intenção do leitor e, mais uma vez, isso não acontece arbitrariamente; "na perspectiva freudiana, esta criação do processo analítico não se caracteriza pela arbitrariedade, na medida em que o analista deve utilizar o procedimento de construção num estágio avançado da análise – o que implica longo trabalho de deciframento" (Birman, 1991, p. 89). Ademais, há a intenção do texto, da narrativa, que não pode deixar de ser considerada quando há o encontro com o intérprete. A tarefa do intérprete seria conferir um sentido, produzi-lo a partir das rupturas suscitadas pelo texto e a partir do que emerge em termos de associações livres. As associações promovidas pelo texto são as suas próprias e estarão ligadas a diferentes signos e fantasias em cada leitura, porque incidem e perpassam pela subjetividade do leitor, mas, ao mesmo tempo, estarão vinculadas ao texto que as promoveu. A teia de sentido produzida numa interpretação de um texto literário ocorre a partir do encontro com a matéria-prima do tecido que é o próprio texto.

Implicada na *intenção do autor*, ainda que não tenhamos acesso a ela, a não ser por meio de sua obra, encontra-se a pressuposição de um outro, que é o leitor, a quem se dirige. Pensando dessa maneira, o sentido não é fornecido *a priori* pelo texto, mas construído pelo sujeito-leitor, a partir de seu encontro com o texto. A obra literária só se completa no processo de leitura, com a coautoria do leitor.

De forma sumária, há dois registros, duas operações fundamentais que oscilam, que se alternam no plano simbólico do leitor: a interpretação e a construção. Dessa maneira, diante do texto, o leitor encontra-se em duas posições sempre em movimento: intérprete e interpretado, onde o texto pode alternar a posição de objeto de análise e de analista. O que resulta desse processo é a construção de uma nova narrativa com base na ruptura de sentidos provocada pelo texto e na reação a esse material como uma produção inconsciente de ambos, autor e leitor.

Para ilustrar o corpo de questões que se formou até agora, apresento-lhes um trecho do conto "A imitação da rosa" (1991) de Clarice Lispector. Trata-se de um recorte do que está sendo empreendido em minha pesquisa e é importante ressaltar que será um pequeno exemplo, uma sinopse do que venho usando como veículo para formar esse campo de investigação. A justificativa da escolha dessa autora está na especificidade de sua obra e de seu estilo. Sua escritura parece ser privilegiada na promoção de associações livres, estabelece um pacto com o leitor e o convida claramente para a coautoria do texto: "Você que me lê que me ajude a nascer" (Lispector, 1998, p. 33). Além disso, nos textos de Clarice, deparamos com a ruptura de sentido não só na forma de escrita, nas pontuações, como também no conteúdo da própria narrativa[6].

A seguir um fragmento do conto mencionado para que possamos pensar sobre algumas questões levantadas:

> E as rosas faziam-lhe falta. Haviam deixado um lugar claro dentro dela. Tira-se de uma mesa limpa um objeto e pela marca mais limpa que ficou então se vê que ao redor havia poeira. As rosas haviam deixado um lugar sem poeira e sem sono dentro dela. No seu coração, aquela rosa, que ao menos poderia ter tirado para si sem prejudicar ninguém no mundo, faltava. Como uma falta maior.
> Na verdade, como a falta. Uma ausência que entrava nela como uma claridade. (Lispector, 1991, p. 65)

Associações imediatas, tomando como lugar do discurso o campo psicanalítico, tiveram início com relação à palavra "falta" – vocábulo de uso recorrente nesse repertório. Pensei na falta constituinte, numa negatividade que permitiria a constituição da subjetividade, no desamparo

---

[6] Como exemplo dessas rupturas na narrativa, remeto o leitor a outras obras da autora. Personagens e objetos rompem com a estrutura narrativa ou com o encaminhamento do texto em determinada direção – são momentos na própria narrativa que rompem com o sentido que a personagem vem construindo em seu pensamento ou atitude. O cego no conto "Amor", as rosas, no "A imitação da rosa", o búfalo no conto "O Búfalo" e a "barata" no romance A paixão segundo GH entre outros.

e nas associações com a feminilidade. Essa foi minha primeira aproximação suscitada pela leitura. Fragmentos que saltavam do texto porque, além de se vincularem ao solo epistemológico do qual eu fazia parte, a interpretação que me ocorreu pela primeira vez corroborava hipóteses que eu levantara sobre questões relativas ao feminino.

Paralelamente à releitura deste conto, eu estava lendo o livro *Cartografias do feminino* de Birman (1999). Neste segundo encontro com o mesmo texto de Clarice, outras correlações começaram a ser formadas e pensei em possibilidades diante do desamparo, de saídas possíveis para essa falta e "então se vê que ao redor havia poeira" (Lispector, 1991, p. 65). Associações que agora me surgiam da minha relação com o texto de Birman e que me influenciavam na relação com o texto de Clarice.

O que pretendo explicitar com esta ilustração é que a minha interpretação deste conto e as construções que pude tecer foram mudando conforme as associações e as rupturas de sentido em diferentes encontros que tive com o texto. Além disso, é importante ressaltar que foram associações de quem tem um arcabouço psicanalítico como referência. Será que outros leitores fariam as mesmas construções ou produção de sentido?

Provavelmente, ao ler o mesmo trecho, meu interlocutor, neste momento, pode ter usado outras linhas desse tecido que se apresentou com muitas possibilidades de interpretação. Certamente, se pudéssemos compartilhar essas produções de sentido, veríamos como acontece essa ruptura, como escolhemos fragmentos do texto que incidam na circulação de desejo de nós, leitores. Ao mesmo tempo, veríamos que, apesar disso, o texto ou a obra não é um papel em branco passível de qualquer projeção. Ou seja, é do encontro entre o sujeito-leitor e o texto que o sentido pode emergir, assim como é na relação entre analista e analisando que o método analítico pode operar.

Na conferência de abertura do V Encontro Psicanalítico da Teoria dos Campos: Interpretação e Cura (2008), Leda Herrmann, ao se referir a um texto de Fabio Herrmann, trouxe uma importante consideração que servirá de síntese destas indagações: devemos "interpretar com o paciente e não o paciente". Podemos, portanto, interpretar *com* o texto, *no encontro com ele*, na relação dialética e possível estabelecida entre as duas intenções: a do leitor e a do texto.

Este curto exemplo do trecho de um conto de Clarice Lispector fica em aberto e permanece para discussão. "Mas bem sei o que quero aqui: quero o inconcluso" (Lispector, 1998, p. 25).

Por isso, para terminar este trabalho, mas não para concluí-lo, apresento uma citação de Green (1994, p. 16) que abre o debate proposto sobre a possibilidade de "escutar um texto" ou de, talvez, ser "escutado" por ele:

Como age o psicanalista diante de um texto? Procede a uma transformação – na verdade, ele não age assim deliberadamente, pois é a transformação que se impõe a ele – que faz que ele não leia o texto, mas o ouça".

Referências bibliográficas

BARTHES, R. O prazer do texto. Trad. J. Guinsburg. São Paulo: Perspectiva, 2008.

BIRMAN, J. Cartografias do feminino. São Paulo: Ed. 34, 1999, 224 p.

_____. Por uma estilística da existência: Sobre a psicanálise, a modernidade e a arte. São Paulo: Ed. 34, 1996, 224 p.

_____. Freud e a interpretação psicanalítica. Rio de Janeiro: Relume-Dumará. 1991.

ECO, U. Interpretação e superinterpretação. Trad. MF, revisão da tradução e texto final Monica Stahel. São Paulo: Martins Fontes, 2005.

Freud, S. (1900). A interpretação dos sonhos. Trad. sob direção de Jayme Salomão. Edição Standard Brasileira das Obras Psicológicas Completas de Sigmund Freud, v. 4. Rio de Janeiro: Imago, 1996.

_____. (1907). Delírios e sonhos na Gradiva de Jensen. Trad. sob direção de Jayme Salomão. Edição Standard Brasileira das Obras Psicológicas Completas de Sigmund Freud, v. 9 Rio de Janeiro: Imago, 1996.

_____. (1908). Escritores criativos e devaneio. Trad. sob direção de Jayme Salomão. Edição Standard Brasileira das Obras Psicológicas Completas de Sigmund Freud, v. 9 Rio de Janeiro: Imago, 1976.

_____. (1910). Leonardo da Vinci e uma lembrança da sua infância. Trad. sob direção de Jayme Salomão. Edição Standard Brasileira das Obras Psicológicas Completas de Sigmund Freud, v. 11 Rio de Janeiro: Imago, 1970.

_____. (1914). O Moisés de Michelangelo. Trad. sob direção de Jayme Salomão. Edição Standard Brasileira das Obras Psicológicas Completas de Sigmund Freud, v. 8. Rio de Janeiro: Imago, 1996.

_____. (1920). Uma nota sobre a pré-história da técnica de análise. Trad. sob direção de Jayme Salomão. Edição Standard Brasileira das Obras Psicológicas Completas de Sigmund Freud, v. 18. Rio de Janeiro: Imago, 1996.

_____. (1937). Construções em análise Trad. sob direção de Jayme Salomão. Edição Standard Brasileira das Obras Psicológicas Completas de Sigmund Freud, v. 23. Rio de Janeiro: Imago, 1996.

GREEN, A. *O desligamento*: Psicanálise, antropologia e literatura. Trad. Irene Cubric. Rio de Janeiro: Imago, 1994, 308 p.

HERRMANN, F. (2008) *O método psicanalítico*. Disponível em: <www.teoriadoscampos.med.br> Acesso em: 20 de ago.

LISPECTOR, C. *Laços de família*: Contos. Rio de Janeiro: Francisco Alves, 1991.

_____. *Água Viva*: Ficção. Rio de Janeiro: Rocco, 1998.

_____. *A paixão segundo G.H.*: Romance. Rio de Janeiro: Rocco, 1998.

LOFFREDO, A. M. Anotações sobre a escrita freudiana. *Psicanálise e Universidade*, São Paulo, n.12-13, p. 109-125, 2000 jan./dez.

Capítulo 9
Há (a) conjugalidade: Da clínica da cultura à cultura na clínica

Andréa Gonçalves Dias

1 - Introduzindo a apresentação

Se meus joelhos não doessem mais
Diante de um bom motivo
Que me traga fé, que me traga fé

Se por alguns segundos eu observar
E só observar
A isca e o anzol, a isca e o anzol
A isca e o anzol, a isca e o anzol
Ainda assim estarei pronto pra comemorar
Se eu me tornar menos faminto
Que curioso, que curioso
O mar escuro trará o medo lado a lado
Com os corais mais coloridos

Valeu a pena, eh eh
Valeu a pena, eh eh
Sou pescador de ilusões
Sou pescador de ilusões

Se eu ousar catar
Na superfície de qualquer manhã
As palavras de um livro sem final
Sem final, sem final, sem final, final...

O Rappa – pescador de ilusões.

Apresentação

Quando apresentada à Teoria dos Campos, me apaixonei. Iniciei um namoro a distância e fui me aproximando; por algum tempo duvidei da possibilidade de conjugar a Fenomenologia com a Psicanálise que influenciava meu pensamento clínico.

Seria mais um engano, seria possível tal conjugalidade? Psicanálise, àquela que me foi representada pelos lugares que transitava (escolas teóricas) na tentativa de apreendê-la, mas que acabavam por me expulsar, devido às nossas paralisias. E Fenomenologia? Mas Fabio Herrmann pegou-me pela mão e concedeu-me esse recasamento, agora uma união consensual sem alianças para não ficarmos presos ao dogmatismo que as escolas teóricas acabaram por instituir na Psicanálise.

Faço minhas as palavras de Fabio em entrevista à Leda Herrmann:

L – Você começou cedo na Psicanálise. Como foi o encontro? Ele afetou suas questões?

F – Algumas são anteriores de fato. Como qualquer adolescente da cidade, despertei cedo para a desconfiança. A diferença talvez tenha sido não acreditar nas alternativas nem a haver enterrado, com alguma ingênua profissão de ceticismo (Herrmann, 2004, p. 10).

Ao afastar-me da Psicanálise em *expectativa de trânsito*, circulando descobri a Fenomenologia, uma experiência de encontro. Faço novamente minhas as palavras de Fabio no mesmo contexto citado anteriormente:

L – Há mesmo bastante filosofia e epistemologia em seus escritos. As pessoas ficam curiosas. Quais os seus fundamentos?

F – Não chamaria de fundamento, mas de ginástica (...) A mistura de filosofia com interpretação psicanalítica pode levar aonde se quiser (...) A descoberta da Fenomenologia foi uma experiência refrescante. Brisa na praia. Permitiu-me compreender a falácia de reduzir a consciência à razão, só para depois denunciar o equívoco e chamar-lhe inconsciente (Herrmann, 2004, pp. 11-12).

Quase todo mundo acha que ele esconde o jogo ao não abrir claramente seus fundamentos; eu também desconfiei da minha percepção da Fenomenologia em seus escritos porque ele não a apresentava formalmente. Mesmo assim tive de tirar minha dúvida metódica com ele. Como numa relação amorosa em que se sente amado, mas, mesmo assim, necessita-se fazer a pergunta e ouvir a resposta acalmando, com isso, o coração e confirmando a união.

Foi num momento de intimidade entre nós dois, a caminho de uma defesa de mestrado, entre o bloco da Psicologia e o auditório da biblioteca do Umuarama, entre uma conversa e outra, quando me arrisquei a descobrir o que temia confirmar; então lhe perguntei se havia Fenomenologia em seus escritos. Ele indubitavelmente respondeu-me meio indignado, "*Claro que sim... nos meus e nos de Freud*". Senti-me aliviada e continuamos a caminho da defesa de uma colega que escreveu sobre campo-relação na consulta ginecológica. Fazendo considerações psicanalíticas a partir da Teoria dos Campos.

Foi aí que percebi que nossa confluência com a Fenomenologia permitiu nossa interseção na Psicanálise. A partir desse momento estou conjugando uma união com a Psicanálise proposta pela Teoria dos Campos: a apreensão do método psicanalítico por ruptura de campo. Neste as coisas se revelam na presença da ausência e na profundidade da superfície, por isso que dizem por aí que ele esconde o jogo, mas hoje não vejo assim, o jogo está posto em jogo, as regras do jogo se apresentam quando também entramos em jogo. Não é preciso nomear, mas acompanhar o jogo e apreender cada nova jogada.

Vejam bem esta jogada, uma análise de superfície. Estava eu resolvida, depois de muita dúvida, a ir ao IV Encontro da Teoria dos Campos em São Paulo, setembro de 2005. Havia um grupo de pessoas que iria em um ônibus da Universidade Federal de Uberlândia (UFU), mas resisti muito a essa ideia. Para não ir sozinha e enfrentar aquele novo tão duvidoso até então, resolvi enfrentar o velho, viajar novamente no Beethoven: pequeno, desconfortável, durante a madrugada sabia que não iria dormir, estava eu lá voltando para a condição (des)confortável de aprendiz, da percepção da falta e do excesso de dificuldades. Teria eu uma garantia indo com eles? Mas não conhecia a maioria das pessoas pessoalmente, metade eram estudantes de graduação, recém-formados e outros poucos faziam parte de um grupo de estudos em Teoria dos Campos. E eu? Encontrava-me no meio do caminho? Era e não era estudante, fazia e não fazia parte do grupo da Teoria dos Campos.

Como a realidade está afogada no real, literalmente, fiquei no meio do caminho.

O horário marcado para a saída do ônibus era 20h, do câmpus Umuarama; como boa mineira que sou, que não pode perder o trem... estava lá pontualmente na hora marcada, mas os baianos estão em toda parte e tivemos de esperar. Enquanto isso reconheci e conheci algumas pessoas e fiquei surpresa ao ver uma amiga lá, não por ser amiga mas por não entender o que ela estava fazendo ali. Para mim ela era de outro lugar, não conjugava com aquele momento; depois descobri que ela só iria conosco, carona, para rever um amigo. Acabara de se separar do marido e estava indo passear em São Paulo.

Ainda à espera do ônibus, fui ao banheiro (ultimamente estava indo ao banheiro com frequência). Este era distante, havia maior luminosidade onde o ônibus estava e ao redor era tudo escuro. Fui sozinha e ainda avisei que estava indo para os conhecidos. Lá deparei com uma paciente que havia fugido da Psiquiatria. Ela estava perdida, mas também apresentava ares de quem está em casa, vestia o uniforme do HC, parecia mais um pijama, percebi que os vigias do câmpus já a conheciam. Ela ficou e eu fui, ou foi o contrário? Melhor (não) dizendo fomos para o local do ônibus.

Ao me aproximar do ônibus, este começou a se movimentar em partida e eu fiquei parada, partida, fragmentada, era surreal, onde estava acontecendo aquilo, olhava para tudo e não via nada, catatonicamente me pus a correr e a gritar, tentativa vã, quanto mais eu me aproximava do ônibus mais ele se distanciava.

Quando já ia desistir e voltar para casa, durante toda a eterna corrida, pensava ininterruptamente indignada "Como eles não perceberam que eu não estou no ônibus, que absurdo..." e minha amiga caroneira/partida, que estava sentada do meu lado não sentiu minha falta... e as pessoas que me conhecem e para quem avisei estar indo ao banheiro? Se não fosse trágico, seria cômico! E assim fui.

Quando comecei a parar – magicamente – o ônibus também o fez, surpresa de alívio, "o motorista me viu pelo retrovisor!". Fiquei esperando o que ia acontecer, tudo ficou quieto, "acho que ele parou por algum outro motivo!", foi nesse momento que vi um carro ao lado do ônibus, que no princípio da epopeia acreditava que já havia ido embora, mas não, estava lá ao lado, "fazendo o quê?". É o marido da Márcia que veio acompanhá-la e me conheceu e reconheceu pelo retrovisor, na correria, na corredora, no corredor da dor entre eu e o ônibus, e foi até lá e cá avisar-nos.

No entanto, não foi nada disso que aconteceu, o ônibus não partiu de ré em minha partida, então eu me lancei em sua direção, em contrapartida, caminhando lentamente, já não queria brigar mais, questionar as razões do ocorrido, a falta e o excesso de tanto abandono. Se quisessem me esperar bem, agora eu não me surpreendo mais com a condição de partir ou ficar. Como encanta Milton Nascimento, "São só dois lados da mesma viagem, o trem que chega é o mesmo trem da partida, a hora do encontro é também despedida, a plataforma desta estação é a vida desse meu lugar".

Naquele momento havia se dado uma concepção de algo ainda desconhecido, mas que o câmpus Umuarama, campo da viagem, havia dado à luz.

Aconteceu que foi um rapaz, passageiro do ônibus, que não me conhecia que me reconheceu como alguém à espera de uma parada.

Ao entrar no ônibus, para minha surpresa, estavam todos surpresos com a presença da minha falta, então cada um a seu modo se reconheceu nesse engano, pessoal e coletivo diga-se de passagem, dos passageiros daquela viagem que se iniciou.

Veja... a minha amiga de passagem achou que eu havia resolvido mudar de companheiro de viagem e para aqueles a quem eu havia comunicado minha partida da viagem acharam que eu estava com minha amiga de temporada, e como ela não disse nada sobre minha presença em outro lugar, do lado de fora, eles não se preocuparam, cada um ficou pensando que eu estava na companhia do outro; no imaginário coletivo do ônibus eu estava com todos ao mesmo tempo, superacompanhada. Houve também o esquecimento do motorista e do organizador da viagem de conferir os passageiros.

Nossa! Será que eu transito tanto assim? Percebi que estava sem um lugar.

Já não queria mais discutir aquela relação, pois para mim a questão já estava posta, só queria viajar e ter notícias do mundo de lá... saber da minha condição de permanência naquela viagem, pois já havia um prenúncio de vórtice diante de uma ruptura de campo no campo da Teoria dos Campos, a possibilidade da finitude de quem a concebeu.

Em meio a tudo isso estava eu tentando engravidar novamente de uma velha boa nova ideia: a ideia psicanalítica, qual seja, a ideia de sentido humano ou psique, afirmando a clínica como um ponto de vista no/do mundo e para além disso... conceber também um segundo, terceiro campo, que há muito também já sonhava acordada. Estava num processo duplo de concepção. Daria conta de dar à luz tamanho desejo e desejos tão singulares?

Porém os processos de transformação ainda estavam por vir. Ao chegar à Faculdade de Medicina da USP, imersa no céu nublado entre ela e o cemitério cinza, separados por uma avenida, deparei com a morte. Durante o encontro me encontrei, reconheci e formulei minhas ideias, sabia que o caminho de volta para a Psicanálise não seria mais tão angustiante. Estava pronta para trair minha tradição.

Minha criança ficou chocada ao rever o pai enamorado que tanto aguardou para agora, sozinha, brincar e transformar a realidade. Ele estava enfraquecido, desvitalizado, prenhe de vida. Tamanho encantamento estaria por terminar? Chorei compulsivamente mesmo sem saber a razão, razões que a própria razão desconhece. Agora sim a menina abandonada se revelou nessa partida, ao chegar perto da dor da separação. Mas houve um olhar de um acompanhante de viagem que me acolheu na minha partida ao desconhecido. Seu olhar silencioso e presente em mim acompanhou e velou as minhas dores. Assim entre o cemitério e a força do pensamento crítico e desafiador da Teoria dos Campos encarnado e desencarnando da pessoa de Fabio Herrmann eu pude fazer a minha reiniciação no campo do saber psicanalítico

Viajar novamente no Beethovem reacendeu meu coração de estudante, de pesquisadora, o qual acredito estar minimamente expresso nas páginas do relato da pesquisa que realizei, colocando a conjugalidade em questão e procurando compreender as novas configurações conjugais na atualidade.

O mais interessante dessa viagem se deu nove meses depois, no dia 6 de junho de 2006, quando parei com tudo para dar à luz minha filha, Marina (ela já era passageira daquela viagem) ao estilo baiano de Dorival Caymmi. Diz a crença popular que baiano é a mistura de mineiro com goiano... que sabedoria profunda... e no dia 11 de julho de 2006 fui parada pela presença da falta de Fabio Herrmann. Este deu à luz a seu pensamento crítico-heurístico perante o mundo em que vivemos, ajudando a pensá-lo; e como sou um ser aí no mundo me sinto comprometida em transgredi-lo, a criar e recriar o fundamento de sua obra. Quanto *Absurdo* tem a vida! Então, começando enfim, consegui parar para gerir uma dupla face, método-absurdo, conjugar vida e morte e recomeçar novamente a caminhar.

Nesta viagem com Herrmann houve outros passageiros de paisagens, entre eles o João Luiz que me endereçou a esse encontro e a Maria Lúcia, que marcou o desencontro produtivo. Agora a ideia psicanalítica, nossa filha mais querida dessa conjugalidade, começou a dar sinais de parto ou seria de partida, expressa nesta dissertação: uma aventura psicanalítica sobre esses outros que habitam dentro de nós e nos posicionam em condição de vida e morte.

Herrmann como um apaixonado por viagens e amante das possibilidades de suas narrativas, agora fez a mais radical delas – por sê-la inadiável e por não ter retorno – mas sua maior viagem ele já realizou e continuará há realizar... iludir com suas ficções os viajantes pelas terras que passar... Sabido!!! Assim ele estará eternamente em trânsito, numa zona intermediária, entre um lugar e outro, privilegiado por ele, por ser imanente há possibilidades, transformações infinitas.

> O desejo, o abismo interior que desconhecemos, faz parte do real, é como que uma parcela do real sequestrada no íntimo do indivíduo. A ideia pode parecer esquisita ou difícil de compreender, mas se você considerar que cada um de nós foi criado, inventado, construído pelo real, e que ainda chegará a ser reabsorvido por ele com a morte, o estranho passa a ser evidente. (Herrmann, 2001, p. 37)

O rosto desta nossa filha já começou a ser delineado, no entanto os traços, as linhas de contorno estarão permanentemente sendo reconhecidos e redefinidos por nós e pelo olhar dos outros, vocês leitores que, ao embarcarem nesta viagem, também se tornarão genitores desta ideia sobre a potência do homem psicanalítico, fruto proibido da identidade.

...
Se o azul é um sonho
Que será da inocência?
Que será do coração
Se o amor não tem flechas?
...

Frederico Garcia Lorca – Canção Outonal

Referências bibliográficas

HERRMANN, F. *Introdução à Teoria dos Campos*. São Paulo: Casa do Psicólogo, 2001.

HERRMANN, L. *Andaimes do real*: A construção de um pensamento. Tese de Doutorado em Psicologia Clínica. PUC, São Paulo, 2004.

PARTE 3
Cura psicanalítica

Capítulo 1
CURA E INTERPRETAÇÃO EM PSICANÁLISE

Christian Ingo Lenz Dunker

Homenagem a Fabio Herrmann

Gostaria de começar minha comunicação sobre o tema da interpretação em Psicanálise com uma breve homenagem a Fabio Herrmann. Farei um relato do impacto de suas ideias em um terreno muito distante daquele no qual sei que ele lutou para estabelecer e renovar. Trata-se do lacanismo brasileiro dos anos 1980 e 1990 e das inúmeras dificuldades e controvérsias geradas nesse contexto. Talvez seja uma percepção parcial, fruto da posição desavisada de jovem aluno aspirante à psicanalista, contudo naquela época essa geração de jovens lacanianos lia Fabio Herrman e nutria uma simpatia velada por suas iniciativas. Ela representava uma espécie "face humana" da IPA. Visto de longe soava como um personagem esmagado pelas mesmas engrenagens que haviam moído Lacan, e com um tipo de orientação crítica similar. Percebíamos em seus trabalhos, ao mesmo tempo, a presença dos grandes temas do momento:

a linguagem como referência crítica (o estruturalismo, Merleau-Ponty, Piera Auglanier), a reinvenção da psicopatologia e a crítica de sua expressão tradicional (Basaglia, Foucault), a ética da Psicanálise (Lacan), a revisão dos sistemas de formação de analistas, o fim de análise e a orientação da cura.

Especialmente significativos foram os textos *Andaimes do real – O método da psicanálise* (livro I, 1979); *Clínica psicanalítica – A arte da interpretação* (1991); *Interpretação: Sobre o método da psicanálise* (1988). Neles percebia-se uma espécie de orientação reflexiva sobre o tratamento que contrastava vivamente com o que sentíamos como ortodoxo na Psicanálise convencional. Naqueles tempos a Coleção Primeiros Passos, da Brasiliense, era uma espécie de leitura obrigatória. Uma forma de saber quem era quem, quais os temas quentes e onde estariam os primeiros tropeços. Ora, Fabio Herrmann escreveu, com Renato Mezan o na época clássico *O que é psicanálise* (1983, primeira versão). A este seguiu-se uma segunda versão avidamente lida por nós, porque lacaniana. Ali já pressentíamos que nem tudo era tão homogêneo, simples e imediatamente aplicável ao contexto local quanto as críticas que líamos em Lacan contra a Psicanálise francesa dos anos 1950.

Outro ponto que despertava grande simpatia era a posição de Fabio na PUC-SP e no Sedes Sapientae. Segundo rumores que nos chegavam com evidentes deformações, ele não estava sendo exatamente bem tratado pelas ideias de abertura e de renovação que trazia. Os meandros eram incompreensíveis, mas a mensagem despertava simpatia.

Em 1998 participei da edição de um livro sobre *A psicanálise fim de século*, organizado por Iraí Carone e José Luiz Aidar. Um livro segundo nossos arroubos juvenis, sobretudo crítico. Qual não foi nossa surpresa quando Marion Minerbo e Fabio Herrmann aceitaram participar do projeto. Isso hoje mudou bastante, e na verdade não teria sido a primeira iniciativa nesse sentido, mas não deixa de ser, para mim, marcante que ele tenha participado dessa iniciativa lacaniana com o seu irresistível e humorado texto *Creme e castigo*.

Do ponto de vista mais expressamente teórico Fabio parecia, às vezes, estar falando com os lacanianos, mas "em código secreto". Delírios de autorreferência à parte, há de fato alguns exemplos da recepção lacaniana de sua obra. Por exemplo, a ideia de que: "como a interpretação psicanalítica funciona através de rupturas de campo e não pela comunicação do 'sentido correto' inconsciente do material, não é necessário, sendo antes contraproducente, dar a todas as nossas sentenças forma explicativa"[1] soava saborosamente lacaniana. Sua tradução lacaniana seria algo mais ou menos assim: a interpretação psicanalítica funciona pelo corte e não pela indução de uma significação imaginária e alienante do material. Não é necessário, sendo antes contraproducente, dar a todas as sentenças forma explicativa, ademais a interpretação deve evitar tão radicalmente a forma explicativa que o psicanalista em suas intervenções tende a evitar sentenças, preferindo ademais: escansões de palavras, pontuações, interjeições e, até mesmo, o silêncio.

A concepção de transferência que deriva da concepção de Herrmann implica que "tal ruptura de campo produz dois efeitos fundamentais. De um lado, o sujeito pode prescindir do sintoma. De outro, a crise identitária em que entra abre-se para o mundo, sob a forma de experimentos sucessivos..."[2]. Ou seja, "o choque de coerências incoerentes" parecia uma versão do entendimento lacaniano da transferência como dialética: "as interpretações contam com a crença para se constituírem em alternativas representacionais eficientes, mas a própria crença nas representações vigentes será molestada por seu efeito."[3]

A interpretação como evento (Badiou), redescrição (Jurandir Freire Costa) ou acontecimento (Luiz Cláudio Figueiredo) que desfaz o campo era uma espécie de ideia modelo que, aparecendo em várias versões, só poderia ser verdadeira. A isso se agregava o respeito e a renovação que Fabio parecia expressar pela especificidade da intervenção do analista, o que fazia água contra nossa ideia, preconceituosa, de que os analistas não lacanianos estavam confortáveis em seu ser de analistas e que tudo que faziam devia exalar eflúvios interpretativos. Nesse contexto Fabio Herrmann afirmava que "não se deve confundir interpretação psicanalítica e fala do analista" e criticava a procura dos invariantes do método, reduzidos a homogeneidades convencionais da prática. Sua pequena tipologia da atividade psicanalítica baseada em: (1) deixar que surja (2) tomar em consideração (3) o dito interpretativo, ressoava finalmente com uma das principais características da interpretação como acontecimento, ou seja, o fato de que ela é pensada no tempo. A tipologia estava correta pois, afinal, apenas reeditava os três tempos lógicos que

---

[1] Herrman, F. Clínica psicanalítica: A arte da interpretação. São Paulo: Brasiliense, 1993, p. 92.
[2] Herrmann, F. A cura no campo psicanalítico. In: O método da psicanálise. São Paulo: Brasiliense, 1991, p. 305.
[3] Herrmann, F. Interpretação e crença. In: O método da psicanálise. São Paulo: Brasiliense, 1991, p. 179.

coordenam a sessão psicanalítica, segundo Lacan, e que devem regular a ação e a incidência da interpretação.

Outro ponto de congruência inusitado entre as ideias de Fabio Herrmann e a tradição lacaniana reside na recuperação da ideia de cura. Ou seja, a Psicanálise é certamente um tratamento definida por um método e talvez uma forma de psicoterapia consistente com algumas técnicas (associação livre, por exemplo). Mas, além disso, e de forma irredutível a essas duas dimensões da prática, a Psicanálise é uma forma de cura. Não de cura tomada como resultado, como efeito de renovação de saúde e de retorno ao estado anterior ao adoecimento, mas cura no sentido conferido a esse termo na Antiguidade, ou seja, algo que tem que ver com a verdade, com a possibilidade do dizer verdadeiro:

> A cura, segundo a forma de ver a questão que lhe proponho, não é apenas o ponto de destinação da análise; analogamente ao diagnóstico, a cura é uma dimensão que percorre todo o processo analítico e confere-lhe valor terapêutico, tornando-o um tratamento. (Herrman, 1993, p. 197)

A Psicanálise é uma prática heterogênea. Nela se combinam técnica psicoterápica, método clínico e experiência de cura.

Foi assim que recebi os trabalhos de Fabio Herrmann, que li com alguns alunos de pós-graduação em nossos cursos na década de 1990. Como um autor que estava interessado no potencial criativo da interpretação e na renovação corajosa do método. Quero crer que havia uma íntima relação entre esses dois aspectos: a interpretação psicanalítica para além do método e da técnica. A interpretação psicanalítica à medida que nela se desenvolve uma cura, segundo a expressão valorizada por Lacan em inúmeros de seus textos. Vou, portanto, centrar minha comunicação sobre esse tema particular, a interpretação, ressaltando as origens da interpretação psicanalítica em uma técnica muito geral, ou seja, a técnica retórica. Mais especificamente examinarei alguns aspectos da retórica grega e notadamente a *inventio*, a arte de inventar o que dizer, para em seguida inserir esse ponto na discussão sobre as relações entre técnica e ética, no contexto da Psicanálise como uma cura.

A inventio Psicanalítica

A arte de inventar, selecionar ou escolher o que dizer compreende o conjunto de assuntos ou argumentos abordados. Para Aristóteles, é na Tópica (teoria dos lugares) que encontramos um repertório formal e invariante de argumentos e figuras de linguagem que se preenchem indefinidamente, formando o discurso. Há os lugares-comuns (conhecidos de toda a comunidade) e os lugares especiais que melhor se aplicam a poucas pessoas, a uma especialidade ou a uma disciplina. Os lugares tematizados pela retórica (comum e especial) incluem ainda lugares encontrados na demonstração dialética ou axiomática, como os lugares lógicos (definição, divisão, gênero), os lugares gramaticais (ação, sujeito, predicado) e os lugares nominais (palavras cognatas, etimologias, figuras)[4]. Os lugares-comuns admitem três casos gerais: o possível e o impossível, o existente e o não existente e o maior e o menor (grandeza). Os lugares especiais não são enumeráveis, dependem do âmbito de restrição discursivo que se queira considerar.

Argumento que a interpretação em Psicanálise deve ter a estrutura de um chiste. Isso não quer dizer que ela se apresenta sempre como piadinha e trocadilho oportunos ou inoportunos. A estrutura do chiste está tão próxima do chiste ele mesmo quanto uma piada está de sua explicação. A Psicanálise admite como condição elementar que o discurso empenhe-se principalmente a partir dos lugares especiais prescritos pelo paciente.

Em Freud, encontramos uma prática interpretativa que oscila entre a importância dos lugares específicos, decorrentes da história associativa singular do paciente, e os lugares-comuns, decorrentes de certas sedimentações culturais. É o caso da relação entre dinheiro e excrementos, da ligação entre o fogo e a experiência sexual, da ligação entre símbolos como a escada e o ato sexual. Se olharmos para esse esboço de simbólica universal, através do qual Freud se interessava pela mitologia, pela história das religiões e pelo folclore na perspectiva retórica e não metafísica, fica claro como nisso se trata apenas da elaboração de certos lugares-comuns, e não de um motivo causal que determine a significação fixa dos termos[5].

Mas o que determina a *inventio* retórica não é a escolha dos lugares, mas o emprego de um tipo específico de argumento conhecido como entimema. Sua característica formal é partir do que é verossímil ao

---

[4] Perelman, C. & Olbrechts-Tyteca, L. Tratado da argumentação. São Paulo: Martins Fontes, 1996, p. 75-115.
[5] Forrester, J. A linguagem e as origens da psicanálise. Rio de Janeiro: Imago, 1983, p. 118-127.

sujeito, não do que é imediatamente verdadeiro ou demonstrável. A categoria do verossímil inclui dois pontos de partida para um argumento: aquilo que é possível (*eikota*) e aquilo que é signo (*seimineia*). O entimema é silogismo elíptico, no qual uma ou mais premissas ou proposições são supostas, suprimidas ou elididas. Os entimemas e suas variações, como as tautologias e os lugares-comuns, replicam retoricamente os argumentos lógicos baseados em verdadeiras contradições, paradoxos e inverossimilhanças[6]. A reversão retórica baseada na elisão e na transformação, contida na noção de entimema, ajusta-se à descrição que Lacan faz da interpretação em Psicanálise, pois nela o analista toma:

a) uma história cotidiana por um apólogo;
b) uma larga prosopopeia por uma interjeição direta;
c) um simples lapso por uma declaração completa;
d) o suspiro de um silêncio por um desenvolvimento lírico[7].

Barthes[8] viu na prática da concisão um tipo especial de prazer produzido pelo entimema. Ele deixa ao destinatário a satisfação de concluir, por seu trabalho, os elementos pressupostos. As máximas, os jogos de palavra, os sofismas, as repetições usam retoricamente os lugares lógicos, gramaticais e nominais. Assim pode-se entender os tipos de interpretação propostos por Lacan[9]: lógica, gramatical e homofônica, sem contradizer a hipótese de que a interpretação em psicanálise tem uma *inventio* ligada ao entimema.

Se não encontramos em Freud uma reflexão sistemática sobre os modos e as táticas interpretativas, há um texto que se inscreve amplamente na tradição de estudos retóricos e versa sobre o problema homólogo da *inventio*. Trata-se de O *chiste e sua relação com o inconsciente*[10]. O método empregado por Freud na compreensão do dito espirituoso (*Witz*) equivale a um autêntico inventário retórico. Se a interpretação deve percorrer, de maneira invertida, o caminho de produção de determinada formação inconsciente entendendo a lógica

---

[6] Todorov, T. Os gêneros de discurso. São Paulo: Martins Fontes, 1980, p. 232.
[7] Lacan, J. "Função e campo da palavra e da linguagem em Psicanálise". In: Escritos São Paulo: Zahar, 1999
[8] Barthes, R. A aventura semiológica. São Paulo: Martins Fontes, 2001, p. 60.
[9] Lacan, J. O Aturdito.In OE:, 1970, 493-495.Completar a referência.
[10] Freud, S. O chiste e sua relação com o inconsciente SFOC – V.VIII, 1905a.

da formação do chiste, se infere, por inversão, o caminho da interpretação[11].

Freud postula que o chiste é "um juízo (*Urteilung*) que brinca",[12] uma vez que a efetuação do chiste implica produção de um "sem sentido dentro do sentido"[13]. Seu efeito sobre o sujeito é sempre de "desconcerto e iluminação", que tem a propriedade intrigante de nos enganar apenas por um momento[14]. Freud estipula que a alma do chiste é sua brevidade ou concisão, capaz de condensar o sentido sob a forma de uma comparação inusitada[15]. Vê-se, por isso, como a execução do chiste se assemelha muito à interpretação. Ambos devem despertar desconcerto e iluminação (*insight*), assim como se avaliam por seus efeitos e implicam organização do sentido com o contrassentido. Em diversos pontos de seu texto, Freud recorre à noção de *Einfühlung*, que se poderia traduzir tanto por sentimento de si quanto por simpatia ou empatia. O termo, em seu sentido técnico, é tomado de Lipps e empregado para definir não só o efeito do chiste, como também sua condição de realização eficaz. Ora, para Lipps, a *Einfühlung* é uma noção-chave para explicar o funcionamento da psicoterapia, o que nos permite supor que o livro sobre os chistes não é apenas um empreendimento descritivo sobre um tipo especial de formação do inconsciente, mas uma investigação sobre os princípios de funcionamento da cura.

Na primeira parte do estudo, Freud analisa as condições formais e subjetivas para a construção do chiste: os diferentes tipos de equivocidade (por alusão, por metáfora) e os diferentes tipos de tensão de sentido, por exemplo, entre o todo e a parte, entre conteúdo e continente. Aparentemente, Freud não dispunha de um repertório organizado das categorias retóricas, o que explica suas dificuldades de classificação. Ele divide os chistes em dois grandes grupos em função de sua forma de construção: os que se produzem a partir da *expressão verbal* e os que extraem seus efeitos do *jogo de ideias*. No primeiro caso, fala-se em chiste de palavra e, no segundo, em chiste de pensamento. Os chistes de palavra se dividem ainda em dois subgrupos

---

[11] Dunker, C. I. L. A interpretação do chiste e a retórica da interpretação psicanalítica. Interações (Universidade São Marcos). São Paulo, v. V, n. 8, 1999.
[12] Freud, S. op cit., p. 12.
[13] Ibidem, p. 13.
[14] Ibidem, p. 4.
[15] Ibidem, p. 15.

segundo a presença ou a ausência de deformações morfológicas na própria palavra. Quando Freud fala em *expressão verbal*, a ressonância com a ideia de significante é imediata. No entanto, há variantes em que se pode considerar essa noção, de um lado, como modificação da imagem acústica da palavra e, de outro, pela relação desta com outros elementos da frase (gramática) e, finalmente, como indutora de relações lógicas, no que Freud chama de *chistes de pensamento*. Isso quer dizer variações morfológicas, sintáticas e semânticas do significante.

A segunda parte do livro de Freud é dedicada à tese de que o chiste realiza um desejo sexual recalcado, transpondo, assim, para o chiste o que fora descoberto em relação ao sonho. Mas, em contraste com o sonho, que sugere uma formação de sentido privada e idiossincrática, o chiste é abordado como um processo social. O chiste exige, neste caso, condições relacionais para se efetivar – condições que Freud exemplifica pela participação na mesma classe social, na mesma origem étnica, na "mesma paróquia" ou ainda pela presença ou não de mulheres no recinto. A condição do chiste torna-se ambígua: de um lado, ele é um paradoxo despretensioso que decorre de um uso lúdico da linguagem; de outro, ele exige circunstâncias sociais precisas que o condicionam.

Essa dupla exigência exprime a volatilidade política do chiste e, por extensão, da interpretação. Já se observou que o chiste, o humor e a ironia são táticas importantes nas práticas de resistência política[16]. O humor é um efeito que marca a mudança de um discurso para outro e fonte de perturbação da fantasia. Assim como a blasfêmia e o xingamento, o humor assinala uma espécie de ponto de mutação possível, mas não necessário, de um discurso ao outro[17]. De outro lado, o chiste facilmente instrumentaliza, reforça e propaga todo tipo de segregação.

Ora, essa indeterminação articulatória do chiste, que pode servir tanto à segregação quanto à perturbação da fantasia ideológica, nos convida a outro aspecto da interpretação. Ou seja, além de responder aos critérios de figurabilidade social e intersubjetiva, a interpretação deve tocar a causa do desejo, deve aludir ao objeto. O critério pragmático de verificação do chiste (o riso) nos faz inferir, pelos efeitos, a

---

[16] Zizek, S. For they know not what they do – Enjoyment as a political factor. London: Verso, 2002.
[17] Bassols, M. & Garcia, G. On blasphemy: religion and psychological structure, In: Bracher, M. *et al.* Lacanian theory of discourse. New York: NY Press, 1984, p. 185-200.

presença da causa. Assim, a interpretação, bem como o chiste, realiza uma extração do objeto em relação ao Outro[18]. Ora, essa extração se dá em dois tempos. Primeiro, há um deslocamento, uma deformação ou uma subtração do objeto, que aponta, então, para a inconsistência do Outro. Todavia, há um segundo tempo: nele se reapresenta, por exemplo, a sutura neurótica da falta no Outro, que se completa em sua demanda. Aqui se recompõe o imperativo superegoico e a fantasia. Assim, a interpretação deve lidar sempre com seu efeito de alienação, que convida o sujeito a reafirmar sua servidão voluntária, e com o efeito de separação, que transforma a metáfora do sintoma (ou equivalente) na metonímia do desejo.

O tempo da separação permite, mas não determina, um momento de escolha. É nesse momento que se decidirá em qual discurso se articulará a interpretação ou, ainda, se estaremos diante de um ato. O ato define-se pela ruptura e pelo rearranjo da ordem simbólica, e não apenas no âmbito discursivo, da interpretação pelo deslocamento ou da rotação discursiva. Essa captura discursiva da interpretação permite entender a formação da demanda, particularmente em seu aspecto de coletivização. O exemplo mais simples desse efeito ocorre quando estamos apaixonados por alguém e tendemos a praticar uma ambiguidade dos significantes que esse alguém nos dirige de modo a confirmar ou desmentir nosso sentimento. Este significante flutuante (*floating*)[19] pode, então, ser manejado pelo sedutor para dirigir as demandas do sujeito.

Temos, então, duas novas articulações possíveis da retórica da interpretação. No primeiro caso, estamos às voltas com a decomposição da universalidade da lei, com a aparição de uma exceção, um significante não articulável que desestabiliza a consistência do Outro. No segundo, lidamos com a apresentação de uma contingência real que mostra a singularidade em sua face irredutível como objeto *a*. Essa contingência real, expressa pelo significante flutuante, pode ser coletada na vertente da alienação, reforçando ainda mais a consistência do Outro. Disso se conclui que não é necessário que o paradoxo semântico envolvido na interpretação – e, por homologia, no chiste – realize

---

[18] Metzger, D. The lost cause of rethoric – The relation of Rethoric and Geometry. In: Aristotle and Lacan. Illinois: Illinois University Press, 1995, p. 97.

[19] Laclau, E. Identity and hegemony: The role of universality on constitution of political logics. In: Butler, J., Laclau, E. & Zizek, S. Cointingency, hegemony, universality. London: Verso, 2000 p. 40-90.

também um paradoxo lógico, que toque o real e remeta a uma modificação da posição do sujeito frente ao objeto.

A política da cura

Sempre me pareceu curioso que o texto mais importante e mais sistemático de Lacan sobre a clínica psicanalítica chame-se justamente *A direção do tratamento e os princípios de seu poder*[20]. Em francês trata-se da *Direcion de la cure*, assim como em *Variantes do tratamento padrão*[21], trata-se de *cure*. A tradução brasileira faz uma escolha referida ao problema antes apresentado, ou seja, traduz *cure* por *tratamento*. A escolha torna-se mais problemática ainda quando notamos que a expressão *tratamento* (*traitement*), também é empregada por Lacan, como em *Du traitement possible de la psychose*[22]. Isso implicaria que a cura se aplica às neuroses, sobre o que versam os dois textos anteriores, restando às psicoses o eufemismo contido na noção de tratamento? Tratamento possível seria diferente de cura? Que dizer da exclusão da referência psicoterapêutica? De toda forma se *tratamento* soa mais palatável ao público brasileiro e também ao anglo-saxônico (Bruce Fink, o tradutor de Lacan para o inglês, escolhe *treatment*[23]) é por que na ideia de cura há algo de potencialmente crítico a ser recuperado.

Da dialética do senhor e do escravo à crítica dos modelos de formação de analistas, da noção de ato analítico à teoria dos quatro discursos, da crítica da primazia da técnica psicanalítica sobre a ética à teoria do final de análise, há uma persistente reflexão lacaniana sobre a dinâmica do poder envolvido na situação analítica. Esta não é a única nem a mais original contribuição de Lacan ao escopo específico do tratamento, mas quero crer que é um dos veios menos explorados pelos que se dedicaram a refletir sobre sua obra. Acostumamo-nos a reconhecer uma separação entre ética e política, a ponto de nos parecer natural que onde há poder esteja ausente a ética e onde está a ética ali

---

[20] Lacan, J. Direção do tratamento e os princípios de seu poder (1958), In: Escritos, Rio de Janeiro: Jorge Zahar, 2001..

[21] Lacan, J. (1955) Variantes do tratamento padrão, In: Escritos. Rio de Janeiro: Jorge Zahar, 1999.

[22] Lacan, J. Questão preliminar a todo tratamento possível das psicoses, (1958) In: Escritos. Op. cit.

[23] Lacan, J. Ecrits – a selection. Tradução de Bruce Fink. New York: Norton, 2004.

se ausente o poder. Aprendemos a considerar a situação analítica como um território no qual constitutivamente o exercício do poder está excluído. Mas essa garantia, por decreto axiomático, revela apenas uma concepção frágil e irrefletida, senão ahistórica, sobre o que é poder. Isso nos impede de ver como ele se exerce em inúmeras estratégias e, principalmente, nas formas diversas de recusá-lo para sustentar "autenticamente uma práxis". O resultado dessa atitude dificulta pensar as estratégias para sua desconstrução e mantém o funcionamento do poder para além de sua visibilidade e de toda forma de resistência[24]. Ou seja, a diferença entre psicoterapia, método clínico e cura é também uma diferença quanto ao modo específico de recusar o poder. A crítica de Lacan à autonomização da técnica em Psicanálise é no fundo uma crítica ao fato de que por trás e com a técnica há uma posição não criticada quanto ao exercício do poder.

O poder de que se trata aqui não é o poder de Estado (interessado na segurança das populações), nem o poder das associações (interessado na disciplinarização da prática) e ainda menos o das políticas de saúde mental (interessado na eficácia), mas aquele que confronta o sujeito com seu desejo e com seu destino. Neste sentido interessa investigar o poder constituído pela palavra que influencia, o poder que se fabrica e se desfaz no dispositivo analítico, o poder que legitima, prescreve e se positiva nas formas de sofrimento psíquico ou o poder que se problematiza no axioma psicopatológico pelo qual o sintoma é uma figura da privação de liberdade. Para delimitar as implicações da noção de poder escolhemos examiná-la em confronto com duas outras problemáticas igualmente presentes na reflexão lacaniana: a da verdade e a da ontologia.

A Arte da Interpretação: a retórica e a cura

> "A interpretação de um sonho incide em duas fases: a fase em que é traduzido (Übersetzung) e a fase em que é julgado ou seu valor (Deutung) determinado"[25]

---

[24] Derrida, J. Resistências del psicoanálisis. Buenos Aires: Paidós, 1997.
[25] Freud, S. Observações sobre a teoria e a prática da interpretação de sonhos. In: SFOC-VIX, 1923c, p. 117.

Ou seja, do ponto de vista da tradução, é possível imaginar que a interpretação está aberta a todos os sentidos; mas, do ponto de vista do juízo que ela implica, seu valor não é indeterminado, mesmo que seja por meio de um significante sem sentido (*non sensical*)[26].

Freud parece reservar a expressão "interpretação" ao trabalho de ressignificação pontual, como, em geral, observa-se em relação aos sonhos, pequenos esquecimentos, atos falhos e chistes. O emprego do termo em relação a sintomas, fantasias e manifestações transferenciais é mais raro, e geralmente subentende a combinação de elementos originados do trabalho interpretativo do primeiro tipo. O termo *Übersetzung*, presente na passagem acima, pode ser entendido como "tradução", mas também como "estabelecimento", no sentido em que se diz que algo está estabelecido para alguém, ou que um texto foi estabelecido. Mas estar estabelecido no sentido de que se formou uma convicção a respeito, não no sentido de que algo se impôs. Daí a tradução alternativa de *Übersetzung* por "convicção".

Convicção (*Übersetzung*) e persuasão (*Überredung*) são duas expressões que se deve distinguir, apesar do termo grego para persuasão (*petihous demiourgós*) incluir tanto a convicção quanto o convencimento sugestivo. A convicção é o resultado subjetivo de uma argumentação, ao passo que a persuasão é fruto de um convencimento subjetivo que procura induzir uma relação entre juízos e atos. Na retórica publicitária, é a diferença entre estabelecer a *convicção* de que o produto é bom e *persuadir* o público a efetivamente comprá-lo.

Como se pode facilmente notar, convencer o outro (vencer com) coloca em jogo uma dimensão agonística compatível com a desautorização (*Ablehnung*). A categoria mais ampla da persuasão inclui, além da convicção, outro termo que encontramos em Freud: a *Überlistung* (logro, engano). Neste caso, o sujeito é levado a aderir a um saber sem torná-lo próprio, o que se diz em português com a ideia de sugestão ou de comoção. Há um efeito de persuasão que se verifica na identificação, quer na relação do líder com as massas, quer na relação histérica com o desejo do outro e ainda na identificação regressiva, formadora dos sintomas. A identificação é uma interpretação inexata, pois reúne em si dois processos heterogêneos: a projeção imaginária, em curso na *Überlistung*, e a introjeção simbólica, em curso na *Übersetzung*.

---

[26] Lacan, J. Os quatro conceitos fundamentais da psicanálise. SXI, 1964, p. 236.

Ora, pelo que expusemos até aqui há uma retórica como técnica do uso das palavras e há uma incorporação de recomendações retóricas ao método psicanalítico. Contudo a interpretação psicanalítica não é inteiramente redutível à retórica, pois a Psicanálise é ainda uma cura. Apresentaremos então brevemente a noção de cura de forma a ressaltar como esta é desde sua origem uma espécie de exercício contra a retórica como arte da manipulação sugestiva do outro. A cura como algo que comporta uma antirretórica, dirige-se à recuperação da palavra, e de seu poder, pelo próprio sujeito. Daí que a cura tenha sido chamada de cuidado de si, pois é na relação de cuidado que se desenvolve esta ética específica chamada cura.

O argumento dos helênicos é que o cuidado de si não é uma atividade concernente ao mundo do trabalho; não envolve a produção de um objeto nem técnicas inerentes a ele. Também não é, necessariamente, atividade estética ou religiosa, e muito menos atividade contemplativa ou teórica, se bem que possa incluí-las, desde que sejam consideradas atividades *no mundo*. Há quatro esferas que levam à problematização crítica do universo moral grego, quatro domínios nos quais a liberdade seria assim abordada: a saúde do corpo, a relação com a esposa, a relação com o mesmo sexo e a relação com o acesso à verdade[27].

Historicamente, há três momentos na prática do cuidado de si:
1) o momento socrático-platônico, cuja referência maior é o diálogo *Alcibíades*, atribuído a Platão (V a.C.);
2) o período helênico, em que o cuidado de si se expande numa cultura de si, à época da Roma Imperial (II a.C. a III d.C.); e, finalmente
3) os séculos IV e V d.C., nos quais tal prática é absorvida ao ascetismo cristão que termina por submeter o cuidado de si à primazia do conhecimento de si.

No diálogo platônico encontramos o personagem de Alcibíades, o mesmo que se encantara por Sócrates em *O banquete*[28] e que Lacan[29] usa para reler a estrutura da transferência em termos do amor ao saber e ao objeto que o indicia (*agalma*). Todavia, no diálogo intitulado *Alcibíades*,[30]

---

[27] Fonseca, M. A. Michel Foucault e a constituição do sujeito. São Paulo: Educ, 2003, p. 105.
[28] Platão O banquete. São Paulo: Abril Cultural, 1973.
[29] Lacan, J. A transferência, 1960, SVIII.
[30] Platão O primeiro Alcibíades. In: Diálogos. Belém:UFPA, 2007.

a situação é outra. Aqui o jovem guerreiro envelheceu, ingressando na idade crítica em que abandona os amores de juventude, ambicionando agora a vida política. Alcibíades não está interessado apenas em usufruir suas relações e viver pacatamente em família e entre outros cidadãos; quer, outrossim, transformar seu *status* numa ação política de governo sobre os outros. Diante dessa demanda, Sócrates lhe responde que o exercício do poder deve ser antecedido pelo cuidado de si. Sem a experiência do cuidado de si, na qual Alcibíades se mostra ignorante, o poder se extrapola em excesso ou se corrompe em tirania. Não que falte a Alcibíades formação (*paideia*), experiência política ou virtude (sabedoria, justiça, temperança e coragem); falta o cuidado de si. Como cuidar dos outros, no sentido de ser soberano de uma cidade, sem antes saber como cuidar de si?

Alcebíades é levado pela ironia socrática a reconhecer sua ignorância em face da questão: o que é isso, o próprio eu, do qual ele deve se ocupar. É a ignorância, reposta ao longo do percurso como uma espécie de paixão renitente, que guia o cuidado de si. Trata-se de um diálogo aporético. Nele, não se elucida propriamente a questão levantada, não sendo possível, portanto, uma medida exata do que significaria o cuidado de si para Platão. Certo é que ele inaugura um longo trajeto de absorção, redução e dominação do cuidado de si pelo conhecimento de si. O movimento não necessário aqui é a passagem da questão ética – como cuidar de si? – para a questão epistêmica: o que é o eu? O problema é que da ignorância do cuidado de si não se deduz a ignorância de si.

O diálogo platônico começa pela observação de Sócrates. Este estivera acompanhando Alcibíades desde sua juventude. Notara seu orgulho, sua vaidade, sua atitude diante dos amigos e, sobretudo, a vaidade que toma conta de Alcibíades tendo em vista suas vantagens. Daí a promessa socrática: "(...) espero provar-te que te sou indispensável, e de tal forma indispensável que nem o teu tutor, nem teus parentes, nem ninguém mais encontra-se em condições de entregar-te em mãos o poder que tanto ambicionas"[31].

A prática maiêutica começa pela indagação da origem do saber sobre a guerra, a paz e os demais assuntos de Estado e pelo reconhecimento de que é necessário adquirir a excelência (*areté*) nesse campo. Nesse assunto domina a controvérsia. Como aprender a distinguir o

---

[31] Platão, op. cit., p. 236.

justo do injusto, o justo do vantajoso, o bom do belo, se nessa matéria não sabemos o que aprendemos por nós mesmos e o que nos foi ensinado por outrem? Sócrates afirma tratar-se de um erro relativo à vida prática, onde incorremos na ignorância de presumimos saber o que não sabemos. Daí a primeira interpretação: Alcibíades atira-se rumo à política como parte de uma doença: a ignorância de si [32]. É por isso também que ele não consegue transmitir seu saber político. Ou seja, falta-lhe preparo, falta lhe uma experiência propedêutica que o habilite a governar os outros. Assim também ele desfaz dos seus oponentes persas ou lacedomônios, por pura ignorância de si: "(...) não virias a tomar mais cuidado consigo mesmo, no caso de teres medo deles e de os considerares adversários temíveis, do que se pensasse o contrário?"[33]

É contra este destemor no qual se ampara a ignorância que Sócrates lembra pela primeira vez a divisa de Delfos: *Conhece-te a ti mesmo*[34]. Ela não é, contudo, o fim necessário para a tarefa, mas apenas o lema maior pelo qual nos lembramos da importância de aperfeiçoar-se. Aqui são chamadas as artes com as quais a arte de governar pode ser comparada e distinta: a arte do remador, do piloto e do marinheiro. A elas se acrescem a arte do médico, da medida, do comércio e da concórdia. Termina-se o elenco com a evocação dos laços familiares e de amizade, no quais se pratica o governo dos outros. O que todas estas práticas têm em comum e ao mesmo tempo o que está negado na prática maior na qual todas se incluem?

"Então responde: que significa a expressão cuidar de si mesmo? Pois pode muito bem dar-se que não estejamos cuidando de nós, quando imaginamos fazê-lo. Quando é que o homem cuida de si mesmo? Ao cuidar de seus negócios cuidará de si mesmo?"[35]

Cuidar ocorre quanto tratamos algo de tal forma que o deixamos melhor do que o encontramos. Porém cuidar de si não equivale a cuidar de algo que nos pertence. Aqui o cuidado torna-se um conceito crítico da noção de posse e pertencimento, pois a "arte que se ocupa conosco não é a mesma que se ocupa com o que nos pertence"[36]. Vemos aqui a primeira sinonímia socrática: cuidar é fazer, cuidar é ocupar-se com.

---

[32] Platão, op. cit., p. 258.
[33] Platão, op. cit., p. 261.
[34] Platão, op. cit., p. 266.
[35] Platão, op. cit., p. 273.
[36] Platão, op. cit., p. 275.

Não é a arte de por meio da qual deixamos melhor qualquer coisa que nos pertença, mas a que nos deixa melhores a nós mesmos. (...) o que é certo é que, conhecendo-nos ficaremos em condições de saber como cuidar de nós mesmos, o que não poderemos saber se nos desconhecermos[37].

Aqui fica clara a distinção entre *conhecer a si mesmo* e *cuidar de si mesmo*. Que o primeiro é uma condição, uma condição para saber de si, para orientar-se para si. Ora, cumprindo-se a condição isso não necessariamente cumpre o que ela condiciona. Surge a oposição subsequente entre conhecer e cuidar que encontrará uma longa história. Para Sócrates, na sequência desse diálogo, trata-se de descobrir *a essência íntima do ser*, no corpo, na alma e na reunião do corpo e da alma. Nessa relação o corpo é o dominado e a alma o governante. O Alcibíades real é, antes de tudo, sua alma. Consequentemente, quem cuida do corpo não cuida de si mesmo, mas apenas do que lhe pertence, assim como *só te ama quem amar sua alma*. Também ao apaixonar-se pelo povo, a quem pretende governar, Alcibíades perder-se-ia de si mesmo. O cuidado de si deve preceder ao governo dos outros.

Ora, esse cuidado começa pelo olhar, e mais precisamente pelo olhar que toma o outro olhar como um espelho, refletindo assim a própria alma que pode ser contemplada a partir do espelho representado pelo outro. Assim podemos reconhecermo-nos a nós mesmos. Alguém pode conhecer as coisas que lhe dizem respeito sem conhecer a si próprio, mas nessa condição jamais poderá reconhecer o outro para além das propriedades do outro ou daquilo que lhe pertence. Um homem nessas condições nunca exercerá a política. A única forma de impedir a tirania política é tratar a tirania de si, em outras palavras, a libertar-se de si mesmo.

É no quadro do cuidado de si que uma série de técnicas, práticas e dispositivos serão relidos e transformados, sempre tendo por referência uma relação dialogal e pessoal. O cuidado de si é uma atividade para toda a vida, mas que se inicia e se transmite privilegiadamente numa relação finita. A imagem que podemos ter desse processo é a de uma série de encontros de duração variável entre um mestre e um discípulo. Nesses encontros, se pratica o exame de situações pontualmente problemáticas: assumir ou não um posto ou um encargo, casar-se, comer um tipo de alimento, mudar-se de cidade, ser deserdado pelo pai, conduzir

---

[37] Platão, op. cit., p. 275.

amizades e relações, lidar com a doença de um ente querido, manter relações sexuais, enfim, tudo o que pode ser fonte de bons e maus encontros durante a vida cotidiana. O cuidado de si é impossível sem a participação ativa e continuada do outro. O homem ama demais a si mesmo para se libertar sozinho, afirma Galeno. Se é na esfera das relações humanas que emergem as dificuldades, não seria fora delas que elas se resolveriam.

O outro, suporte e condição para o estabelecimento do cuidado de si, tem um estatuto ambíguo, ora aproxima-se de um amigo, outras vezes de um conselheiro fixo e ainda de um mestre ou médico da alma. Entre as técnicas praticadas, incluem-se a purificação (*catharsis*), a concentração e dispersão da alma, o retiro e as provas. Há, ainda, a preparação e o exame dos sonhos, o exercício da memória sobre os atos e as circunstâncias que compõem a vida, e o questionamento das decisões nela envolvidas. Há as técnicas que visam a atrair a atenção e diminuir a curiosidade dispersiva, outras cujo objetivo é reduzir a atenção e fazê-la flutuar por novas paisagens. Há também as técnicas de memória que recuperam as pequenas escolhas do cotidiano, remetendo-as a um exame das representações que estas evocam no próprio sujeito.

A atividade de separação e avaliação dos conhecimentos necessários para o cuidado de si inclui os saberes de natureza etopoiética, ou seja, aqueles que conduzem à *autarqueia* (depender de si) e à *contenti* (contentamento consigo). É importante separar tais práticas da *enkrateia*, ou seja, o domínio de si. Reconhecemos esse impulso e essa exigência de dominar a si mesmo na figura de Ulisses. Por exemplo, ele se faz amarrar ao mastro e ordena colocar cera nos ouvidos dos marinheiros quando a embarcação passa perto dos rochedos onde habitam as sereias. Uma bela metáfora da proporcionalidade entre o domínio de si e o domínio do outro. Ocorre que, na esfera do cuidado de si, a preocupação excessiva com o autodomínio é interpretada como sintoma da ausência desse cuidado. Não que o domínio exclua o cuidado – é a relação de ganância, esforço e exercício de poder que denota a ausência da relação de cuidado, sugerindo que ele se desloca para uma relação de educação ou governo entre as pessoas.

Vemos aqui duas expressões de natureza política empregadas para especificar o cuidado de si. A relação de poder a si é simétrica, mas não proporcional à relação de poder de si ao outro. Portanto, a relação pressuposta na dominação de si é ponto de partida para a dominação do outro ou da dominação pelo outro. Aqui se localiza uma das incidências dessa espécie de meta-hipótese dos trabalhos de Foucault – hipótese que insere A hermenêutica do sujeito, nosso texto de referência para a questão, num projeto mais vasto: *não há outro ponto, primeiro e último, de resistência ao poder político senão na relação de si para consigo*[38]. O interesse das estratégias de poder nas técnicas de si não é, portanto, acessório ou complementar, mas constitutivo. Daí seus trabalhos sobre a história da sexualidade, sobre a história da loucura, sobre as formas jurídicas ou de governabilidade serem simultaneamente textos de crítica histórica e fragmentos de uma genealogia da ontologia política da clínica psicanalítica.

A alma como sujeito, e não como substância essencial, é agente de um tipo de cuidado que mantém uma relação metafórica com outras formas de cuidado, a saber, o cuidado que um médico dedica a seu paciente, que o dono da casa tem para com seu lar (economia, *oikos*) ou que o amante oferece à amada (*eros*). Diferentemente do médico, do pai de família ou do professor, o cuidador cuida do cuidado que alguém pode ter consigo. Isso não exclui a erótica, a dietética ou as relações sociais que alguém tem para com sua vida, mas a relação é indireta. O cuidado de si não implica descuido com os outros, pelo contrário: problematiza o cuidado com o outro a partir da forma de cuidado consigo.

Conclusão

A interpretação tem um lugar específico se consideramos a Psicanálise como um método, trata-se dos meios pelos quais o desejo inconsciente pode vir à luz. Esses meios obedecem a condições que são mais antigas que a Psicanálise e que foram longamente estudadas pela tradição retórica do ocidente. Procurei mostrar como o livro de Freud sobre os chistes é ao mesmo tempo um trabalho sobre as condições formais da interpretação e um estudo que se inscreve nesta tradição da retórica.

Contudo a Psicanálise não é nem apenas um método de tratamento e uma técnica psicoterápica, para a qual a possibilidade de construir e desfazer convicções, crenças ou formas de saber constitui uma dificuldade prática. Considerações semelhantes poderiam ser feitas com

---

[38] Foucault, M. op. cit., p. 306.

relação ao conceito correlato ao de interpretação, a saber, o conceito de transferência. Ela também foi objeto de estudo dos retóricos, ela também pode ser abordada segundo uma orientação de método e potencializada pela técnica. Todavia a psicanálise é ainda uma forma de cura, como insistiram Lacan e Fabio Herrmann. Cada qual segundo uma acepção própria de cura introduziram e se valeram deste conceito para explicar e garantir a presença da dimensão do cuidado e do contrapoder na situação analítica e porque não dizer na formação dos psicanalistas.

Ao retomar o diálogo platônico e a figura de Alcebíades espero ter mostrado como retórica e cuidado de si se opõe, ao mesmo tempo que se conjugam, no interior de nosso tema. A interpretação na esfera do cuidado de si não é apenas uma interpretação cuidadosa, mas uma interpretação que pretende separar o sujeito da própria necessidade de interpretações, de tal maneira que ele possa se responsabilizar por seu próprio processo de cura.

Referências bibliográficas

BARTHES, R., A aventura semiológica. São Paulo: Martins Fontes, 2001.

BASSOLS, M. & GARCIA, G. Blasphemy: religion and psychological structure, In: Bracher, M. et al. Lacanian Theory of Dicourse. New York: NY Press, 1984.

DERRIDA, J. Resistências del psicoanálisis. Buenos Aires: Paidós, 1997.

DUNKER, C. I. L. A interpretação do chiste e a retórica da interpretação psicanalítica. Interações (Universidade São Marcos), São Paulo, 1999, v. V, n. 8.

FONSECA, M. A. Michel Foucault e a constituição do sujeito. São Paulo: Educ, 2003, p. 105.

FORRESTER, J. A linguagem e as origens da psicanálise. Rio de Janeiro:Imago, 1983.

FOUCAULT, M. A hermenêutica do sujeito. Martins Fontes: São Paulo, 2006.

FREUD, S. O chiste e sua relação com o inconsciente. SFOC, 1905ª, V.VIII.

_____. Observações sobre a teoria e a prática da interpretação de sonhos. In: SFOC-VIX, 1923c, p. 117.

HERRMANN, F. A cura no campo psicanalítico. In: O método da psicanálise. São Paulo: Brasiliense, 1991.

_____. Interpretação e crença. In: O método da psicanálise. São Paulo: Brasiliense, 1991.

_____. Clínica psicanalítica: A arte da interpretação. São Paulo: Brasiliense, 1993.

Lacan, J. (1955). Variantes do tratamento padrão. In: Escritos. Rio de Janeiro: Jorge Zahar, 1999.

_____. (1956). Função e campo da palavra e da linguagem em psicanálise. In: Escritos. Rio de Janeiro: Jorge Zahar, 1999.

_____. (1958) Direção do tratamento e os princípios de seu poder, In: Escritos. Rio de Janeiro: Jorge Zahar, 1999.

_____. (1958). Questão preliminar a todo tratamento possível das psicoses. In: *Escritos*. Rio de Janeiro: Jorge Zahar, 1999.

_____. (1960). O seminário Livro VIII - A transferência. Rio de Janeiro: Jorge Zahar, 1988

_____. (1964). O Seminário Livro XI - Os quatro conceitos fundamentais da psicanálise. Rio de Janeiro: Jorge Zahar, 1988.

_____. (1970). O aturdito. In: *Outros escritos*. Rio de Janeiro: Jorge Zahar, 2004.

LACLAU, E. Identity and hememony: The role of universality on constitution of political logics. In: Butler, J. Laclau, E. & Zizek, S. *Cointingency, hegemony, universality*. London: Verso, 2000.

METZGER, D. The lost cause of rethoric - The relation of Rethoric and Geometry. In: *Aristotle and Lacan*. Illinois: Illinois University Press, 1995.

PERELMAN, C. & OLBRECHTS-TYTECA, L. *Tratado da argumentação*. São Paulo: Martins Fontes, 1996.

PLATÃO. *O banquete*. São Paulo: Abril Cultural, 1973.

_____. O primeiro Alcibíades. In: Diálogos. Belém: UFPA, 2007.

TODOROV, T. *Os gêneros de discurso*. São Paulo: Martins Fontes, 1980.

ZIZEK, S. *For they know not what they do* - Enjoyment as a political factor. London: Verso, 2002.

Capítulo 2
PSICANÁLISE COMO CIÊNCIA POÉTICA: INTERPRETAÇÃO E CURA

João A. Frayze-Pereira

Muitos são os psicanalistas que situam a Psicanálise no campo das artes. Entre outros, Pontalis (2002), Fédida (1999), Bollas (1999) e Meltzer (1988) aliam-se, cada um a seu modo, a essa vertente teórico-clínica. E ao destacarem a perspectiva estética da Psicanálise, perspectiva segundo a qual, *grosso modo*, a história do paciente seria modificada pelo próprio fato de ser narrada no curso de um tratamento, esses autores abrem mão da ideologia implicada nos mitos da neutralidade científica e da universalidade do conhecimento positivo, governados pelo ideal de objetividade. Com essa tomada de posição, assumem criticamente o caráter perspectivo do conhecimento proposto por uma Psicanálise, uma vez que é comprometido com a subjetividade dos narradores e com a situação em que estes se encontram.

Fabio Herrmann é um autor que se alia a essa perspectiva epistemológica. Não por acaso, em vários momentos de sua obra, faculta a articulação entre conceitos da Teoria dos Campos e noções elaboradas no campo da Estética. No livro *A psique e o eu* (1999a, p. 105), por exemplo, é notável o uso que o autor faz do termo *forma*, sobretudo para desenvolver a noção de *eu* como *forma do sujeito psíquico*. Em outros trabalhos, são frequentes as referências às várias artes para pensar certas questões teórico-clínicas (1991) e situar a própria Psicanálise entre a medicina e a literatura (2001), pois, como esta, opera no campo da construção ficcional em que são privilegiados lapsos e figuras, metáforas e metonímias.

No entanto, se a literatura existe para ser lida, ler não é o mesmo que interpretar. Como observa Alfredo Bosi, num ensaio dedicado à questão da interpretação, ler é colher tudo quanto vem escrito. Mas interpretar é eleger (*ex-legere*: escolher), na massa das possibilidades semânticas, apenas aquelas que se movem no encalço da questão crucial: o que o texto quer dizer (1988, p. 275).

Nesse sentido cabe ao intérprete de um texto literário decifrar a relação que a palavra escrita mantém com o não escrito, pois o intérprete é um mediador que trabalha rente ao texto, mas com os olhos postos em um processo formativo que transcende a letra.

Interpres chamavam os romanos àquele que servia de agente intermediário entre as partes em litígio. Com o tempo, *interpres* assumiu também a função de tradutor: o que transporta o significado de sua forma original para outra, de um código primeiro para um código segundo; o que pretende dizer a mesma mensagem, mas de modo diferente. A interpretação opera nessa consciência intervalar, e ambiciona traduzir fielmente o mesmo, servindo-se dialeticamente do outro (Bosi, 1988, p. 277).

Assim, se o intérprete é um mediador cuja linguagem lembra a do tradutor de uma língua para outra, lembra também a de um músico que domina a arte de transpor melodias de um instrumento para outro (Bosi, 1988, p. 286). Porém, diante dessa elaboração teórico-conceitual do crítico literário, temos de lembrar que Psicanálise não é literatura, embora esta, assim como a arte, possa iluminar o trabalho da primeira. E relembro que há muitos outros psicanalistas que tomam esse partido estético. Mas, entre eles, é Fabio Herrmann o autor que melhor examina a questão do método psicanalítico do ponto de vista epistemológico (Frayze-Pereira, 2002), permitindo, de um lado, o fortalecimento da perspectiva derivada do campo formado pela psicanálise e pela estética e, de outro, a partir dessa perspectiva, de uma elaboração psicoestética de questões complexas como as de "interpretação" e "cura", essenciais na psicanálise (Frayze-Pereira, 2007).

Com efeito, quando Fabio Herrmann (1991) designa o método interpretativo na Psicanálise "arte da interpretação", entendida como um processo encarnado na relação paciente-analista, como uma operação do "campo transferencial" que visa a produzir "rupturas de campo", deixa aberta a via que nos permite compará-lo ao "processo artístico" e, a partir dele, compreender a questão da "cura". Mas, não nos apressemos.

Interpretação e cura

Em primeiro lugar, é preciso notar que, ao propor a noção de método interpretativo como ruptura de campo, Herrmann interroga a ideia clássica de método que pressupõe a exterioridade entre sujeito e objeto do conhecimento. Em outras palavras, é o princípio aristotélico da identidade ou da não contradição que é posto em questão pela Teoria dos Campos, assim como aconteceu no campo da Filosofia Contemporânea ou no da Arte Moderna, desde as chamadas Vanguardas (Poggioli, 1968). E se com isso não se define uma atitude científica, aceitável pelo menos no reino psíquico, diz Herrmann, "a Psicanálise deve resignar-se a ser arte ou ofício, mas dificilmente ciência" (1999a, p. 16). Ou seja, método psicanalítico é um modo reflexivo de trabalhar, exatamente porque interroga as experiências imediatas, *deixando surgir* e *tomando em consideração* as mediações desconhecidas que as tornam possíveis. E considerar as mediações não é recusar a experiência, mas é, em sentido dialético, negá-la, isto é, interrogá-la enquanto imediata para tomar em consideração o mediato que se esconde nela. No entanto, em que resulta o interrogar a experiência desse ponto de vista?

Pode-se dizer que uma implicação desse modo de pensar psicanalítico é reconhecer que o método não é um instrumento objetivo ao qual o sujeito pode recorrer para garantir a adequação das suas operações[1]. Aliás, com a ideia da interpretação como arte, essa possibilidade de garantir previamente a verdade das interpretações não

---

[1] Pode-se dizer que a modernidade inaugura uma forma de conhecer que persiste na época contemporânea, forma a serviço da qual se encontra exatamente a ideia de método. O dualismo originário sujeito-objeto, consciência-mundo, engendra o que ficou conhecido na Filosofia como o "problema do conhecimento" e suas consequências, cuja superação exige a interrogação dos compromissos contraídos por esse tipo de relação sujeito-objeto, entre eles a necessidade do método (Frayze-Pereira, 2002).

existe na Psicanálise (Herrmann, 1991, p. 83 ss.). Nesse sentido, Herrmann observa que "(...) o analista deve teorizar radical e pessoalmente sua clínica, valendo-se dos recursos oferecidos pelas várias correntes" (2001, p. 17). E "que sempre a análise seja conduzida pelas teorias feitas sob medida, pois quem, sofrendo, nos procura não merece um mero *prêt-à-porter*, um interpretante de livro" (1999b, pp. 13-14). Quer dizer, o analista deve praticar a "arte de interpretar com o paciente" (1999a, p. 13). Entendido como "antropólogo da psicologia" (2001, p. 9), segundo Fabio, o psicanalista é um sujeito singular, limitado pelo caráter particular dessa prática concreta, e uma pessoa livre o bastante para cultivar-se com as múltiplas referências existentes na Psicanálise e na Cultura em sentido amplo. Em suma, pode-se dizer que, na Teoria dos Campos, o ato clínico precede a teoria e é precedido pelo método. No entanto, se admitirmos que o *modo de pensar psicanalítico* é *trabalho de reflexão*, também temos de admitir que o método não é um instrumento objetivo ao qual o sujeito pode recorrer para garantir a adequação de suas operações. Aliás, com a ideia da interpretação como arte, essa possibilidade de garantir previamente a verdade das interpretações não existe na Psicanálise (Herrmann, 1991, p. 83 ss.).

Assim, a interpretação é um processo que promove a ruptura de campo, isto é, a desconstrução da lógica que preside o campo transferencial ou o campo banalizado das comunicações do paciente[2]. Pode-se entender tal processo como "negatividade formadora", nos termos da Filosofia contemporânea (Giannotti, 1973, p. 34), isto é, como movimento de interiorização da experiência externa enquanto não saber e de exteriorização do sentido obtido pela reflexão. Mas, também, pode-se entendê-lo como "formatividade", nos termos da Estética contemporânea (Pareyson, 1984) que concebe a arte não como a execução de algo pré-concebido ou a exata expressão de um projeto ou uma produção segundo regras preestabelecidas, mas como um processo tal que

---

[2] "Interpretar é como partejar – espera-se que nasça um bebê e não que nasça um fórceps, que do paciente surja um sentido, não que resulte o instrumento teórico do analista. Esta é a ideia básica da noção de ruptura de campo. O analista que interpreta, ao tomar em consideração o valor metafórico do discurso do paciente – ou, a propósito, de qualquer recorte do real – espera induzir (outra palavra obstétrica) uma ruptura dos pressupostos que limitavam seu sentido, encarnados numa área psíquica transferencial ou campo, provocando o estado de momentânea confusão chamado vórtice, em que ressurgem representações que haviam sido proscritas da consciência por estarem em desacordo ou serem incoerentes com as regras daquele campo em particular" (Herrmann, 1999a, pp. 15-16).

enquanto faz nega o feito, o instituído, e inventa o *por fazer* e o *modo de fazer*, o instituinte. Nesse sentido, a arte é um fazer em que execução e invenção são atividades diferentes, porém simultâneas e inseparáveis. Nela a realização não é somente um *facere*, mas um *perficere*, isto é, um acabar, um levar a cumprimento e inteireza, de modo que é uma invenção tão radical que dá lugar a uma forma absolutamente original e irrepetível. Nesse sentido, pode-se dizer que a atividade artística consiste propriamente no "formar", isto é, exatamente num executar, que é, ao mesmo tempo, inventar e descobrir (Pareyson, 1984, p. 32). E, guardadas as devidas proporções, pois arte não é Psicanálise e vice-versa, tais conceitos permitem certa aproximação entre o processo psicanalítico e o processo artístico.

Segundo Herrmann (2000, p. 434), nesse sentido, um processo psicanalítico que se cumpre é aquele que foi levado até o ponto da cura do paciente, isto é, o ponto deste chegar à sua plena potencialidade para habitar o seu destino com um pouco mais de clareza: "curado, o paciente supera certas limitações, como a ilusão de ser sempre um e o mesmo" (Herrmann, 2000, p. 434). Nessa acepção de cura, como a cura de um queijo que significa tomar ponto, percebe-se que não se trata de erradicar algo da personalidade, mas de sazonar, de amadurecer e desenvolver, palavras equivalentes a curar. Ora, analogamente, o processo artístico também consiste no fazer amadurecer, no curar, isto é, no "perficere" da obra de arte: "é o próprio movimento da sua formação chegado à totalidade, concluído, mas não interrompido, chegado a seu termo natural, 'arredondado sobre si'..." (Pareyson, 1984, p. 147).

Pode-se dizer, então, que tanto uma Psicanálise quanto uma obra exprimem um processo que se perfaz temporalmente. A relação entre formatividade e forma é de congenialidade, pois a formatividade é incluída na obra que se realiza como *forma perfeita*, assim como o método psicanalítico cria perfeitamente seu próprio objeto. Essa possibilidade existe, dada a espessura ontológica do método psicanalítico que "cria a situação onde os fenômenos que estuda se podem dar e cria, até certo ponto, os próprios fenômenos estudados" (Herrmann, 2001, p. 61). Quer dizer, pressupondo a relação intrínseca entre *método e realidade*, a espessura ontológica do método é facultada na Psicanálise pelo fenômeno transferencial e é própria do processo artístico e não da ciência, como demonstrou Merleau-Ponty. Nesse sentido, escreveu esse filósofo: o cientista "manipula as coisas e renuncia a habitá-las" (1964, p. 9) ao contrário do poeta cuja ação "consiste em escrever sob a inspiração do que se pensa, do que se articula nele", ou do pintor cuja função é "cercar e projetar o que nele se vê" (1964, p. 30).

Assim, se a arte da interpretação é suscitada pela realidade à qual se aplica é porque tal realidade – o ser do paciente – não é uma identidade fechada, mas uma forma multifacetada que possibilita a contínua criação de si mesma. Nessa medida, durante o processo de interpretação, podemos imaginar uma porta que se abre ao paciente a lhe permitir que ele comece a se criar continuamente como obra de arte (Herrmann, 1999a, p. 219-220). Ou, nas palavras de Christopher Bollas (1998), que ele se torne personagem de sua própria história, fazendo contato com a complexidade da sua vida mental e, portanto, passe a representá-la.

Nesse sentido, o pensamento de Fabio está de acordo com Kristeva (1993, p. 61) quando ela afirma que uma situação analítica é sempre um "microcosmo específico" e que "cada tratamento se torna um idioleto, uma obra de arte" a requerer um trabalho criativo "no interior do continente freudiano". Ou seja, "para *cada* paciente, para *cada* sessão, deve-se ter a interpretação adequada *àquela* sessão e *àquele* momento da análise" (Green, 1990, p. 154). Da situação em que o intérprete distraidamente se deixa guiar pelo fluxo associativo do paciente resultará uma construção discursiva singular, simultaneamente ilusória e verdadeira, isto é, válida para a dupla em questão. E, dessa maneira, cada *Psicanálise* escapa de ser uma repetição ao infinito daquilo que teoricamente já se sabe, dada a atualidade das doutrinas (freudiana, kleiniana, winnicottiana, lacaniana etc.). E, segundo Kristeva (1993, p. 46), é apenas o modo de trabalhar inventado por Freud que os analistas são obrigados a se referir, "se pretendem estar fazendo psicanálise".

A propósito, Menezes observa que não é a multiplicidade de teorias que implica diversas Psicanálises, sendo possível pensar na "unidade do campo psicanalítico como campo heterogêneo que incita os psicanalistas a conviverem com as obscuridades, as ambiguidades, as conceituações aproximadas que seu objeto exige, deixando funcionar de maneira produtiva as incertezas" (1991, p. 54). Quer dizer, são as diferenças nos sistemas de pensamento que constituem a riqueza da Psicanálise e que instigam cada psicanalista a fazer nesse campo seu percurso pessoal. Assim, desse ponto de vista, o universal da Psicanálise é constituído pelo conjunto das diferenças e não pela eliminação delas. Trata-se de um universal feito de perspectivas particulares, definido por relações de oposição complementar (como é próprio dos sistemas simbólicos), que devem ser respeitadas para que haja Psicanálise.

No contexto da Teoria dos Campos, especifica-se essa relação entre o universal e o particular de uma forma bastante original, correspondendo, segundo minha interpretação, à distinção entre o método e a técnica psicanalíticos (Herrmann, 2001, p. 51), o que, formalmente, faz lembrar a diferença entre estética e poética, tal como é proposta por Pareyson (1984, p. 24). Com efeito, no campo da Psicanálise, às técnicas correspondem múltiplas doutrinas que justificam as primeiras – kleiniana, winnicottiana, lacaniana, entre outras – assim como, no campo da Arte, as poéticas se realizam enquanto programas artísticos particulares – impressionismo, expressionismo, cubismo, surrealismo, por exemplo. Ou seja, as poéticas e as doutrinas psicanalíticas são muitas, mas assim como a Estética da Formatividade propõe-se com o caráter universal de uma teoria válida para todas as linguagens artísticas, a Teoria dos Campos apresenta-se como uma teoria geral, isto é, de caráter formal, de toda psicanálise possível.

Referências bibliográficas

BOLLAS, C. *Sendo um personagem*. Rio de Janeiro: Revinter, 1998.

_____. *The mystery of things*. London: Routledge, 1999.

BOSI, A. *Céu, inferno*. Ensaios de crítica literária e ideológica. São Paulo: Ática, 1988.

FRAYZE-PEREIRA, J. A. Psicanálise, Teoria dos Campos e Filosofia: A questão do método. In: Barone, L. C. (Coord.), *O psicanalista*: Hoje e amanhã. São Paulo: Casa do Psicólogo, 2002, p. 101-117.

_____.(2007). Fabio Herrmann e a dimensão estética da teoria dos campos. Sobre a arte de interpretar o paciente como obra de arte e outras questões teórico-clínicas na obra de um psicanalista agônico. Trabalho apresentado em Reunião Científica da SBPSP. (não publicado).

FEDIDA, P. Morphologie du cas en psychanalyse: Questions ouvertes. In: Villa, F. & Fedida, P. *Le cas en controverse*. Paris: PUF, 1999, p. 43-50.

GIANOTTI, J. A. O ardil do trabalho. São Paulo, *Estudos Cebrap*, 1973, 44: 5-63

GREEN, A. *Conferências brasileiras*. Rio de Janeiro: Imago, 1990.

HERRMANN, F. *Clínica psicanalítica*: A arte da interpretação. São Paulo: Brasiliense, 1991.

_____. *A psique e o eu*. São Paulo: Hepsyché, 1999[a].

_____. O momento da Teoria dos Campos na Psicanálise. Psicanálise – *I Encontro Psicanalítico da Teoria dos Campos*. São Paulo: Hospital das Clínicas, FMUSP, 1999b, p. 6-17.

_____. A cura. *Jornal de Psicanálise*, 2000, 33 (60/61): 425-444.

_____. *Introdução à teoria dos campos*. São Paulo: Casa do Psicólogo, 2001.

KRISTEVA, J. *Les nouvelles maladies de l'âme*. Paris: Fayard, 1993.

MELTZER, D & WILLIAMS, M. H. *The apprehension of beauty*: The role of aesthetic conflict in development, art and violence. Clunie Press, 1988.

MENEZES, L. C. Diferentes teorias, uma psicanálise. *Ide*, 20, 1991, p. 50-54.

MERLEAU-PONTY, M. *L'oeil et l'esprit*. Paris: Gallimard, 1964.

PAREYSON, L. *Os problemas da estética*. São Paulo: Martins Fontes, 1984.

POGGIOLI, R. *The theory of the avant-gard*. Cambridge/London: The Belknap Press of the Harvard University Press, 1968.

PONTALIS, J. B. Entrevista. *Jornal de Psicanálise*, 35 (64/65), 2002, p. 29-47.

Capítulo 3
RECORDAR, HABITAR O ATUAL

Osmar Luvison Pinto

> *Um curso e um título não fazem o psicanalista, é preciso contagiar-se do método, como de uma infecção criativa. Entre nós, só o entusiasmo contagiante cria um analista, um professor, um pesquisador – transmissores privilegiados. Quanto a mim, como o conceito de rosto é central na Teoria dos Campos, espero ver no rosto de cada um de vocês o brilho do método psicanalítico, não com certeza um reflexo de meu rosto, felizmente passageiro e pouco importante – uma vez que importante é a Psicanálise...*
>
> Fabio Herrmann – outubro de 1999[1]

---

[1] Herrmann, F. O momento da Teoria dos Campos. In: O psicanalista: Hoje e amanhã. O II Encontro Psicanalítico da Teoria dos Campos por escrito, Barone, L. C. *et al.* (Org.), São Paulo: Casa do Psicólogo, 2002, p. 23 e 24. Conferência de abertura do I Encontro Psicanalítico da Teoria dos Campos, 1999.

Recordar, associar, reunir

Tempos depois, a fala que foi proferida no contexto da transmissão, é aqui retomada no campo da cura psicanalítica. Contudo, vale dizer, nosso interesse é dar outro destino a estas palavras, escutando-as, retirando-as de sua trama original. O parágrafo é emocionante sob muitos aspectos, mas, hoje, o tema da cura privilegia a mensagem do curador, dedicado ao cuidado da relação entre o psicanalista e o método. Também se encontram destacadas algumas figuras da clínica, como transferência e resistência. O mais importante, porém, é que a fala de Fabio é dirigida ao analista.

Se examinarmos a Teoria dos Campos preservando sua densidade de "teoria da clínica", chegamos de imediato à primazia dessa relação com o método, a mais essencial das muitas variáveis que fazem o sucesso ou o fracasso de uma análise, quase um posicionamento ético. Na epígrafe, o analista é escolhido como interlocutor e colocado no centro das coisas. No mesmo desafio originário trilhado por Freud, de se deixar contagiar pelo método, na visada que nos coloca na cena invisível das análises, se Fabio fala a nós analistas, parece ocupado com as curas que nos cabem, aquelas das quais somos objeto. Como ocorre com os pacientes, sofremos o método, isto é, deparamos com a perplexidade diante dos caminhos da transferência, sua decorrência natural. Portanto, escutamos na obra de Fabi, o esforço diligente na direção da "cura do analista" tratando de sua relação com a nascente que o concebe.

Uma das dificuldades – e dos encantos – em se trabalhar com o conceito de cura vem dessa sua característica, a de não poder ser pensada isoladamente. Ao contrário, ela se define reciprocamente junto a outras concepções metapsicológicas. É que seu alcance a faz tocar em planos conceituais distintos do campo psicanalítico, tornando-se uma de suas noções mais problemáticas; em sua volatilidade, ora abre espaços para que se tome a vertente da técnica, ora pode estar presente na construção de algum parâmetro diagnóstico, ora anima considerações importantes de natureza filosófica ou científica. No entanto, as múltiplas faces da cura em Psicanálise, de um ponto de vista estritamente clínico, têm no método a pedra fundamental. Ele é o disparador de todos os sentidos que circulam pelo psiquismo de analistas e pacientes, tracejando os desenhos passionais da transferência e a sutileza cautelar da resistência.

Desde Freud, a cura dificilmente figura como título, como objeto oficialmente eleito pelo autor psicanalista quando escreve. Todavia, na alma do discurso freudiano, os sentidos para a cura ali estão, mesmo quando estão em jogo outros temas. Fabio pensa a questão da cura realçando sua especificidade psicanalítica, cotejando-a com o conhecimento produzido por outros saberes. Ao falarmos da cura do analista, ela tem seu sentido assentado na confiança no método, deliberada entrega ao devir no encontro analítico.

Parece oportuno tratarmos desta questão sensível, a permeabilidade do analista ao método, lançando mão do instrumental clínico do qual nos servimos todos os dias. Em outros termos, nos mantemos na recomendação para que nos deixemos contagiar; ela aponta para alguma sorte de cuidado, circunscrita à vida psíquica do analista e que brota da nascente metodológica. "Deixar surgir", imposição do método, implica trabalho psíquico do psicanalista para permitir a passagem dos movimentos da psique. Aqui, algumas referências se fazem importantes: "Método é o que nos acontece, ele nos escolhe quando praticamos a psicanálise, não o escolhemos. Técnica nós escolhemos"[2].

Freud, o analista e o contágio

O analista é um ser exposto a vários tipos de contágio, o método o concebe neste lugar. É evidente que essa afirmação não é um apelo à compaixão, simplesmente porque é desse mesmo lugar de exposição que surge sua potência terapêutica. Em outras palavras, o analista cuida do curso de uma análise, trabalhando para sustentar o trânsito de moções psíquicas ativadas pelo método, como no caso da transferência e da resistência. Estas devem encontrar receptividade quase irrestrita na prática psicanalítica. Todo o empenho está voltado à permissão de contágio pelo método para seguirmos na direção da cura. É assim que "deixar surgir" alude ao trabalho que visa à permissão de movimentos das expressões do psiquismo. Curar – cuidar, tratar, termos análogos no campo da cura – significa renúncia ao apego por previsão, controle, sugestão, disciplina ou coerção.

---

[2] Herrmann, F. "Quarta meditação: Intimidade da clínica, VIII. Três modelos técnicos". In: Da clínica extensa à alta teoria. Meditações clínicas (inédito), 2002/2006.

Mesmo em tempos considerados pré-psicanalíticos, Freud – pesquisador e psicoterapeuta –, já se encontrava absorvido pelas características do encontro entre médico e paciente: regressão, fé, expectativa, amor, ódio, desejo... A história, todos conhecem. Contudo, é importante recordá-la da ótica do contágio. Recordar Freud certamente é uma das vias mais confiáveis de aproximação com o método, para mantê-lo fluente, na qualidade de acervo ao alcance em nossos desafios terapêuticos atuais. À moda de aforismos, a título de sensibilização, recorremos às origens freudianas:

> (...) a psicoterapia não constitui, de forma alguma, um método moderno de tratamento. Pelo contrário, é a forma mais antiga de terapia existente na medicina.
> (...) nós médicos, não podemos abandonar a psicoterapia, pelo menos porque outra pessoa intimamente interessada no processo de recuperação – o paciente – não tem nenhuma intenção de abandoná-la."
> Um fator dependente da disposição psíquica do paciente contribui, sem qualquer intenção de nossa parte, para o efeito de todo processo terapêutico iniciado por um médico; com a maior frequência o método é favorável à recuperação, porém amiúde age como uma inibição. (grifo meu).
> Não constitui uma máxima moderna, mas sim um axioma dos médicos que essas doenças (psiconeuroses) não são curadas pelo medicamento, mas sim pelo médico, isto é, pela personalidade do médico, visto que, através dela, exerce uma influência mental.
> A terapia analítica não procura acrescentar nem introduzir algo de novo, mas a retirar algo, a fazer aflorar alguma coisa... (grifo meu)

Os recortes[3] remontam ao fim do século XIX e se prestam ao reconhecimento das substâncias psíquicas a que estamos submetidos. É que na sala de análise, o método nos envolve. Essa é uma dimensão da experiência do analista que merece atenção e que, provavelmente, é aquela onde vemos movimentar-se a báscula entre o sucesso e o fracasso do tratamento. Nesse sentido, vivemos o grande paradoxo clínico em torno de transferência e resistência, dois conceitos conhecidos em *status nascendi* na clínica de Freud. O que coloca maiores dificuldades para o tratamento, dada sua tendência para aderir ao irrepresentável, imposta

---

[3] Trechos retirados de Sobre a psicoterapia de Freud.

sua intensidade, manifestada sua instabilidade é, simultaneamente, a condição essencial do método psicanalítico para a cura.

É terapeuticamente relevante e pleno de consequências que a proposta de abertura e interesse vindos do analista – condensada e deslocada no ambiente metodológico de suspensão moral – encontre respostas no analisando: cada sujeito, em suas relações particulares com o desejo, está às voltas com o contágio psíquico generalizado e eroticamente investido. Nessas condições, abrir-se para saber e saber-se na transferência é um posicionamento dos mais difíceis, mas de outro lado, dos mais construtivos.

Há também uma técnica que corresponde ao método – que, com ele se confunde – que, em Freud, foi ganhando forma com o tempo, cerca de duas décadas depois dos referidos trabalhos; a "regra de ouro", a associação livre, bem como seu correspondente para o analista, a atenção flutuante, não deixa dúvidas quanto à vocação antivoluntarista do tratamento psicanalítico. Escritos sobre a técnica como os de 1910 e de 1912[4], aparentemente superficiais e normativos, procuraram dar forma a outro grande problema verificado muito tempo antes na clínica: o desejo do analista, seu lugar na transferência, suas ambições terapêuticas e intelectuais, ou, numa palavra, sua existência "selvagem" diante do paciente.

Na tradição de médicos e curadores[5], a Psicanálise ocupa o lugar de uma espécie de cunha cultural que propõe limites a antagonismos históricos: Freud faz uma espetacular reunião de temporalidades para contemplar os bens terapêuticos de séculos muito distintos, marcados por oposições entre o místico e o científico, entre o homem antigo, medieval e moderno, entre a crença, a religiosidade e o empirismo. Sustentado pela palavra, pela escuta e pelas manifestações de transferência e resistência, o método só pode se movimentar – na direção da cura – sob a condição de estar protegido contra a voracidade. Ele esculpe

---

[4] Respectivamente, a Psicanálise silvestre (ou Selvagem em algumas traduções) e as Recomendações aos médicos que exercem a psicanálise.

[5] Em O tratamento psíquico, Freud nos conduz ao ambiente cultural de seu tempo, tempo que engendrou um método investigativo, apoiado na prática da interpretação. Ele nasce de uma tensão apontada por Freud entre duas referências antagônicas: de um lado, a Medicina da Modernidade que conhecia avanços fantásticos como a ideia de que o organismo é formado por células e com a compreensão da física e da química envolvidos em vários processos vitais; de outro, analisou os métodos terapêuticos surgidos desde a Antiguidade, nos quais se praticava a cura pela palavra.

o terapeuta psicanalítico, aquele que, com a chancela metodológica, incita e se deixa incitar por vários tipos de contágio.

Desde os primeiros tempos, Freud, o autor de O tratamento psíquico, de 1890, debate-se com a questão da influência no tratamento: o papel da expectativa de cura vivida pelo paciente, a fé depositada na figura do curador, disposições psíquicas favoráveis à fluência da palavra, dos sonhos, do universo fantasmático. Observou também que o mesmo processo de acontecimentos simultâneos que reúne tratamento, investigação, interpretação e cura, pode ser atingido por alguma força em sentido contrário. A resistência à análise, seu movimento negativo, sempre foi parte integrante do método psicanalítico; espera-se que o paciente resista e assim, aparente paradoxo, se revele.

Os tempos de Freud eram outros, os primeiros analistas também. A edificação da Psicanálise e seu movimento de expansão caminharam pelas mesmas tensões propostas pelo método, isto é, influência, formações sintomáticas, resistência, tentativas de tratamento, fracassos. Caberia a cada analista, a cada instituição psicanalítica buscar a direção da cura.

O processo analítico desafia o sentido de imanência do analisando, tocando na ameaça de desestruturá-lo ao desestabilizar sua *identidade realizada*, o que é, paradoxalmente, a condição para a cura – e aí já estaríamos no campo da interpretação. Vale dizer que o analista tem igualmente seu sentido de imanência sob tensão em seu trabalho, assim estando exposto a várias formas de resistência.

Fabio, a temporalidade e a autoria do analista

A noção de cura está presente em cada análise, em cada um da dupla, sob a forma de *expectativa*, latente ou manifesta. É deste lugar expectante e investido pelas expectativas do outro que o analista traça os contornos de sua escuta e os traços de comunicação predominantes, o que chamamos de técnica. A cura é um paradigma silencioso das análises, é importante reconhecer: na clínica ela orienta, por expressões do desejo, uma direção terapêutica; historicamente, a cura antecede e fundamenta a existência do próprio método.

Quando Fabio fala de cura ao analista, está situado numa espécie de epicentro metodológico para o qual procura atraí-lo; indica a fonte natural de onde verte a essência psicanalítica. Mesmo considerando que a sexualidade mantém seu pacto originário e vitalício com a Psicanálise, não seria de todo impróprio dizer que, quando resistimos, resistimos ao método. Aquele que faz que analista e analisando estejam situados no campo das paixões humanas atuais, atadas ao inatual. A narrativa que circula pela análise invoca o trânsito por diferentes dimensões temporais que também exercem sua influência em cada componente da dupla analítica. Diálogos e acordos com o tempo são necessários, pois a suspensão moral proposta pelo método atinge por contiguidade a outra suspensão, a da temporalidade estabelecida pela Cultura e pelo recalque.

Dificuldades encontradas na clínica não se estabelecem apenas em função do teor dos sintomas apresentados pelos pacientes, mas elas se impõem em decorrência de problemas intrínsecos ao próprio encontro analítico, no qual a transferência toma o lugar de hegemonia evanescente. O que se passa no *campo transferencial* está no registro do *magma borbulhante* do desejo, à espera da cura.

O psicanalista é um ser que encontra sua possibilidade criativa imerso em pressões propostas pela transferência, observando e aprendendo com a resistência, ambas se oferecendo à leitura pacienciosa, quando há receptividade do analista. Mas, afinal, o que pode fazer que o psicanalista se afaste do método?

Para se entregar ao método psicanalítico em seu trabalho clínico, o terapeuta necessita sentir-se autor. É uma condição que sua trajetória siga nesse sentido. Estamos aqui num terreno que beira o sensorial: sentir-se, reconhecer-se autor por dentro, criador de suas próprias teorias, intérprete independente de todo o conteúdo circulante nas análises. Não é, obviamente, uma simples posição de autonomia consolidada, se consideramos que o analista tem suas teorias escolhidas, sua formação, seus grupos de pertencimento institucional ou, numa palavra, a história de suas próprias influências a ser ultrapassada.

Sabemos que investimentos psíquicos voltados a grupos psicanalíticos ou a militâncias teóricas podem complicar as coisas quando se pretende cultivar o senso de autoria na clínica. Aí se concentram grandes problemas de natureza transferencial – o que nos faz voltar às origens freudianas por assim dizer – suprainstitucionais sobre os quais devemos refletir, tendo como motivo a preservação da liberdade exigida pelo método.

O desafio de se ultrapassar a influência edípica está colocado para todos na cena de análise. Afinal, não seria natural, para a cura de nossos pacientes, que nos curássemos em nossa vida psicanalítica? Lembremos: "(...) *o brilho do método, não com certeza o de meu rosto...*".

Generosa renúncia por parte de quem transmite a Psicanálise, dirigida a quem a recebe e a pratica. Nossa ciência nos impõe a autoria como condição para que sejamos permeáveis ao método, flexíveis aos conteúdos que ele transporta. Essa seria uma de suas marcas originárias, a liberdade que possibilita que "sujeitos" possam surgir, à semelhança do que o próprio Freud expressou pelo viés da técnica: condensou o trabalho do analista na clássica expressão *per via de levare*, de autoria de Leonardo da Vinci.

Se, de um lado, a insuspeita exposição a mestres, teorias, escolas, grupos, pode exercer o papel de resistência à análise e aos traços de singularidade experimentados no processo analítico, outro fator, altamente sutil, pode somar-se a ele: a influência cotidiana de fatores culturais, sintetizados numa de suas mais contundentes manifestações: a temporalidade.

Ícones da Modernidade, o pragmatismo, o voluntarismo, a distância entre indivíduo e sujeito naturalmente se encontram disseminados na cultura contemporânea e os resultados de tais manifestações, decerto, acolhemos em nossos consultórios: efeitos colaterais da pressa, da busca de "proatividade", do senso de oportunidade, da conveniente naturalização do bem-estar absoluto, da simplificação da subjetividade, da avidez por visibilidade, são diferentes recortes de uma formação sintomática cultural a envolver o "ideal de homem", na qual se camufla a neurose. Forja-se uma relação com o tempo, voltada à adaptação, na contramão do processo analítico. Este tem uma temporalidade particular, oposta à da Cultura e da neurose. O analista é permanentemente chamado à adesão neurótica pela isca do tempo e, especificamente, por sua escassez, já que não se pode esperar.

Deixar que surja para tomar em consideração, nas palavras de Fabio, apontam para uma face temporal do método. Aludem a uma espera ativa e trabalhosa sustentada pelo analista, em posição de relativa imunidade à pressão por respostas e resultados imediatos, que vem do paciente e, possivelmente, dele mesmo. Ora, o contraste entre tempos (o da análise e o da Cultura instalada no indivíduo), unido a outros tantos contrastes inerentes à experiência analítica fará que as peças se movimentem fora do previsto, criativamente, pela força do lugar autônomo e culturalmente transgressivo do analista.

Recordar, no contexto associativo da análise, é um processo que resulta da escuta às demandas psíquicas vividas no atual. Mesmo que a questão do tempo em Psicanálise seja controversa, é certo que cada tempo histórico cria temporalidades oficiais e parâmetros de conduta.

Nesse sentido, o método psicanalítico é o norte da bússola, o instrumento de resistência às vicissitudes do tempo e da Cultura, porque propõe um tempo próprio, singular para cada análise. A autonomia para desestabilizar os mandatos temporais da neurose é uma experiência necessariamente crítica que se consubstancia como vivência de espaço autoral que alimenta e ameaça. Certo é que precisamos de muito cuidado para enfrentar o suposto idílio das adesões.

O tempo de nossa vida psicanalítica é um tempo de cura, de ilimitada duração; não há precisamente um ponto de partida, tampouco uma linha de chegada para o "tratamento do analista". Este se cura das influências, de seus ideais, de suas teorias para que, em seus momentos, à moda literária, deixe prevalecer a plasticidade da palavra... e de sua presença.

Referências bibliográficas

FÉDIDA, P. *Clínica psicanalítica* – Estudos. São Paulo: Escuta, 2002.

FREUD, S. (1904). Sobre a psicoterapia. In: *Edição Standard Brasileira Obras Completas* vol. VII. Rio de Janeiro: Imago, 1964, p. 263.

_____. (1904) O tratamento psíquico In: *Edição Standard Brasileira Obras Completas* vol. VII. Rio de Janeiro: Imago, 1969, p. 293

HERMANN, F. Cura e política da cura. In: *Clínica psicanalítica – A arte da interpretação*. São Paulo: Brasiliense, 1991, p. 193.

Capítulo 4
A ESCUTA NO ACOMPANHAMENTO TERAPÊUTICO (AT)

Iso Alberto Ghertman

Convencionou-se chamar acompanhamento terapêutico determinadas intervenções clínicas que se organizam no dentro/fora dos enquadres e dispositivos tradicionais de tratamento e, mais do que isso, no dentro/fora das instituições – sejam elas de tratamento ou não – a saber: o consultório, os equipamentos de saúde pública, mas também a família, a escola, os clubes etc.

Historicamente, o acompanhamento terapêutico (AT) surge a partir de uma verdadeira remodelação de tratamento no campo da saúde mental, mais especificamente do tratamento das psicoses. Com a reforma psiquiátrica marcada pelo fim dos grandes hospitais psiquiátricos, avanços na psicofarmacologia e a construção de equipamentos alternativos para o tratamento da saúde mental – CAPS[1], CECCOs[2], ambulatórios, resi-

---

[1] Centros de atenção psicossocial.
[2] Centros de convivência e cooperativa.

dências terapêuticas –, o AT surge, eu diria mesmo que emerge, como uma necessidade fundamental desse novo campo terapêutico.

O AT pode ser pensando como um alargamento, como uma extensão da técnica psicanalítica, alinhada, entretanto, a seu método.

O método psicanalítico, como proposto por Fabio Herrmann (1991), visa a promover, através de artifícios técnicos, as condições necessárias para que uma ruptura de campo possa ocorrer, produzindo novas representações.

A seguir, apresento um fragmento clínico como forma de nos familiarizarmos com a clínica do acompanhamento terapêutico e refletir, pontualmente, sobre sua singularidade.

Acompanhei Márcia todas as sextas-feiras à noite durante um longo tempo. Depois que ela saiu da casa dos pais e foi morar numa residência terapêutica, nada mudou em sua vida. Uma grande mudança talvez seja sucedida de uma grande estagnação, bom consolo. A realidade é que Márcia passava seus dias dormindo, comendo, ficando na cama, espiando a vida alheia, reclamando, xingando. Vinha frequentando o hospital-dia e a terapia familiar irregularmente. Somente seu AT parecia ocupar um lugar um pouco mais preservado em sua vida, ainda que marcado por uma mesmice, uma repetição intensa.

Havia algum tempo, Márcia usava seu carro à noite para estender um pouco seu corpo além das fronteiras de seu quarto. Corpo que encerra as marcas concretas deixadas pelo álcool derramado em si própria, e que falam da dureza do retorno do "simbólico" via "o real".

Esse episódio, traumático em sua vida, se deu quando ela ainda era uma adolescente. Talvez não podendo suportar o "fogo" de seu corpo, paradoxalmente, deixou-o em chamas para que fosse consumido.

Logo, esse corpo marcado, esburacado, fragmentado busca uma nova concretude para fazer-lhe limite, contorno. Nas saídas pela madrugada com seu carro, uma batida ali, um encostão aqui, até que finalmente bate num motoqueiro e perde o direito de dirigir. Enclausuramento definitivo num cotidiano já estrangulado de possibilidades e aberturas para algo além ou aquém.

Reduziu-se o número de dias nos quais Márcia deveria comparecer oficialmente ao hospital-dia, e colocaram-se dois novos ATs. O remanejamento do dispositivo de seu tratamento tencionava circunscrever o tempo em que ela efetivamente comparecia ao hospital e deixar margem, espaço, via um remanejamento no real, para que algo pudesse surgir no âmbito de um projeto de vida. Os ATs teriam a função de acompanhá-la nesse percurso.

O que nos foi aparecendo, desde então, era uma intensa resistência a poder arriscar-se ou manter-se em qualquer projeto, por menor que fosse: um curso de pintura, uma aula de natação, qualquer coisa.

Era um dos tipos de acompanhamento terapêutico que mais colocam em evidência as perguntas e inquietações que sempre carregamos, em estado latente, neste trabalho: afinal, o que estamos fazendo ali? Que sentido têm todos esses encontros resumidos em jantar fora, ir ao cinema, não assistir ao filme, passear pelo clube, tomar um cafezinho?

Pelo relato de uma saída com Márcia, poder-se-á verificar os efeitos de uma determinada intervenção que ali se produziu nesse tempo-espaço repetitivo e inusual em que se dá o trabalho do AT.

Toda sexta-feira, chego à residência e Márcia está em seu quarto me esperando ou, então, pede que eu a acompanhe até lá. Entramos, ela tranca a porta à minha passagem e eu me acomodo numa poltrona que ali se encontra. Ela senta-se à minha frente e me conta um pouco do que aconteceu durante a semana: a ida a um casamento, uma briga com outra moradora da residência, o passeio no *shopping* com a mãe... Ou então perfila uma lista de queixas quanto a seu braço que acha que vai cair, a dor na perna que indica que vai ficar paralítica, as pessoas que entram em seu quarto e mexem em suas coisas, a câmera que filma todos os seus movimentos etc. Depois desse pequeno aquecimento, ela diz: "Eu estava pensando em ir a um restaurante japonês..." Ou então: "O que vamos fazer hoje?". Uma pausa para olhar o Caderno 2 do *Estadão* e... "Vamos ao restaurante japonês?".

Saímos e, depois de comer num novo restaurante japonês, onde ela já havia comido semana passada com outro AT, decidimos tomar um cafezinho no clube. Na portaria, Márcia nem apresenta sua carteirinha de sócia: o porteiro já a conhece. Ela lhe pergunta como faz para ter sua foto no computador. Ele começa a explicar pacientemente, mas Márcia, ao perceber que não vai resolver aquilo naquele momento, diz: "Ah! Tá bom, tá, ta", e já vai saindo um pouco antes daquela pequena conversa terminar, deixando o porteiro para trás, falando sozinho.

Pegamos um café e vamos até uma das mesinhas do terraço conversar. Conversa vai, conversa vem, até que eu, que não fumo, resolvo pedir-lhe um cigarro.

Feliz por esta companhia, ela estica prontamente o maço para mim. Pergunto-lhe se ainda tem prazer em fumar (ela fuma, em média, quatro maços por dia), digo que a mim dá um certo "barato" – fingimos então que aquele é o primeiro cigarro depois de vários meses sem fumar; nos recostamos na cadeira e vamos soltando a fumaça levemente. Surge então uma nova brincadeira: começo a pôr fogo no plástico transparente que revestia o maço de cigarros à minha frente. Márcia se diverte com a minha molecagem e noto como seu olhar para o fogo retorcendo aquele papel parece diferente. Uma sensação de que entramos num campo de brincadeira séria se esboça em minha mente. A tal da escuta analítica, que não é só escuta, mas olhar, paladar, olfato, tato e tudo mais, começa a se apurar em meus sentidos. Aparece uma pergunta: quem sabe ela remeta aquela imagem a seu próprio corpo? Silencio.

Chegou a vez de queimarmos o copo de plástico. Bem, a fumaça exige que nos mudemos para um lugar um pouco mais afastado – o parque de diversões.

Antes do sacrifício do copo, damos um pulo no gira-gira, na balança... – "Cuidado, Márcia, a balança talvez não aguente seu peso". Tristeza.

Começa a queima do copo. Márcia assiste um pouco àquela imagem e vai embora. Eu fico. O processo dos meus pensamentos e inquietações, que havia começado um pouco antes, perdura. Vendo aquele copo queimar, penso no inusitado do desaparecimento de algo tão visível, concreto, que ali se encontrava na minha frente. O copo havia sumido como que por encanto.

Vejo-a voltando. Ela se aproxima e pergunta:
"O que aconteceu?"
"Queimou tudo!"
"Tudo?"
"É, tudo." Então lhe pergunto: "Para onde foi o copo, Márcia?" "Onde foi parar o copo?" Esta pergunta a faz parar, estancar; ela dá uma risada com os olhos brilhando e repete a minha pergunta sorrindo:
"Para onde foi o copo?"
Mais risadas. Algo aconteceu, uma ruptura de campo, uma apreensão de algo fora do enredo daquela simples brincadeira.

Num relance, já estávamos na rua, em direção ao carro; Márcia brincando, *surpreendentemente*, de empurrar para o lado, *com seu corpo, o meu*. Brincadeira antes nunca imaginada por alguém que, apesar de um corpo marcado, esburacado, raptado, sumido, ainda pudesse reencontrá-lo à meia-noite de uma sexta-feira.

Esta cena – uma "sessão" de acompanhamento terapêutico, como se costuma dizer – reflete um pouco do que vivemos, em determinados momentos, nesta "clínica estendida". As forças constitutivas do espaço-tempo do campo transferencial ganham vetores inéditos. As associações livres são substituídas por deslocamentos concretos pela cidade, que produzem falas e atos inesperados. É nessa mistura de bons e maus encontros que uma composição, um trecho de música, uma fala podem acontecer. Maurício Porto (2001) recorre a Espinoza e Deleuze para descrever esse momento:

> Para Espinoza, tudo que existe na Natureza é uma modificação da substância única e infinita que se autoproduz. Cada organismo passa continuamente de uma forma a uma outra, em função das afecções que ele sofre e em função de sua composição com outros organismos. Cada corpo se compõe da mistura com muitos outros corpos – duros, moles, fluidos. Meu corpo e minha alma resultam das composições com diversos organismos que me afetam, me desdobram, me defasam e me alteram em um mesmo sentido. É a força interna de existir que determina a capacidade de afetar os outros e de ser afetado pelos outros, sem se destruir. Quando um bom encontro acontece, uma boa composição, que me alegra e me causa prazer sucede um mau encontro que me entristece e me causa desprazer, isto aumenta minha força de existir (vis existenti) e minha potência de agir (potentia agendi); ao contrário, quando um mau encontro que me causa desprazer se segue a um bom encontro que me causa prazer, isto diminui minha força de existir e minha potência de agir. A sucessão ao acaso dos encontros cria uma composição, descrita por Deleuze como "linha melódica da variação contínua" (Deleuze, 1978) sob a forma de aumento-diminuição-aumento-diminuição da potência de agir e da força de existir. (Porto, 2001, p. 61)

Márcia foi a primeira[3] paciente a me dar (literalmente) um soco na cara. Nos inícios de seu acompanhamento, eu me encontrava totalmente subordinado a seus movimentos caóticos, seus apelos sedutores ambivalentes. Seu corpo sempre foi um espaço que encerrava seus conflitos impossíveis de simbolizar. Numa tarde em que andávamos pelo *shopping*, ela começa a queixar-se de dores nas pernas. Para, senta, faz gestos indicando que vai cair no chão. Tira o sapato no meio do *shopping* e anda descalça, provocando olhares curiosos ou reprovadores. O ar-condicionado parece não ser suficiente para conter meu calor, o suor de Márcia. Nossa proximidade faz que eu não possa deixar de sentir o

---

[3] De fato, vivi situações de "violência física", apenas mais uma ou duas vezes nestes quase vinte anos de trabalho como AT. O que desmistifica a associação entre violência e loucura.

odor azedo que vem de seu corpo - ou será do meu? Já não me lembro mais quem decide ir embora, se eu ou ela. No estacionamento aberto, sob um sol de quase 40°C, procuramos meu carro. Ela se queixa da dor na perna. De súbito, quando vamos atravessar a rua, Márcia faz um movimento para frente, como se fosse despencar no chão, logo antes da passagem de um carro que se aproximava. Por impulso, seguro em seu braço, e em seguida sinto, não o carro me atropelando ou a ela, mas seu punho fechado contra a minha face.

Naquela ocasião, eu ainda não sabia o que se revelaria aos poucos no acompanhamento: que Márcia "não tinha pele sobre o corpo". Seu corpo continuava ardendo como na época em que havia se queimado. Minha mão, segurando seu braço, cortou-lhe a carne viva; ela precisava se defender.

Na cena do "clube", um bom tempo já se passara desde o acontecimento que acabo de narrar. Uma cumplicidade, pelos anos vividos juntos, já havia se estabelecido. Porém, nossa proximidade corporal ainda era um tabu. Cumprimentávamo-nos com aqueles beijinhos de madame que estalam no ar.

O que produziu a possibilidade de brincarmos um com o outro, de nos empurrarmos para o lado, com nossos corpos, não posso afirmar com certeza.

Desde as variâncias que alternaram entre segui-la até as mesinhas de café ou ficar observando o copo queimar enquanto ela ia embora, os processos que se colocam em jogo nesse espaço não respeitam uma lógica ordinária. Não havia um propósito consciente (ou mesmo inconsciente) quando comecei a pôr fogo no plástico que revestia o maço de cigarros. Arriscaria dizer que havia uma intencionalidade lúdica, estética, mas não terapêutica. O terapêutico se dá entre os espaços das ações, e não nas próprias ações.

Chnaiderman (1993), no belo artigo "O processo psicanalítico: A experiência mística e mítica na passagem do sagrado ao trágico", trabalha as questões que operam no interior do processo analítico, mas que parecem não poder ser totalmente abarcadas pela linguagem: "(...) o paradoxo inerente à psicanálise: ao mesmo tempo que centra seu trabalho no poder das palavras, busca aquilo que faz buraco na linguagem, a sensualidade. E a sexualidade não é da ordem do saber (...)" (Chnaiderman, 1993, p. 21).

Continua a autora:

Para tanto, cumpre abrir-se para o além da significação, para o além da simbolização, para aquilo que Kristeva nomeou como processos de semiotização. Nesta busca pode ser útil repensar a noção de sentido e diferenciá-la da de significação.

O fora da linguagem não é o nada ou o sem sentido. Há um processo de sentidos silenciados que nos faz entender uma dimensão do não dito absolutamente distinta da que se tem estudado sob a rubrica do 'implícito'. Há um caráter de incompletude na linguagem que leva a afirmar que todo o dizer é uma relação fundamental com o não dizer. O silêncio (que, a meu ver, pode ser falante) abre espaço para o que não é "um".

Assim como para Derrida o branco da página é fundante enquanto possibilitador do rastro, do espaçamento (...). (Chnaiderman, 1993, pp. 21-22)

Posso evocar a pergunta que faço a Márcia – "Onde foi parar o copo?" (corpo?) – como uma pergunta que concentra e aponta a perda e, ao mesmo tempo, o encontro com seu copo/corpo, mas não há garantias ou certezas. O fato é que, passados alguns anos, quando já não mais acompanhava Márcia, encontrei-a na rua; trocamos meia dúzia de palavras e nos despedimos; quando estávamos a alguns metros de distância, ela gritou para mim, sorrindo: "Iso, onde foi parar o copo?". Sorri também, e acenei, indo embora.

Referências

CHNAIDERMAN, M. O processo psicanalítico: A experiência mística e mítica na passagem do sagrado ao trágico. *Percurso*, São Paulo, 1993, ano VI, n. 11, p. 19-24.

HERMANN, F. *Andaimes do real* – livro primeiro. O método da psicanálise. São Paulo: Brasiliense, 1991.

PORTO, M. Une clinique du deplacement. *Revue Chimeres*, Paris, 2001, n° 43, p. 53-64.

Capítulo 5
A INTERPRETAÇÃO:
UM FAZER PSICANALÍTICO

Lourdes Tisuca Yamane

Este trabalho pretende tratar da interpretação enquanto um fazer psicanalítico que evoca a emergência de novos e possíveis sentidos por meio da ruptura do campo transferencial de representações ou de crenças até então instauradas entre analisando e analista. Procura também indicar a especificidade da noção de interpretação trabalhada por Fabio Herrmann como "um ato falho a dois", em que o novo sentido surge nesse espaço de tempo do "entre", sem que analista e analisando saibam de antemão o que há de vir. É no interior dessa concepção que se introduz a consigna do "deixar que surja para tomar em consideração".

A originalidade da formulação de Fabio Herrmann, "deixar que surja para tomar em consideração" (Herrmann, 1991, p. 84), situa-se mais exatamente em sua concepção de psique e do fazer psicanalítico, que subjaz e sustenta esta máxima. Levando em conta que os analistas, de modo geral, tentam aproximar-se desse estado, em que ponto, então, localiza-se a particularidade dessa consigna do autor?

Herrmann revisitou de modo muito singular a obra freudiana, para em seguida radicalizá-la em seu potencial, principalmente no tocante à sua compreensão do fazer psicanalítico – ou seja, o próprio método. Rompe ele com alguns paradigmas e constrói uma nova maneira de fazer trabalhar a Psicanálise em seu pensamento. É desse modo que a noção do absurdo é concebida como um conceito nuclear na sua obra.

É sabido que essa noção já se encontrava presente em Freud [*Projeto* (1897, p. 244) e *A interpretação dos sonhos* (1900)]. É no caso Emma que o criador da Psicanálise, pela primeira vez, põe-se a perguntar o que torna uma compulsão ou um sonho absurdo e incongruente? Aponta, assim, para o deslocamento de uma ideia sobre outra, pelo mecanismo da repressão de um desejo inconsciente. Uma ideia A é reprimida e B torna-se compulsiva, o que produz um sentimento de realidade absurda. Ao tomar o sonho como paradigma para pensar o funcionamento psíquico, Freud, ao formular a noção de processos inconscientes, segue pondo de cabeça para baixo a noção de temporalidade, quando comparada com o referencial da cronologia. Num segundo momento, volta a tratar da noção do absurdo, sob a formulação do fenômeno do "estranho-familiar" que, segundo o autor, refere-se ao que foi suprimido a partir do interior e é então vivido como retornando de fora, como algo estranho e sinistro, apesar de ser paradoxalmente familiar, desde há muito tempo.

Em Fabio Herrmann do que se trata? A partir dessa concepção freudiana, o autor a radicaliza ao formular a concepção de campo "(...) como o conjunto de determinações inaparentes que dotam de sentido qualquer relação humana" (Herrmann, 1991, p. 21). No cerne do método psicanalítico pensado por Herrmann, encontra-se justamente a ideia de fazer revelar, pela ação da *ruptura do campo* vigente, outras representações a serem tomadas em consideração.

O campo, na transferência, segundo a Teoria dos Campos, constitui-se de certas representações preponderantes, que se põem no centro do mesmo – a despeito das demais situadas nos recônditos da periferia. Dada essa situação, o autor postula que, na ruptura do arranjo desse campo, o sujeito implicado em tal condição tende a viver um estado de coisas em que o seu *campo* de crenças ou de representações, aparentemente estável, é colocado repentinamente em crise. A impressão, num primeiro momento, é a de que se irrompe na "carne da alma" um estado de coisas absurdas, doloridas e enlouquecedoras. Desse modo, o sujeito se sente lançado em uma crise identitária do eu, pondo-se em contato com outras representações muito estranhas a respeito de si próprio. O duplo de si próprio, e de outros duplos que advirão. Nas palavras de Herrmann: "O Homem Psicanalítico é a crise das representações do sujeito que corresponde à ruptura de campo; é o método encarnado em sujeito, ou o sujeito enquanto operação de desvelamento de seus campos" (1992, p. 26).

Sob esse aspecto é que a noção de *campo* – seja de crenças ou de representações (modo de ser, falar, pensar, acreditar) –, se consagrou na sua teoria como uma espécie de tessitura "(...) de regras que determinam as relações que concretamente vivemos" (Herrmann, 2001b) "(...) e que estruturam os sentidos pelos quais os homens se representam e representam o mundo" (Herrmann, 2007). Quando esse campo de representações é colocado em crise, faz revelar aos nossos olhos um estado de coisas incongruentes, incompreensíveis que, na ação ordenada da rotina do cotidiano, passam despercebidas.

Desse modo é que na Teoria dos Campos, por meio do método psicanalítico, o analista, por uma escuta descentrada da fala do analisando, pode favorecer que novos e diferentes sentidos surjam. Ou, em outras palavras, "(...) operando por ruptura de campo, propiciar a apreensão dessas regras, desses campos do sentido humano (...) que se revelam como campos, por falhas, sonhos, atos falhos e sintomas (...) que deixam-se entrever como absurdo" (Herrmann, 2007, p. 27).

Prosseguindo nessa construção do autor, o "(...)delírio surge como lugar privilegiado da lógica do absurdo. O louco denuncia o absurdo, aparece nele mais notadamente (...) O louco denuncia que é humano delirar (Herrmann, 2007, p. 64).

Nesse movimento de resgatar o método psicanalítico, o autor sugere que, na intimidade da clínica, o analista propicie por pequenos toques interpretativos a ruptura do campo vigente, deixando emergir o novo desenho de possíveis sentidos. Ambos, analisando e analista, no campo transferencial, são como que pegos por um atrito num ato falho a dois, levando ao afloramento do inconcebível, num movimento convulsivo, já que surge desavisadamente. "Podemos pensar que uma barragem se rompeu, e a água contida inunda o aparelho psíquico, com a energia de impulsos liberados e com as figuras representativas daquilo que o paciente negava ser" (Herrmann, 2001a, p. 55).

Ao tentar diferenciar o enunciado da interpretação, da interpretação propriamente dita, Fabio Herrmann indica que esta última opera por uma "(...) espécie de atrito entre o idioma do analista e o idioma do paciente, no atrito entre os dois idiomas como um ato falho a dois" (Herrmann, inédito). E *é* nesse *entre* que, penso, propõe o autor a máxima do "deixar que surja para tomar em consideração", sem que analista e paciente saibam de antemão o sentido (o novo campo) que há de vir.

Apresento a seguir um fragmento de análise de um menino que, nesse período, contava com cinco anos. Alheio ao mundo humano, gostava mesmo era de ficar fusionado ao corpo da mãe, chuchando o cabelo da mesma. Fora isso, nada mais lhe interessava.

Comumente, desmanchava-se em fragmentos e se esvaía com as ideias, o xixi e as palavras, que saíam ao vento. Gostava de ser um *alien*, um ET.

No período em que narro esse momento clínico, Théo vivia mergulhado num estado de desconsolo e numa dor sem-fim, diante da impossibilidade de ser percebido em sua singularidade e necessidades. A mãe, uma executiva, viajava a trabalho com muita frequência.

Esse pequeno paciente retornava dos fins de semana e feriados desintegrado, automatizado, sem possibilidade de contato. Caminhava de modo autista, de uma parede a outra, desmanchando-se com frequência em intenso desconsolo. Ficava um bom tempo numa atividade sem sonho, sem comunicação, numa espécie de solilóquio delirante, quando não buscava refúgio num gozo sensorial, lambendo a massinha que chamava de "caramelo". Quando se alienava dos nossos encontros eu tentava, algumas vezes, me aproximar, convidando-o para um contato, brincando de formiguinha, com os dedos:

– Era uma formiguinha que vinha andando... e se encontrava com o Théo... Ei, Théo!

O paciente despertava de seu estado sonambúlico, sorria e surgia em sua expressão um certo alento ao ser convocado para um contato vivo. Despertava desse estado e passava a estabelecer uma relação, mesmo que por segundos.

A sessão que trago foi precedida por várias viagens da mãe, a trabalho. Ao subirmos, Théo levou para a sala de atendimento um gibi da *Mônica*. Ficou a examinar por alguns minutos a capa com os personagens Mônica, Cebolinha e Cascão esquiando na neve, montanha abaixo. Num determinado momento, com o olhar perdido no horizonte, diz, como que a pensar alto:

– Colo Norte.

Um pouco desavisada, assinalo:

– Polo Norte?

Ainda com o olhar dirigido ao horizonte, Théo repete:

– Colo Norte.
Mais atenta agora, ao estado afetivo em que se encontrava o paciente, digo:
– Colo frio, Théo?
Enquanto se recostava na analista, buscando aconchego, o paciente fala, como um bebê:
– Bebê... ih, ih, ih, nenê.
Naquele momento ele, de fato, era um bebê.
– Tem um bebê num colo frio... Um bebê Théo que precisa do colo quente da L.
Ainda aconchegando-se na analista, e no mesmo tom de voz, ele acrescenta:
– Na praia, sol.
Na sessão seguinte, Théo, certo instante, diz em tom de protesto:
– *Hoje eu sou um urso polar!*
A seguir, de modo autista, passou a caminhar feito um ser errático, grunhindo e gesticulando de forma incompreensível.
Mais adiante, em sessões posteriores, surgiriam novos personagens. O homem de neve, que, como os outros, passariam a compor, ao longo de um tempo, um universo de objetos parciais: o homem sem cabeça; o pau-nogueira (homem que tinha um pau no lugar da cabeça); o homem de carne e osso; o líder e o irmão gêmeo do líder.
Do atrito entre *colo norte* e *polo norte*, um novo idioma passou a se desdobrar. *Colo frio* trouxe à tona o universo de um colo materno pouco receptivo, frio, tendo como contrapartida um urso polar ou um homem de neve, que precisa congelar as dores do desconsolo, se automatizando, alienando-se do contato humano.
A evocação de um novo idioma possibilitou a abertura para uma nova forma expressiva de compartilhar essa experiência que, de tão dolorida – e na falta de recursos representacionais –, o paciente só podia vivê-la por perdas de contato ou por uma via sensorial, no plano da satisfação alucinatória de um desejo, ainda não configurado.
Novos campos se abriram, em que essa dor pôde ser vivida e representada.
Narro a seguir outra situação clínica de uma garota, que tem doze anos de idade, muito inteligente e sagaz. Apesar disso, chamava a atenção que, em comparação com suas colegas, seu desenvolvimento corporal e psíquico parecia ter sofrido uma interrupção. Helena aparentava nove anos, enquanto em suas colegas os seios já despontavam e o corpo tomava novas formas.

Quando chegou, apresentava um ritual obsessivo e torturante para dormir, mantendo seus pais em estado de constante estresse, diante de qualquer evidência de que os preparativos pudessem não ser cumpridos à risca. O preciso horário para se deitar; o livro colocado à mesinha de cama, numa determinada posição; a porta num exato ângulo, sem o que não conseguia dormir, bem como algumas luzes acesas no corredor.

Ali, comigo nas sessões, no período de um ano, Helena jogava bola, compulsivamente, durante os 45 minutos do nosso horário. Nada poderia fazê-la sair de tal trajeto ou do modo de estarmos ali. Período difícil para mim!

Mas um vento novo surgiu, e ela passou a se permitir largar a bola por alguns instantes e brincar de outras coisas, como a encenação entre nós duas, em que ela era a madame e eu a criada. Para estar comigo, tinha de ser naquela condição de controle.

Recentemente, tem-se permitido rabiscar, desenhar e, nas últimas sessões, passou a se comunicar comigo diversificando as línguas. Ora fala em português, ora em inglês, ora quer que eu fale algumas coisas em japonês.

Numa determinada sessão, resolve escrever três páginas em inglês sobre algumas coisas transcorridas externamente e outras que se passam ali, entre nós duas. Não deixa, no entanto, que eu as leia. Coloca o que havia escrito numa estante, de modo que eu não tenha acesso, e avisa:

– Não é para você ler!

Após aquela recomendação – indicativa da necessidade de manter preservada sua intimidade –, retira-se da sala para ir ao banheiro, mas retorna minutos depois e trata logo de averiguar se eu nada havia transgredido. Digo:

– É muito importante que eu respeite os seus segredos, não é, Helena?

No entanto, no breve intervalo em que se ausenta, tomo uma folha em branco e escrevo:

Palavra com palavra pode dar poesia.
Pode trazer sentimentos
Ou desenhar ideias
Em português, inglês ou japonês.

Quando a paciente volta, fica surpresa, não só pelo fato de verificar que eu não havia violado sua intimidade, como com as minhas anotações naquele jogo de palavras, ao qual acrescenta:

Não só poesia.
Pode ser uma maravilha.
Pode dar música, letra ou história.
Pode dar alegria, magia ou fantasia.
Pode dar tristeza, brincadeira ou zoeira.
Pode até dar raiva e ódio,
Mas nunca falta ideia.

Ao final, dá um título, *Pode dar...*, e, como autoria, assina seu nome.

Nessa brincadeira de palavras, surgiram pela primeira vez, por meio da linguagem e com mais evidência, raiva e ódio, sentimentos hostis que até então ficavam deslocados e encobertos pela atuação, via rituais obsessivos, compulsão à atividade motora e às tentativas intermináveis de controle.

Considerações finais

Termino este trabalho assinalando que, para Herrmann, a interpretação, como "um ato falho a dois" faz irromper, no centro do campo de representações ou de crenças vigentes, uma ruptura, pondo em crise a aparente estabilidade identitária do eu. Propicia o surgimento de novos campos de representações quando, no diálogo analítico, a dupla consegue tomar em consideração e "(...) o paciente pode cotejar novas possibilidades emocionais de ser que lhe facultam entrar em contato com seus outros *eus* presentes, porém mais dissonantes do seu *eu* principal" (Orsini, 1999, p. 76). Um leque sortido de possibilidades é ensejado por essa abertura para um convívio, mesmo que parcial, com o próprio "desenho do desejo, matriz interna das emoções", que cada um traz em si, de modo singular. Ou, por outro lado, passa a ser constituído, como no caso de Théo.

Na intimidade da clínica das duas vinhetas apresentadas, a maneira como tomei em consideração o que surgia dos pacientes estava marcada pela minha apreensão da emersão, um estranho ou inusual movimento daquelas crianças na sala de análise. Já eram indicações de ruptura de campo, em que se assentavam suas autorrepresentações predominantes. "Colo frio", no caso de Théo, a iniciativa de anotar sentimentos calados em forma de poesia, em Helena, constituíram importantes toques interpretativos no processo de abertura para significados outros, que deram possibilidade de configurar novas autorrepresentações para tais pacientes.

Referências bibliográficas

FREUD, S. (1895). *Proyecto de una psicologia para neurólogos.* Trad. de Luis López-Ballesteros y de Torres. Barcelona: Biblioteca Nueva, 1981.

_____. (1900). *La interpretación de los sueños.* Trad. de Luis López-Ballesteros y de Torres. Barcelona: Biblioteca Nueva, 1981.

_____. (1919) *Lo siniestro* Trad. de Luis López-Ballesteros y de Torres. Barcelona: Biblioteca Nueva, 1981.

HERRMANN, F. *Clínica psicanalítica:* A arte da interpretação. São Paulo: Brasiliense, 1991.

_____. *Introdução à Teoria dos Campos.* São Paulo: Casa do Psicólogo, 2001.

_____. *Andaimes do real:* O método da psicanálise (3ª ed.). São Paulo: Casa do Psicólogo, 2001.

_____. A intimidade da clínica. In: *Da clínica extensa à alta teoria – Quarta meditação.* Texto não publicado.

HERRMANN, L *Andaimes do real:* A construção de um pensamento. São Paulo: Casa do Psicólogo, 2007.

ORSINI, M. C. B. A teoria dos campos na psicanálise. In: Roberto Yutaka Sagawa (Org.), *A sexualidade é o absurdo? Ou um problema para o nosso tempo.* São Paulo: Hepsyché, 1999.

Capítulo 6
Cura, mediação simbólica, nutrição psíquica (uma forma contorna o caos)

Luís Henrique de Oliveira Daló

Cura e mediação simbólica

Só se pode apreender o conceito de cura psicanalítica pela noção de intersubjetividade envolvida em todo movimento de simbolização. Um trabalho analítico resgata (ou inventa) o campo mítico inaugural no qual o sujeito humano pôde advir pelos braços simbólicos de outro – que o curou de não ter nome e existência humana.

Ao tocar o delicado tema da cura psicanalítica, F. Herrmann propõe que

> (...) cura significa cuidado, antes de mais nada. (...) A análise cura do desejo, encaminhando o paciente a habitar com cuidado suas emoções, a reconhecer-lhes a lógica, a cuidar do que sente (...) com a finalidade de amadurecer, de realizar o melhor possível suas potencialidades. (1991/2003, p. 179)

Esse sentido de cura se faz presente de forma radical em uma análise quando a lógica exposta da criação do humano no homem abre a possibilidade de uma recriação, mediada pelo campo transferencial[1]. Isso se dá na medida que no espaço analítico a interpretação revela o absurdo onde se sustentam as representações humanas, as ideias mundanas.

> É preciso pensar que cada palavra, cada gesto significativo, cada ideia abstrata, realizados no quotidiano miúdo, supõem todos, logicamente, um instante intemporal anterior, no qual sacudimos o jugo de ferro das necessidades. Com efeito, tudo se passa como se a cada instante tivesse o homem que se decidir entre realizar um ato que atenda à multiplicidade de premências instintivas simultâneas que o acossam (...) ou suspender o ato primitivo e considerar o próprio desejo. (...) Esse complicado processo de humanização (...) não ocupa um tempo mensurável no dia a dia. Correspondendo apenas a uma anterioridade lógica, não o percebemos em absoluto, a não ser que falhe (...). (Herrmann, 1991/2003, p. 30)

Entre o ato primitivo e a consideração do desejo há um abismo que somente se transpõe pela elaboração feita em um campo intersubjetivo, sendo tal transposição metáfora do processo de humanização pelo qual nasce o desejo.

As falhas – repetições que, no abismo, tendem ao infinito – são passíveis de recordação-elaboração no campo transferencial. Assim, no contexto analítico, o movimento de cura exige que o instituído falhe e revele, em alguma medida, as entranhas que ele encobriu: rompe-se um campo, ele se areja, e as representações transitam até serem recriadas identidade e realidade. Constitui-se, nesse processo, uma ampliação das possibilidades de arranjos representacionais, cujo caráter potencialmente provisório torna-se cada vez mais evidente. Nesse jogo entre rupturas e elaborações situa-se a cura psicanalítica.

O próprio campo psicanalítico encontra-se em permanente estado de cura: trata-se a Psicanálise de uma ciência em ação de se fazer, sendo seus limites instituídos os lugares privilegiados de sua renovação.

J. B.-Pontalis (1977/2005) reflete sobre os limites do analisável e observa que os movimentos da Psicanálise realizam-se em direção àquelas

---

[1] Este conceito fundamental da Teoria dos Campos sustenta o conceito freudiano de transferência em suas mais amplas consequências, definindo o lugar psicanalítico da intersubjetividade, de onde nasce a interpretação.

que são consideradas suas fronteiras. As bordas desse campo, transformadas em confins, propiciam à Psicanálise movimentos de ruptura que renovam um arcabouço teórico-clínico permanentemente vivo.

Os sintomas chamados "psicossomáticos" compunham para Freud (1894[1895]/1981) o campo das neuroses atuais, manifestações que estariam fora do alcance do analisável, justamente por não passarem pelo aparelho psíquico, por estarem do outro lado da fronteira que divide o que é ou não passível de simbolização. Contudo, justamente o corpo – o limite, a "rocha" freudiana –, torna-se um confim para onde a Psicanálise se dirige. Quanto à questão dos limites psique-soma, A. Green, reflete sobre a definição de Freud para a pulsão – "um conceito-limite entre o psíquico e o corporal" – e propõe que este

> (...) talvez se trate do conceito do que está no limite do conceitualizável, justamente por se tratar de algo situado em uma fronteira, sendo somente o psíquico abrangido pelo conceito, talvez o somático escapando à conceitualização, se quisermos falar dessa conceitualização em termos de psíquico. (Green, 1990, p. 16)

O que escapa à conceitualização, o que escapa ao símbolo, poderia instituir um limite ao campo psicanalítico. O trabalho do aparelho teórico é posto em xeque tanto quanto o do aparelho psíquico no contato com os confins anteriores ao mundo simbólico, lugares onde Eros não entra em cena, onde a falha no processo de humanização mencionada por Herrmann revela o que Freud concebeu como compulsão à repetição: o que sai pela tangente de qualquer processo de elaboração psíquica e revela um direcionamento originário para a morte (da destrutividade à inatividade).

Seria um xeque-mate à Psicanálise caso ela não se renovasse justamente no lugar onde se entrelaçam o morto e o vivo: o campo transferencial; e caso não lidasse com os efeitos do desejo, que em si abarca uma dimensão de morte – por nascer de uma perda – e outra de vida – um potencial de elaboração da perda.

Cura (do desejo) pela fala

Cura psicanalítica: cura do desejo pela fala no campo transferencial (cura pela fala, mas ao mesmo tempo cura pela escuta). Cabe aqui um exame acerca do desejo articulado às rupturas e às elaborações que estruturam a fala do analisando. Para isso, é fundamental delinear um campo originário de onde emerge o desejo. O mito, nesse sentido, é curador, e o campo teórico psicanalítico cura a prática clínica de não ter metáforas que deem estofo representacional ao universo bruto do lugar originário: corpo cru assimbólico.

Através dessa mediação, é-se capaz de realizar elaborações que partem da experiência transferencial em direção a uma origem humana turbulenta:

> Os múltiplos conflitos psíquicos produzidos na busca de amor e satisfação, os quais surgem como resultado do choque entre o mundo interno de pulsões instintivas primitivas e as forças coercitivas do mundo externo, iniciam-se com nosso primeiro relacionamento sensual. (McDougall, 1995/1997, p. IX)

Esse primeiro relacionamento é conflituoso por remeter-se a algo perdido: a experiência mítica de uma unidade paradisíaca onde eu e mundo são indiferenciados, onde não há tensão – imagem de um eu-ideal, protótipo da completude. De um ponto de vista que se pode imaginar como o da criança nesse momento precoce, as noções de eu e de outro são ainda extremamente incipientes e precárias, experimentadas como violência:

> A noção de um "outro" – de um objeto separado do self –, lentamente adquirida, surge a partir da frustração, da fúria e de uma forma primitiva de depressão que todo bebê vivencia em relação ao objeto primordial de amor e desejo. (McDougall, 1995/1997, p. IX)

A alteridade, primeira ferida narcísica com a qual o sujeito humano ainda em formação tem de lidar, depende justamente de outro que exerça a função de conter e auxiliar na elaboração psíquica das experiências advindas da realidade externa e interna.

Deve-se considerar que a ruptura da ilusão de unidade – essa primeira ruptura de campo vivida pelo sujeito nascente, lenta aquisição de uma noção de ser separado, propicia a entrada no campo do desejo, marcado pela falta, pela incompletude.

Levando-se em conta que o desejo nasce de uma perda, Herrmann (1991/2003) se pergunta "o que quer o desejo, originalmente". Ele observa que "na teoria freudiana, deparamo-nos frequentemente com uma tendência conservadora no homem", e que "tal tendência conservadora é um ponto de partida razoável para a clínica".

> Em qualquer momento da análise, existe uma dimensão de contrariedade fundamental, o desejo de bastar-se, de ser inteiro e possuir-se por dentro, de imaginariamente voltar a ser um só com as fontes de satisfação. (Herrmann, 1991/2003, p. 32)

Há fundamentalmente, portanto, o desejo da recuperação de um estado originário de não desejo. Porém, a humanização fundar-se-ia "quando se rasga o narcisismo primário" (p. 32), quando essa dimensão de contrariedade se inverte e adquire o movimento do luto, movimento de elaboração: pela perda da condição de ser um com o mundo, ser completo, origina-se a busca por objetos substitutivos.

> Segundo a teoria freudiana do luto, o bom objeto substitutivo é o que traz certas marcas daquele que nos abandonou; na perda de si mesmo, conseguintemente, o sujeito volta-se enlutado para tudo o que possa representar o homem (...). Assim é que o desejo deseja o mundo, porém com um travo de desgosto, já que não desejaria ter de o desejar, queria sê-lo, de que resulta ser um mundo objetal enlutado, aquele que almeja o desejo humano. (p. 33)

Isso nos interessa, pois o *falar livremente* do analisando, motor da cura em análise, é marcado por essa ambiguidade do desejo: deseja-se o não desejo, deseja-se o mundo. De um lado, o fato de o analisando ter de falar escancara aquela primeira ferida narcísica instauradora da subjetividade: é um antiespelho de Narciso que reflete a incompletude. De outro, ao mesmo tempo, falar sacia (momentaneamente) a "fome" do que foi perdido.

> A linguagem não é captura: não se apodera de nada da substância do real, nem sequer da mais ínfima porção. (...) Mas ela tampouco é renúncia; não admite confessar que: "isso não é pra mim". Faz parte de sua própria natureza ir em direção ao que não é ela. Já que nasceu da perda e que nada tem que lhe pertença, seu apetite é enorme! (Pontalis, 1988/1991, p. 144)

Não há porque opor o que é expresso facilmente pelas palavras e o inefável. De tal modo entrelaçam-se a falta e a fala, que disso resulta que "na própria operação da linguagem inscreve-se a impossibilidade de satisfazer sua exigência. A não-realização do desejo está nela, mas o desejo não tem limites" (p. 144).

A fala compõe-se com o desejo, movimenta-se entre o impossível e o ilimitado: há nela um trabalho em direção à completude perdida – "a certeza de uma *coisa sem nome* nos acompanha. De uma coisa que se declararia por si, tal como é" (e que não mais exigiria palavras) – mas, ao mesmo tempo, essa certeza é como um "horizonte permanente" que alimenta movimentos: "só ela assegura a tensão da fala na sessão, que é levada ao extremo" (p. 144).

É, portanto, articulada ao desejo que a fala em análise cura.

Pontalis reflete sobre as "palavras de Freud para descrever o luto – 'A tarefa é realizada detalhadamente, com grande dispêndio de tempo e de energia de investimento, e, durante esse período, a existência do objeto perdido prossegue psiquicamente'" –, e encontra nelas "a definição da fala na análise, de uma verificação que só pode ser efetuada, dolorosamente, ali, e não em outros lugares" (p. 143).

O contexto analítico proporciona um lugar para se viver a dor do luto primordial (pela perda de algo que não tem palavra), onde "no detalhe, no ínfimo, no passo a passo dos restos, a fala, quando nada a comanda a não ser seu próprio impulso, reconduz ao objeto perdido, para dele se desligar" (p. 143).

Apresento agora um recorte do processo analítico que motivou as questões e reflexões aqui escritas[2].

O peso da existência

Filipe procurou-me aos 22 anos com graves sintomas de anorexia e bulimia, tendo sido encaminhado por outro profissional com quem realizara um trabalho de análise duradouro e ao qual era muito ligado.

Durante algum tempo, sua comunicação girava em torno desse lamento: "*Doutor, eu tô muito pesado!*" Seu tom era de profundo desânimo, desesperançoso quanto a *voltar a ser magro*. Escutei-o, em um primeiro momento, arriscando relacionar sua queixa ao peso de ter sido encaminhado, ao sentimento de ser um peso insustentável e ao medo de vincular-se novamente.

---

[2] Assim, sou também reconduzido a um objeto perdido – o tempo da experiência clínica –, e realizo por este artigo uma elaboração: cura pela escrita.

À medida que alguma confiança em nossa relação pôde surgir, ele passou a contar o que acontecia consigo, como lidava com seu "peso", relatando cada mínima variação. Filipe mantinha uma dieta rigorosa e restrita, a qual também passou a me descrever em detalhes. Quando ele sentia que comera em excesso, tinha a sensação de um bolo no estômago e vomitava, buscava esvaziar-se. Se o vômito não ocorresse espontaneamente, induzia-o, até o ponto em que, para isso, passou a usar o fio de um aparelho de som portátil, introduzindo-o pela garganta.

Sua zona de controle alimentar constituía-se como única propriedade sua diante de uma experiência familiar sentida como invasiva, em que a diferenciação não tinha lugar. Todos em sua casa o cercavam: eram os *capangas* – a enfermeira contratada para cuidar dele, o caseiro da família – que o seguravam para não vomitar.

Passei a "segurá-lo" para não vomitar de outro modo: com uma escuta servindo à digestão de seus bolos intragáveis e anteriormente expelidos de seu psiquismo. Ele estava muito assustado com os dizeres dos médicos, segundo os quais começava a se desenvolver um tumor em sua faringe: "*As células da faringe estão se transformando em células do estômago... o médico disse que eu posso morrer se não parar de usar o fio...*". Seu próprio corpo estava enlouquecendo, confuso, necessitando de discriminação e contorno.

Uma forma contorna o caos

> *Uma forma contorna o caos, uma forma dá construção à substancia amorfa – a visão de uma carne infinita é a visão dos loucos, mas se eu cortar a carne em pedaços e distribuí-los pelos dias e pelas fomes – então ela não será mais a perdição e a loucura, será de novo a vida humanizada.*
>
> Clarice Lispector – A paixão segundo G. H.

Um dia, Filipe trouxe-me o aparelho de som cujo fio era usado para induzir o vômito, ligou-o em minha sala e mostrou-me suas músicas preferidas, relacionando-as a acontecimentos importantes de sua vida. Eram, na maioria, músicas que falavam de relacionamentos amorosos, de perdas e possibilidades. Eis que o fio que servia para abolir de si as experiências terríveis de peso insuportável tornou-se um fio a nos unir no espaço analítico: imagem de um útero acolhedor e amoroso que o recebe, sacia a sua fome de nutrir-se de um alimento que seja possível de ser assimilado.

Segundo Joyce McDougall, "quer sejam desencadeadas pela pulsação instintiva ou mobilizadas pelo impacto contínuo do mundo externo, as correntes afetivas surgem incansavelmente nas profundezas de todo ser" (1982/1992, p. 139). Elas são, em um processo de análise, um laço privilegiado a articular soma e psiquismo, justamente por estarem a meio caminho entre o corpo primário, fragmentário, sem imagem ou representação psíquica, e o corpo unificado, erógeno, metafórico. Pode-se dizer que a elaboração imaginativa das funções corporais que para Winnicott (1988/1990) possibilita o nascimento do psiquismo, só é possível na medida em que tais correntes afetivas são sustentadas (em relação, em que outro psiquismo está também envolvido).

Mediante essa articulação realizada pelo afeto, "nossa fome e nossa sede reabrem, ao ritmo do tempo pulsional, o saco de pele que somos e que tende, na redução a zero, a se fechar sobre si mesmo" (Vasse, 1987/1991, p. 41).

Tendo como base essa acolhida aos afetos que inundavam Filipe, pude ver surgir diante de mim um contador de histórias, sempre vividas como insólitas e perturbadoras, girando em torno de seus impulsos sexuais contrapostos a um anseio mortífero de purificação (assexualização).

Filipe interessava-se por cavalos e fazia um estudo detalhado dos diversos tipos de capins (o alimento para os cavalos é algo de extrema delicadeza, e não é raro que algum morra por problemas na digestão). Seus dois cavalos representavam aspectos contraditórios de si: um, o garanhão e o outro, o capado. O primeiro vivia uma sexualidade desenfreada, correndo o risco de rasgar-se nas cercas de arame farpado que o cercavam, querendo pular e fugir dali. Quanto ao capado, era submisso, não pertencia a nenhuma linhagem nem geraria descendentes.

É também ilustrativo seu interesse pelo seriado do *Superboy* (o Superman adolescente), a respeito do qual me contou diversos episódios. Destaco o detalhamento feito por ele para me explicar os efeitos provocados ao personagem pelas diferentes pedras criptonitas: a verde o deixava fraco, incapaz de se sustentar, ao passo que a vermelha o tirava de si, deixando-o em profundo estado de excitação, quando fazia tudo o que quisesse, sem qualquer tipo de censura: batia em quem quer que fosse, transava com quem lhe interessasse, não havia barreiras. A preta o transformava de modo a fazer surgir uma dupla personalidade de aspectos opostos.

Era dessa desarticulação entre seus personagens internos que ele vinha tratando, sem sustentação e sem limites, como faces de uma mesma moeda: um eu frágil, praticamente sem contornos.

Assim, os momentos de excitação e prazer vividos por Filipe eram sempre acompanhados de muita angústia e seguidos por uma tentativa de expulsão da experiência afetiva, de retirada de um peso, e pela busca de um estado anterior: *voltar a ser magro, voltar a ter o corpo que eu tinha* – um corpo imaginário, assexuado, desafetado.

A realização da assexualização equivaleria a um decreto de morte psíquica, à impossibilidade definitiva da realidade individual: retorno imaginário a um estado de fusão com a mãe (mas cabe ressaltar que, ainda assim, buscar realizar esse projeto era também uma tentativa de dominar algo que se passava fora de seu controle, de dar um contorno de individualidade sobre o que restava como possivelmente seu: o corpo). Uma redoma familiar forçada (pelos *capangas*) seria vivida como um lugar esvaziado de alimento e de sentidos, podendo relacionar-se a uma mãe sem leite resgatada de sua memória, com a qual ele se identificaria pela via da desvitalização. No entanto, à medida que esse lugar de origem pôde ser experimentado em análise como provedor de escuta e alimentação emocional digerível, o que era sentido como peso pôde ser vivido como fortalecimento e possibilidade de crescimento – como um novo lugar de onde nascer.

Esse fortalecimento, porém, era muito tênue, carecendo de identificação que o sustentasse. Em sua realidade psíquica, o pai era ausente, e isso pulsava no seio do campo transferencial: foi preciso viver com ele, ao longo do processo, um papel materno não somente nutriente, mas que contivesse em seu interior um pai a possibilitar a ruptura da redoma, o corte do cordão umbilical, a sustentar a separação do ambiente de origem e uma abertura e continência para a sexualidade.

Pôde então surgir um esboço de relação pai-filho. Uma história foi reconstruída: *ouvi rumores de que eu tenho um filho no interior...* Essa história (relativa a uma antiga experiência sexual) já havia sido contada por ele diversas vezes, e de diversas formas, sempre recheada de ternura e paixão, mas nunca a suspeita do filho havia sido mencionada. Fruto de uma relação fugaz durante uma viagem, esse filho distante e ausente o aproximava, por identificação, a seu próprio pai ausente. Porém, era também um aceno à fertilidade da relação analítica, que lhe dava alguma condição de acolhimento à sua potência geradora.

Filipe buscava uma imagem masculina para si: olhava imagens de corpos de homens, idealizava-os. Procurei dar sustentação a essa investigação, tratando-a como uma busca imaginária de si mesmo, de contornos para seu próprio corpo. Em um episódio do *Superboy*, "(...) *ele foi pego por uns colegas de escola e amarrado junto com uma criptonita* verde, que nem um espantalho, no meio de um milharal. Ele tava muito fraco, não conseguia se soltar... Mas como ele tava sem camisa dava pra ver o abdômen dele... ele tem um corpo bonito, forte... é aquele corpo que eu queria ter!" Comuniquei-lhe a percepção de que ele vinha ao meu consultório sentindo-se como um espantalho, muito fraco e querendo ser visto por mim. Pois, de fato, via ali um rapaz bonito e forte, mas sem referência de si mesmo.

Nessa mesma linha de escuta e manejo, buscando ter um olhar para algo que ele próprio não via de si mesmo, recordo-me de outra imagem que Filipe relatou: "*Eu vi uma foto de um cara sem camisa... quando eu falo de um corpo perfeito é daquele jeito, dr. ... ele tinha um corpo bem sarado, e tinha até uma veia aparecendo: daqui até aqui*" – e me mostrou o lugar em seu corpo: do umbigo ao pênis. Disse-lhe que esse corpo perfeito tão almejado é um lugar de passagem de um corpo infantil que vive dentro da mãe para um corpo de homem, com pênis e desejo sexual. Logo em seguida, falou do que não gostava em seu corpo: sua barriga enorme. Então lhe disse que essa barriga da qual ele falava era uma barreira do seu olhar, que não tinha acesso à sua própria sexualidade, e que ele vinha até mim para poder ser enxergado para além dessa barreira, para que eu o visse como um homem.

A equivalência entre comer e transar e a negação da experiência do outro

Essa linha de manejo possibilitou uma continência para que, aos poucos, as experiências prazerosas advindas do contato com o outro pudessem ser pensadas. Alimentação e sexualidade, vividos como equivalentes, puderam ser discriminados. Ou antes, a possibilidade de discriminação advinda de um certo fortalecimento de si, possibilitou a Filipe que sustentasse, no mínimo, uma possibilidade de contato com o mundo.

A princípio, toda experiência deveria ser vivida em casa (aliás, para preservar o espaço analítico como um lugar dele, tive que impor uma série de barreiras à mãe). O caos sem forma da fusão possibilitava apenas um erotismo sob redoma, isolado da alteridade do mundo externo à casa familiar. Comer era algo que somente poderia ser feito ali, e quando ele levava algum alimento para a faculdade, o comia no banheiro, escondido, associando a alimentação a um ato sexual.

A cena de um banquete em uma festa de casamento era a visão de uma grande orgia, relatada com muita excitação: "*De repente começou a tocar uma banda, e chegar bandejas com tudo o que o sr. possa imaginar! Era violino comendo...*" – e fazia, sem cessar, o movimento de tocar um violino, como uma masturbação –, "*... música comendo, todo mundo comendo!*" Os garçons serviam iguarias muito apetitosas, e enquanto ele contava os detalhes, eu dizia que deveria estar tudo muito gostoso, em busca de dar um contorno de possibilidade para aquela experiência, pois ele, de fato, não comeu nada.

Outra face disso é sua sexualidade reclusa a masturbações compulsivas na sala de casa, até esgotar qualquer possibilidade de ejaculação. Vomitar e ejacular seriam tentativas de purificação através da expulsão do peso do alimento, do peso da excitação – expulsão daquilo que não tinha símbolo: o outro.

Vasse (1987) propõe que o representante da alteridade do alimento é justamente seu sabor. Devorar, recusar ou vomitar o alimento têm um mesmo fundamento: a recusa do sabor que denuncia o outro, ficando forcluídas quaisquer sensações de nojo, prazer, diferenças[3]. Para Filipe, ficaria vetado esse contato que requereria um símbolo inexistente.

Para quem a dependência é absoluta (de alimento e de afeto), tanto a invasão quanto o abandono são devastadores: o alimento não remete a mais nada, não significa nada – nem de onde vem, nem a quem é endereçado. Só resta o alimentar-se de si mesmo, a recusa a formar-se a partir de um outro, receber dele ou entregar-se.

Filipe em um momento se lembra de quando conheceu uma menina em uma festa e, no meio de um beijo, ela fez algo estranho e ele correu procurando sua mãe. Ele contou essa situação assustadora perguntando-se se deveria tentar sair e ter novas experiências ou ficar recluso em casa, dando continuidade ao seu projeto de assexualização e busca de um corpo perfeito.

O trabalho analítico com Filipe, em parte aqui apresentado, exigiu manejos no sentido de propiciar-lhe uma reestruturação das suas primeiras experiências constitutivas, alimentando e fortalecendo uma identidade possível. A abertura de um campo de diferenciação eu/outro, deu-se mediante um mergulho a dois no caos primitivo para,

---

[3] Remeto neste ponto à leitura do capítulo VII – As palavras que faltam e a economia do afeto", no livro Teatros do eu de Joyce McDougall (1982b), que trata com minúcia da questão dos afetos forcluídos, relacionando-os à alexitimia e às experiências primitivas.

a partir dali, construirmos sua história: vislumbres de uma existência separada.

Destaco, porém, que foi sempre muito tênue qualquer traço simbólico - sinal de alteridade - que pôde ser desenhado com cuidado nesse processo analítico. A mínima dúvida despertada nele entre viver alheio a experiências, dando seguimento a seu projeto de purificação (indiscriminação mortífera), ou então sair de casa, conhecer outras pessoas, abrir-se para a sexualidade, o prazer e a fertilidade, considero uma conquista desse processo.

Alimentação, nutrição psíquica

A relação transferencial é considerada por Pontalis "(...) única formação do inconsciente *atual*, apreendida em seu processo e não só em seu resultado" (Pontalis, 1977b/2005, p. 143).

Na atualidade da experiência dessa análise, predominou um campo constituinte de um psiquismo, lugar do nascimento de Filipe como sujeito. Nesse campo inaugural, a função materna - de auxiliar o bebê a "digerir" a perda da plenitude do não desejo originário, de propiciar contornos para as manifestações sem nome advindas de seu corpo e de dar sustentação para o desejo emergente tornou-se metáfora essencial para a função analítica[4]. A alimentação (e seus "transtornos") ficou então remetida à relação com o outro: nutrir, digerir, expulsar os dejetos como formas de relação.

Denis Vasse (1987/1991) propõe que "(...) abrir a boca para comer, com o encadeamento da deglutição apaziguadora da fome, não deixa de ter uma ligação com abrir a boca para falar, com o encadeamento da audição apaziguadora que acalma o desejo da presença do outro" (p. 31).

---

[4] Proponho que, em um campo onde o simbolismo é precário, a referência teórica - metafórica - a um lugar de origem, que remete à relação mãe-bebê e ao nascimento do sujeito humano a partir dela torna-se muito importante ou até mesmo essencial. Entretanto, ao articular o conceito de campo com essa metáfora, tenho em conta a proposta da Teoria dos Campos, segundo a qual uma análise jamais poderia ser conduzida por um pressuposto, sob o risco de "engessá-la" (p. ex., uma aproximação não mediada pela transferência entre analisando e recém-nascido). Assim, é incrustado no campo transferencial que um campo primitivo é vivido, certamente de modo único, dependendo da dupla que o experimenta e do modo como surge seu desenho. E os momentos de sua ruptura expõem outros campos a ele entrelaçados, revelando uma teia tecida com absoluta singularidade. O caminho da cura é sempre peculiar: quando "uma forma contorna o caos" originário, o que se forma é necessariamente novo.

A intimidade entre analista e analisando, em certos momentos de uma análise, realiza-se como metáfora da relação íntima da mãe com seu bebê, que dá o seio e dá palavras, nomeia, faz-se presença. O leite com o qual o bebê é alimentado é também a mãe incorporada como presença, desde que haja uma relação de amor mediada pelas palavras: é ela que possibilita a comunicação (do contrário, comer não seria nada além de uma suplência orgânica). E eis que "na satisfação e no apaziguamento da tensão pulsional oral aparece o sorriso como significante de uma relação de presença além da relação de consumo" (Vasse, 1987/1991, p. 32).

Assim, uma alimentação que não fosse

> (...) codificada por estes movimentos ritmados pela música das palavras e da voz (...) só remeteria a uma atividade neutra de mastigação e deglutição, a um ato de comer desumano – sem gosto, sem perfume, sem palavras. A deglutição, então, só remeteria a si mesma sem fazer ato de presença, sem incorporar. (...) [Quando] a mastigação e o gesto que nutre se encontram desconectados da palavra (...) e a boca não é mais um limite ativo que se incorpora no encontro, ela é um buraco que devora ou vomita, repete ou morde e só discorre para não se entregar à distorção do furor ou do alarido. (Vasse, 1987/1991, p. 43)

O "alimento" Teoria dos Campos

A atividade neutra de mastigação e deglutição de uma Psicanálise já pronta para ser aplicada não teria o gosto do outro, para cujo sabor a Teoria dos Campos desperta. A proposta de Herrmann constitui um alimento a sustentar uma escuta psicanalítica capaz de digerir e renovar a Psicanálise – que renasce com novos sabores, perfumes, palavras, metáforas, frutos de encontros diversos nutridos pelo método psicanalítico.

Tomando em consideração a noção de clínica extensa, fundamental para a Teoria dos Campos, pude "passear com meu divã", fazendo deitar-se nele minhas escolhas de leituras: que buscas suscita-me tal situação clínica? O *deixar que surja* na clínica tem seu correspondente *deixar que surja* no contato com o campo das teorias psicanalíticas já construídas – também como extensões de outros tantos trabalhos clínicos – desde Freud. Há, nesse sentido, um entrelace de surgimentos e considerações propiciadores das articulações teórico-clínicas aqui apresentadas: a partir de uma imbricação entre a experiência clínica em um campo psicossomático – um dos confins do campo psicanalítico, tal como proposto por Pontalis (1977/2005) – e o contato com construções teóricas que propõem mitos de origem do sujeito e de desenvolvimento psíquico, fez-se uma ponte, tornando possível uma incursão a tais confins. A sustentação: a metáfora de um nascimento humano, a dar estofo para o que seria irrepresentável.

Considerando-se isso tudo, é possível pensar que, de fato, não há clínica realmente psicanalítica que não seja extensa, pois nunca se limita a uma relação a dois. A cura do paciente se entrelaça à do analista, considerando-se que a formação do analista também é cura.

Referências bibliográficas

FREUD, S. (1894- 1895). La neurastenia y la neurosis de angustia: Sobre la justificación de separar de la neurastenia cierto complejo de síntomas a título de 'Neurosis de angustia'. Trad.: Luis Lopez-Ballesteros y de Torres. In: *Obras Completas*, tomo I, p. 183-198. Madrid: Editorial Biblioteca Nueva 1981,

GREEN, A. Conceituações e limites. In: *Conferencias brasileiras de André Green*: Metapsicologia dos limites. Trad.: Helena Besserman Vianna. Rio de Janeiro: Imago, 1990, p. 11-32.

HERRMANN, F.(1991) *Clínica psicanalítica*: A arte da interpretação. São Paulo: Casa do Psicólogo, 2003.

McDOUGALL, J. (1982). Corpo e metáfora. In: *Teatros do eu*. Revisão técnica: Pedro Henrique Bernardes Rondon. Rio de Janeiro: Francisco Alves, 1992, p. 139-167.

_____. (1982b). As palavras que faltam e a economia do afeto. In: *Teatros do eu*. Revisão técnica: Pedro Henrique Bernardes Rondon. Rio de Janeiro: Francisco Alves, 1992, p. 121-138.

_____. (1995). Prefácio. Sexualidade humana: Uma busca eterna? In: *As múltiplas faces de Eros*. Trad.: Pedro Henrique Bernardes Rondon. São Paulo: Martins Fontes, 1997, p. IX-XXIII.

PONTALIS, J.-B. (1977). Bordas ou confins? In: *Entre o sonho e a dor*. Trad.: Claudia Berliner. São Paulo: Editora Ideias & Letras, 2005, p. 211-225.

_____. (1977b) Entre o saber e a fantasia. In: *Entre o sonho e a dor*. Trad.: Claudia Berliner. São Paulo: Editora Ideias & Letras, 2005, p. 129-149.

_____. (1988) A melancolia da linguagem. In: *Perder de vista*: Da fantasia de recuperação do objeto perdido. Trad. Vera Ribeiro. Rio de Janeiro: Jorge Zahar, 1991, p. 143-146.

VASSE, D. (1987). Entre o gosto das coisas e o peso das palavras. O malentendido do medo. In: McDougall, J. *et al. O divã de Procusto*. Trad.: Débora Regina Unikowski. Porto Alegre: Artes Médicas, 1991, p. 29-50.

WINNICOTT, D. W. (1988). O campo psicossomático. In: *Natureza humana*. Trad.: Davi Litman Bogomoletz. Rio de Janeiro: Imago, 1990, p. 44-47.

Capítulo 7
HERRMANN E O OLHAR DO COTIDIANO: SIGNIFICAÇÕES DA VIOLÊNCIA URBANA SOB O ENFOQUE PSICANALÍTICO HERRMANNIANO

Letícia Francisca Alves da Silva

Introdução

Este trabalho procurou fazer um recorte de uma pesquisa maior intitulada "Significações da violência urbana: Resgatando um espaço roubado", que objetivou investigar a violência sob a ótica daqueles que são linha de frente no trabalho de enfrentamento desse fenômeno. Assim, para as análises das entrevistas semiestruturadas, realizadas com seis policiais, três psicólogos e uma promotora de Justiça, a parceria com Fabio Herrmann foi fundamental uma vez que, para esse autor, interpretar é imprimir sentido e tal sentido, advindo do sujeito, acaba por revelar também todo o cenário onde esse inconsciente é constituído – sujeito pensa-se através do mundo e o modo de pensar é o modo de ser neste mundo. Dessa maneira, para a análise da violência, o autor pôde contribuir tanto como ferramenta teórica quanto como prática, oferecendo importantes *insights* para a análise das entrevistas. Assim, verifica-se que os trabalhadores do enfrentamento à violência parecem desamparados nesse campo, ora questionam suas atuações, ora a percebem como meros esforços sem nenhum retorno.

Herrmann e a violência

Herrmann (1997), em suas análises do cotidiano, comenta que o pensamento vem do mundo e ao mesmo se dirige, o sujeito pensa-se através do mundo e o modo de pensar é o modo de ser nesse mundo. Este pensamento pode, até mesmo, enlouquecer por falta de mundo, justo por estar tão distante do senso de realidade, distanciando-se assim, do comportamento que se espera de nós. O autor afirma que o homem do cotidiano vive no mundo e, ao pensar, pensa nesse mundo e sobre ele; tal mundo participa de cada um dos pensamentos de homens e mulheres do cotidiano. Depois, o pensamento tem no mundo o contexto no qual ocorre e, em seguida, determina como o sujeito psíquico está constituído.

A essa última consideração, o autor comenta que o homem tem a ilusão de ser senhor de sua psique, porém esta se cria no real e com certas propriedades históricas: a psique é "infundida no indivíduo por seu tempo e sua cultura, moldando-o ao estilo presente de pensar" (Herrmann, 1997, p. 131). Afirma também que dar opinião sobre o mundo é separar-se deste, como num ato de superioridade que o sujeito faz, retirando-se do mundo e julgando-o de cima para baixo. Sem utilizar o termo subjetividade, entende-se que Herrmann garante pistas para que se entenda como esta é constituída.

Na caminhada pelo estudo da violência não se pode desconsiderar seus efeitos como parte importante da constituição da subjetividade das pessoas que vivem a contemporaneidade. Essa subjetividade, sustentada pelos sujeitos, que são sustentados no mundo, aparece aqui determinada também pela violência que tem tomado grande parte das vivências atuais (Teixeira & Porto, 1998).

A contemporaneidade e o tempo de violência

No âmbito deste estudo, a violência pensada no mundo, dirigida ao mundo e a subjetivada permite a consideração sobre o lugar que ocupa no mundo e na subjetividade dos sujeitos da pesquisa. Atualmente, alguns autores identificam como *contemporaneidade* o tempo atual no qual a subjetividade humana é constituída, subjetividade essa atravessada pelo fenômeno da violência em suas várias manifestações.

Figueiredo (2003) coloca, com a ajuda de Bauman (1999), algumas características para o mundo em que se vive atualmente. Assim, a modernidade, vinda da história da ciência que tenta organizar o mundo classificando e ordenando-o, acaba por gerar o excedente. Num movimento dialético, esse excedente, algo que está além da organização e do controle, gera caos e desordem, próprios mesmo do movimento de organizar. Dessa sequência, a organização e a classificação levam sempre a procedimentos segregadores, bastante dissociados.

Outro produto é a ambiguidade, ou seja, quanto mais alta a tarefa de classificar, maior será o produto de elementos excedentes. Assim, a tarefa de ordenação se torna contingente, algo indesejável para os que têm a preocupação de controlar e prever futuras ocorrências. Assim, o *traumático* que em linhas gerais é entendido como o indesejável, o excedente, passa a ser, no mundo moderno, o "regime da vida" (Figueiredo, 2003, p. 13).

Herrmann (1997), da mesma forma, tenta caracterizar os movimentos humanos na contemporaneidade, entendendo-se como o termo contemporâneo toma parte do sentido de *cotidiano* usado pelo autor. Assim, para Herrmann, o que marca a vivência subjetiva da atualidade, em suas palavras, a *constituição da psique no cotidiano*, são: o *regime da farsa* e o *regime do atentado*.

Assim, de acordo com o autor, a Psicanálise preocupa-se com um extrato do real que é a psique. A psique, entendida dessa forma, não é *todo o real*, mas uma parte importante desse real (profundidade produtora, que esconde em si inúmeras possibilidades). A psique caracteriza-se pela "produção viva de sentidos" e se dá no mundo, "o mundo, como o pensamento, é psique em ação" (Herrmann, 1997, p. 130).

Esta psique, sempre viva e producente, estabelece um campo de ação, como um suporte regulador das relações humanas. Em determinadas épocas, há alguns campos que se sobrepõe sobre outros e determinam uma forma mais ou menos homogênea e constante de comportamentos. O que Herrmann (1997) enfatiza é que no mundo moderno a realidade que se criou por modelos autoritários de ordenação da vida revela um modelo de ação rígido e moralmente modulado.

Assim, a moralidade irá ditar sentidos mais ou menos fixos para a realidade, criando uma uniformidade para as diversas possibilidades do viver. Essa moralidade no processo autoritário vai, então, fixando padrões e normas de comportamento muitas vezes sustentando suas justificativas em "verdades convenientes", nem sempre verossímeis, mas sustentadas por alto grau de persuasão e eloquência – o *regime da farsa*. Tais colocações parecem próximas ao que Costa (1994) defende como razão cínica.

No *regime do atentado*, então, a ação é ato puro uma vez que não passa mais pela teia do pensamento, do raciocínio, que foi tão sabotado pela capacidade de interlocução do regime autoritário. O sujeito, em seu ato isolado, tenta manifestar-se em meio a tantas explicações que se perdem. O atentado – ato isolado e disruptivo – mostra-se como uma tentativa de contrapor a onipotência dos grandes. A busca do sujeito é de transpor sua impotência para estar em evidência nem que seja por alguns dias, para se autopromover de determinada maneira.

O ato puro funciona, dessa maneira, como única resposta possível num campo no qual a retórica, o pensamento e o raciocínio lógico se perdem. A ação sem conexões bem racionais que a sustentem acaba por criar novas formas de mascarar o real.

Outros autores que podem ser alinhados a Herrmann são Teixeira & Porto (1998) que afirmam que a insegurança, no mundo moderno, está cada vez mais ligada à ascensão da violência e promove, por isso, o fortalecimento do que chamam de *imaginário do medo*. De acordo com as autoras, o medo tem suas raízes na crença infinita na razão que procura explicar o medo de acordo com referenciais científicos e num excesso de individualismo característico do liberalismo moderno. Os fundamentos dessa visão, de acordo com a proposta das autoras, é um etnocentrismo predominante cujas consequências são a marginalização e a exclusão do diferente, do Outro.

Birman (2003), da mesma forma, discute questões em torno da subjetividade na contemporaneidade. Põe a Psicanálise em confronto com as novas demandas de subjetivação que se apresentam na vida pós-moderna. De seus escritos enfatiza que a *cultura do narcisismo* e a *sociedade do espetáculo* de Guy Debord[1] são as formas que se mostram preponderantes no jeito de viver contemporâneo. Desenvolve suas proposições dizendo que a subjetividade, em seus primórdios, era marcada pela

---

[1] Debord, G.(2003). A sociedade do espetáculo. Rio de Janeiro: Contraponto, 2000. In: Birman, J. Mal-estar na atualidade: A psicanálise e as novas formas de subjetivação. Rio de Janeiro: Civilização Brasileira.

noção de interioridade; agora se apresenta com características extremas de autocentramento, caracterizado pelo gozo a qualquer custo e pela primazia da estética, levando tal subjetividade a uma marca extrema de exterioridade.

O desejo, enfatiza o autor acima citado, toma direções exibicionistas e autocentradas, deixando a subjetividade esvaziada. A relação com o outro, não mais baseada na troca, tem como suporte o gozo a todo custo do corpo desse outro. Essa cultura, marcada pelo narcisismo e pela estetização do eu, dá pouco espaço para valores como amor, amizade e afeto. A predação ao corpo alheio e o engrandecimento da autoimagem, para o autor, são tidos como item fundamental da existência, da sujeição. Tais posturas distanciam-se da importância de certos rituais sociais que reforçariam a reciprocidade nas relações humanas.

Pensar as questões desenvolvidas acima parece de extrema importância nas considerações em torno da violência. O ato puro, bárbaro, parece cruel, sem uma teia de raciocínio lógico, bem arquitetado de acordo com Herrmann (1997) e o gozo do corpo do outro a qualquer custo de acordo com as discussões de Birman (2003). A violência parece, assim, intrinsecamente relacionada ao estudo contemporâneo da subjetividade que se constrói ou que se impõe sob a égide do regime da farsa e do regime do atentado, da cultura do narcisismo e da sociedade do espetáculo.

Marin (2002) caminha por tais ordens de reflexão, afirmando que a violência é a forma de enfrentar o desamparo que a sociedade contemporânea suscita. Ser violento é a resposta diante das promessas modernas de direito ao gozo, à felicidade e às decisões preponderantemente individualistas. Esta resposta, no entanto, ao impor o Eu e afirmar sua liberdade abole a alteridade, pelo fato de que esta pode, em alguns casos, colocar sérios riscos à satisfação do gozo prometido.

De acordo com as análises da autora, as instituições educacionais, tanto a formal (escolar) quanto a familiar, acabam por garantir esse tipo de formação: a que autoriza o Eu à livre satisfação, reproduzindo os desígnios modernos tão responsáveis pela desilusão pós-moderna.

Compreendendo, portanto, que este estudo busca permitir a expressão subjetiva de indivíduos que atravessam a contemporaneidade, entende-se que as contribuições deixadas pelos autores em suas análises sobre o momento contemporâneo e a constituição da subjetividade são de fundamental relevância. Adiante, o percurso para a obtenção das tão desejadas expressões subjetivas será brevemente descrito.

Herrmann e o apoio interpretativo

Herrmann (2002), também dedicado à arte da interpretação, informa que interpretar é romper um campo. Tal campo é o "tom" que se desenvolve em uma relação humana – "é o inconsciente a modular as relações, que outorga sentido ao discurso social individual, aos atos e pensamentos" (p. 286). O campo é o conjunto de determinações inaparentes que dão sentido a uma relação humana e sustenta de maneira significativa as relações que nele ocorrem (Herrmann, 2001).

Interpretar é possibilitar o surgimento de um sentido, coincidente ou não com o sentido intencionado pelo interlocutor; o fundamental é que aquele que se arrisca às interpretações deve ter em mente que nunca está seguro, sua segurança está em suas suspeitas, "sua crença está em rodopios" (Herrmann, 2002 p. 287). Herrmann (2001) diz também que a interpretação é um processo de ruptura de um campo para a criação de outros novos, visa a apreender as comunicações do analisando por meio de um desrespeito calculado dos assuntos: é um erro necessário. Saber interpretar é saber utilizar com habilidade os momentos de usar o silêncio e a fala.

Herrmann (2001) afirma ainda que a interpretação é um desencontro produtivo, é uma ruptura a formas mais ou menos uniformes de funcionamento que se dá por acumulação temporal. Não quer dizer necessariamente as palavras do analista, mas uma demora na significação, ou seja, um tempo a mais comparado a conversas cotidianas que podem oferecer a ele pistas (como as freudianas) de onde se localizam os pontos de tensão. Esses pontos, chamados de resistências, de acordo com o autor, são o análogo invertido da interpretação, é onde o analisando, sem ver, pede ajuda para o analista, para que este o ajude a significar algo que o confunde, embaraça ou lhe cria um sintoma.

Assim, de acordo com o autor, o psicanalista sempre deve desconfiar do inconsciente, pois a ruptura provocada por ele, a interpretação, não proporciona a verdade absoluta, mas rompe a malha do inconsciente para entrever as regras que a regem. O inconsciente é dissonante e intraduzível, portanto, toda e qualquer tentativa de alcançar-lhe não apreende sua totalidade.

Importante ressaltar que a interpretação apresentada por Herrmann no percurso de sua produção tem heranças diretas da construção teórico-metodológica de Freud em seus conceitos-chave, como atenção flutuante, associação livre, resistência, transferência e interpretação.

Na leitura herrmanniana pode-se ter uma noção mais direta entre romper um campo e criar ao analisando novas possibilidades de relações interpessoais. Para ele a "cura" é ativar pontos nos quais as potencialidades individuais distintas se manifestem. Em Freud a cura era dada no momento em que se tornava o material inconsciente acessível à consciência e, por isso, tal conteúdo agora, poderia ser simbolizável não mais por um sintoma, mas por meio da linguagem.

Procurando assim, a investigação qualitativa com o uso da Análise do Discurso, pretende esta pesquisa fornecer colocações que possam ser significativas. Que traga sentidos que provoquem reflexões e ações positivas para os diversos lugares que o tema da violência rege, seja pelo trabalho, pela gerência, seja mesmo por sua ação danosa. Não a ilusão de que será o receituário ideal para o problema da violência, uma vez que seria contraditório à noção de que o pesquisador está inteiro na investigação em ciências humanas e, por isso, estão presentes suas histórias, pessoal, profissional.

Das análises, dos discursos

Foram selecionados alguns trechos das entrevistas, aqueles que tiveram grande impacto para a análise da violência e como os profissionais a interpretam.

E ainda credito que a sociedade... segundo... acho que Rousseau que disse: "Ela conspira contra quem a defende" e é verdade. Se você está no alto de um edifício e vê lá três PMs fazendo... algemando um indivíduo ela já julga ali ó "Olha lá que covardia! Mas acontece... eu vou comparar o trabalho da PM como um... um lugar da prefeitura que recolhe o lixo todos os dias... esse veículo da prefeitura que recolhe aquele lixo e leva pra outro local, pra incinerar.... para um aterro sanitário... e (...) e se esse lixo for reciclado, parte dele... ele vai voltar pra servir... pra... pra dar um suporte melhor. Mas se a prefeitura recolher esse lixo, jogar nas imediações da cidade, num morro ou qualquer local... sem aterro, sem reciclagem, sem incinerar... ele vai retornar pra sociedade em... na primeira chuva forte que tiver, ele vai entupir... Assim também é o trabalho da Polícia Militar. Ela está todos os dias nas ruas recolhendo o... o lixo humano, que é o indivíduo que pratica o mal... Então, ela recolhe esse cara... esse... cidadão que age como besta... não podem ser nem comparados a seres humanos, alguns... e o leva pra uma cadeia, pra um presídio... e esse indivíduo vai aí, vive em condições sub-humanas, vai... se fazer na escola do crime...

(...) "Ah... eu fico assim... quando eu vejo essas notícias ruins... e que não são combatidas, e assim... a gente não consegue vislumbrar uma... uma situação pra resolver... dá uma... uma sensação de impotência, de fragilidade diante das coisas... diante da... nossa pequenez mesmo diante do mundo. (Vitor, 53 anos, policial, 29 anos de profissão)

Seu trabalho de "enxuga-gelo" parece remeter a um incômodo por não acompanhar a punição em todo o seu processo, ou seja, prende um criminoso, mas este é quase imediatamente solto e, ao voltar para as ruas, reproduz situações idênticas às que deram motivo à sua prisão. Tomando um trecho de Joaquim, seu colega de profissão (não apresentado aqui) ao dizer que o "trabalho da PM vira uma bola de neve", tem-se a impressão de que a dimensão preventiva e a desconexão dos policiais com os demais processos de punição contribuem para a sensação de que seus trabalhos são ineficazes.

No entanto, o "humano" tido como lixo é uma dimensão que retoma uma contradição difícil de ser admitida, se colocada como coerente. Se o humano é posto na condição de lixo, não parece mesmo poder responder pelos seus atos, não é de se admirar que esteja na condição também de "gelo": sem sentimentos ou escrúpulos, o gelo e o lixo podem fazer qualquer coisa sem que precise se guiar pela razão, sem que a dimensão afetiva, sua mesma ou de sua vítima, seja considerada. Novamente, a dimensão preventiva e educativa, retirada da função policial, faz que o trabalho da PM seja ter contato com o "lixo" e com o "gelo" e isso, esse contato diário, essa repetição (esse sintoma) vira uma "bola de neve".

Vitor cita ainda a sociedade como grande apoiadora dos ditos criminosos, assumindo uma postura de hostilidade em relação ao policial e que na PM, o "material humano" deixa a desejar. De acordo com Herrmann (2002), vive-se a era da morte da substância psíquica que acaba gerando uma realidade sem sujeito reconhecível, sem ninguém que assuma alguma responsabilidade por alguma coisa.

Nas contribuições de Oliveira Junior (2007), a questão da ambivalência da ordem é personalizada na figura do policial; esse policial é a representação da ordem mais próxima aos cidadãos em situações de conflito. Porém, dessa ambivalência, esses trabalhadores parecem representar somente a hostilidade dessa ordem, imprimindo certo sofrimento psíquico a suas vivências subjetivas ao não serem reconhecidos como importantes portadores da lei pela sociedade.

Retomando-se as considerações de Herrmann sobre campo, pode-se inferir que um campo formado durante a entrevista com o policial, verificou-se que ele parecia desabafar seu desânimo e seu descrédito em relação à efetividade da prática policial. Além disso, o projeto humano parecia-lhe sem sucesso – o humano tornou-se, para ele, um lixo. Em algumas entrevistas, por exemplo, com uma das psicólogas, parecia que o campo formado foi de grande receptividade, como alguém que tivesse algo, na verdade, não para doar, mas para receber. Percebia-se certo contentamento em falar sobre sua prática e ser ouvida – a despeito do que sempre tem de fazer em sua profissão: ouvir. Ainda assim, percebeu-se que ela estava ávida por conhecer os resultados da pesquisa.

Durante as conversas, alguns dos policiais admitiam não gostar do trabalho das ruas, dos patrulhamentos. Por isso, se organizavam e se qualificavam para atividades administrativas da corporação. Parece que os policiais valiam-se das funções administrativas como forma de se esquivarem dos trabalhos da rua, do "recolhimento do lixo", como se esse fosse um lugar onde encontravam proteção contra os "ossos" de seus ofícios.

Interessante notar que nos trabalhos de Anchieta & Galinkin (2005) os policiais também têm consciência da imagem negativa junto à população, e afirmam que seu trabalho se limita a limpar o "lixo da sociedade". Assim, parece que, com um treinamento voltado para lidar com o lixo, a aplicação da ordem, na sociedade, parece cada vez mais fadada a ser recebida com hostilidade e agressão.

É possível evocar aqui a afirmação de Bleger: "as instituições costumam padecer do mal que combatem" (1992, p. 62). No entanto, conformar-se com as violências recebidas e multiplicadas pelas instituições de combate à violência parece ser desastroso num contexto em que a violência toma grandes proporções. O cuidado a essa parcela de trabalhadores do enfrentamento à violência parece ser fundamental.

Conclusões

Após a análise cuidadosa do material, verifica-se que alguns fatores enfrentados pelos participantes ainda permanecem diretamente ligados à história do Brasil. Assim, parece que, apesar de muitas questões em torno da violência já terem sido identificadas, a assunção da responsabilidade parece não ter sido feita ou compreendida por todos os envolvidos.

Além disso, as figuras do poder público, ao renunciar suas tarefas de atuação, nas suas escolhas "político-institucionais" (Zalaur e cols., 1994) podem promover conflitos sanguinários na defesa de espaços e demais necessidades. Considerada essa contradição existente no sistema político e a razão cínica de Costa (1994) fica-se com a impressão de que o discurso democrático é utilizado, na verdade, para encobrir ações voltadas para a satisfação do desejo de poucos em detrimento do bem-estar comum: é a "ditadura do desejo" que aponta a incoerência da razão democrática e sugere uma descrença disfarçada em suas propostas.

Tem-se ainda a impressão de que o país, após enfrentar as repressões odiosas da ditadura e ter conquistado a democracia, ainda não incorporou tal sistema em todas as bases da atuação humana, nem mesmo aqueles que a representam diretamente. A democracia enfim alcançada, ou não é compreendida ou é usada também em nome de demandas distantes do objetivo primordial de conferir poder ao povo e não exercer poder sobre esse povo em nome do benefício de alguns.

De tal forma, reconhece-se mais uma vez uma contribuição importante de Herrmann: ao se falar do mundo, fala-se de si mesmo, e o oposto também é verdadeiro. Dessa maneira, os participantes, ao denunciarem seu descrédito em relação ao combate à violência, denunciam também sentimentos comuns a alguns de seus colegas: parece mesmo que, em alguns momentos, apesar de todo o protocolo oferecido para atuação policial, os policiais verificam que, ao final, acaba-se tendo que recolher lixo e receber a hostilidade da população. Tais observações acabam entrando em acordo com as colocações de Herrmann sobre o regime do atentado, reproduzido aqui, pela força policial.

A impotência, revelada pelo ato inóspito de "enxugar gelo" acaba por desanimar aqueles que estão na linha de frente do enfrentamento à violência e revelando mais uma vez as colocações de Herrmann: o ato acaba por revelar a impotência do sujeito – ato puro que não passa mais pela teia do pensamento, do raciocínio, que foi tão sabotado pela capacidade de interlocução. O sujeito perde-se em meio a tantas explicações e o atentado mostra-se como uma tentativa de contrapor a sua impotência: acaba-se tratando o ser humano como lixo.

Referências bibliográficas

ANCHIETA, V. C. C. & Galinkin, A. L. Policiais civis: Representando a violência. *Psicologia & Sociedade*. Brasília: Universidade de Brasília, 2005, 17, p. 17-28.

BIRMAN, J. *Mal-estar na atualidade*: A psicanálise e as novas formas de subjetivação. Rio de Janeiro: Civilização Brasileira, 2003.

BLEGER, J. *Psico-higiene e psicologia institucional*. Porto Alegre: Artes Médicas, 1992.

COSTA, J. F. *Ética e o espelho da cultura*. Rio de Janeiro: Rocco, 1994.

FIGUEIREDO, L. C. *Psicanálise*: Elementos para a clínica contemporânea. São Paulo: Escuta, 2003.

HERRMANN, F. *Psicanálise do quotidiano*. Porto Alegre: Artes Médicas, 1997.

_____. Como conclusão: Daqui p'ra frente. In: Barone, L. M. C.; Giovannetti, A.; Herrmann, L.; Taffarel, M.;& Zecchin, R. M. do N. (Orgs.), *O psicanalista*: Hoje e amanhã. O II Encontro Psicanalítico da Teoria dos Campos por escrito. São Paulo: Casa do Psicólogo, 2002, p. 281-291.

_____. *Andaimes do real*: O método da psicanálise. São Paulo: Casa do Psicólogo, 2001.

MARIN, I. S. K. *Violências*. São Paulo: Escuta/ Fapesp, 2002.

OLIVEIRA JUNIOR, A. *Cultura de polícia*: Cultura e atitude ocupacionais entre policiais militares em Belo Horizonte. Tese de Doutorado em Ciências Humanas: Sociologia e Política. Faculdade de Filosofia e Ciências Humanas – Universidade Federal de Minas Gerais, Belo Horizonte, 2007, 212 p.

TEIXEIRA, M. C. & Porto, M. R. S. Violência, insegurança e imaginário. *Caderno CEDES*, São Paulo, 1998, 19, p. 51-66.

ZALUAR, A. *Integração perversa*: Pobreza e tráfico de drogas. Rio de Janeiro: FGV, 2004.

Capítulo 8
A INTERPRETAÇÃO EM QUESTÃO: RESSONÂNCIAS ENTRE A TEORIA DOS CAMPOS E O ANTI-ÉDIPO DE DELEUZE E GUATTARI

Aline Sanches

Este artigo pretende apresentar algumas ressonâncias no modo de se considerar a interpretação na Psicanálise, a partir de dois olhares distintos: da Teoria dos Campos, formulada ao longo da obra de Fabio Herrmann, e do livro *O anti-Édipo*: Capitalismo e esquizofrenia (1972) de Deleuze e Guattari. Apesar de haver diferenças marcantes entre os caminhos percorridos por esses autores – e a maior delas é que Deleuze e Guattari pretendem uma ruptura radical com alguns pressupostos fundamentais da Psicanálise, ao passo que Herrmann jamais se afastará de seu campo conceitual – observa-se em ambos o mesmo esforço para conceber uma noção de inconsciente que não se deixa reificar pelas teorias. Em ambos os casos, a tarefa de revitalizar a noção de inconsciente irá desembocar em um novo tratamento dado ao método interpretativo criado por Freud: Herrmann introduz a noção de ruptura de campo, ao passo que Deleuze e Guattari desenvolvem a proposta clínica de desterritorialização.

Mais do que apontar semelhanças entre duas construções teóricas diferentes, este artigo pretende mostrar como tais ressonâncias em torno da interpretação psicanalítica derivam-se de uma atividade clínica concebida como essencialmente criativa, em que a interpretação retira-se da função de decifradora do inconsciente para tornar-se um recurso ilimitado de produção de sentidos. Para compreender esse procedimento, faremos uma exposição das ideias de Deleuze e Guattari e de Herrmann referentes a esse tema em separado, destacando em seguida as ressonâncias entre esses dois modos singulares de se realizar uma abordagem crítica da Psicanálise.

O projeto de "desedipianizar o inconsciente" de Deleuze e Guattari

Em 1972, o filósofo Deleuze e o psicanalista Guattari publicaram na França uma obra polêmica que, apesar de não se limitar aos temas psicanalíticos, tinha entre seus objetivos problematizar uma psicanálise que se havia transformado em uma "máquina de normalizar a libido e fabricar um ideal familiarista retrógado" (Roudinesco, 2007, p. 215). O *anti-Édipo* empreende uma crítica radical à Psicanálise, e propõe uma esquizoanálise como saída para os "impasses inevitáveis" que a rondavam desde que Freud a inventou. Para fazê-lo, Deleuze e Guattari convocam quase todo o elenco da história da filosofia – o que torna sua compreensão difícil, uma vez que as referências conceituais vêm de toda parte –, e usam e abusam de ataques maldosos e provocativos ao longo de todo o texto. Polêmicas à parte, já que esta postura "mal-educada" dos autores pode ser justificada tanto pelo contexto histórico quanto pela escrita estratégica, encontra-se nessa obra um empreendimento legítimo e vigoroso de investigação do inconsciente e do desejo, em que seus autores buscam retomar linhas alternativas que nascem da própria Psicanálise, mediante uma elaboração complexa.

Grosso modo, todo o esforço da obra se concentra no objetivo de "desedipianizar o inconsciente". Mas não se trata de uma simples divergência com a teoria do complexo de Édipo, em que se aceita ou não sua existência ou sua eficácia analítica. Não se trata de negar que o complexo de Édipo existe, mas de negar que ele seja índice de produção do inconsciente. Deleuze e Guattari apresentarão o complexo de Édipo não como causa do desejo, mas como resultado da história universal e efeito do modo particular da organização capitalista.

E apesar de o Édipo ser eleito o principal alvo de crítica, tal crítica se estenderá contra todo e qualquer complexo organizador e estruturante do sujeito e do desejo, contra toda e qualquer referência transcendente para as formações do inconsciente.

E por que será tão importante para Deleuze e Guattari negar qualquer fórmula *a priori* que pretenda dar conta do funcionamento inconsciente? Ao valorizar uma concepção de inconsciente como processo contínuo de produção, o que se opõe à concepção de inconsciente como coisa ou natureza guiada por funcionamentos preestabelecidos, eles acreditam estar valorizando a descoberta mais valiosa de Freud. Ironicamente, os autores de *O anti-Édipo* dão a entender que estão sendo mais fiéis à essência da Psicanálise do que os próprios psicanalistas de sua época. Afinal, o problema da Psicanálise não está em ignorar a produção desejante do inconsciente, e Freud é reconhecido como o grandioso gênio que descobriu a verdadeira essência do desejo; o problema está em não reconhecer o caráter a-edipiano dessa produção de desejo.

> A grande descoberta da psicanálise foi a da produção desejante, a das produções do inconsciente. Mas, com o Édipo, essa descoberta foi rapidamente ocultada por um novo idealismo: substituiu-se um inconsciente como fábrica por um teatro antigo; substituíram-se as unidades de produção inconsciente pela representação; substituiu-se um inconsciente produtivo por um inconsciente expressivo (o mito, a tragédia, o sonho...). (Deleuze & Guattari, 1972, p. 28)

É por isto que Deleuze e Guattari empenham-se na construção de um inconsciente como processo de produção, povoado por elementos anárquicos que não seguem roteiros predeterminados nem obedecem a finalidades preestabelecidas, e por máquinas que se formam por meio de sínteses passivas e despretensiosas. A ideia é apresentar o inconsciente como um campo de fluxos livres e não codificados, onde nenhuma lei fundamental ou reguladora impera. De outro lado, os processos inconscientes cristalizados, rígidos e as expressões estereotipadas que formam os complexos e as estruturas – assim como formam as personalidades e os sintomas – são considerados arranjos pelos quais o inconsciente se representa, isto é, são resultantes do seu modo de produção. Para compreender essa formulação, é importante ter em mente que o inconsciente sempre opera a partir de dois registros, o da produção e o da representação: um registro que é a própria essência do desejo, sua região produtiva; e outro que diz respeito aos produtos dessa produção, que é a sua região representativa.

Tal concepção de inconsciente desemboca inevitavelmente em uma crítica à interpretação. Para os autores, a tradicional interpretação psicanalítica estará fadada ao fracasso enquanto acreditar em *representações inconscientes*, formulação que por si só abriga uma contradição. Dizem eles: se o grande mérito de Freud foi descobrir o inconsciente e a característica do desejo de escapar a qualquer representação, pois há "fluxos e cortes que a furam e atravessam por todos os lados", o engano foi ter atribuído ao inconsciente e ao desejo padrões de funcionamento – à moda de complexos de Édipo e de castração – submetendo-os novamente às exigências da representação. Tais padrões de funcionamento inconsciente, impostos a algo que é constante movimento de criação, tem como consequência imediata gerar interpretações estereotipadas, restando ao psicanalista somente aplicá-las e reproduzi-las, ou seja, submeter todos os fluxos desejantes que lhe chegam a esquemas já conhecidos.

Deleuze e Guattari rejeitam a interpretação psicanalítica tradicional e atestam sua incapacidade de apreender o processo de produção do inconsciente, a partir do princípio de que as interpretações são baseadas em teorias preestabelecidas que "desnaturam o inconsciente em si mesmo e lhe impõem causalidades, compreensões e expressões que já nada tem a ver com o funcionamento real" (Deleuze & Guattari, 1972, p. 354).

Neste sentido, a relação da Psicanálise com a teoria não deve ser entendida como um parâmetro que fixa as direções que a interpretação deve tomar, mas como uma produção singular e criativa do contexto analítico, uma *cartografia*. De outro lado, as teorias usadas como modelos fixos de interpretação são consideradas uma imposição da razão e da consciência sobre um inconsciente cujo princípio de funcionamento é radicalmente distinto. Nisto residiria a acusação de que a interpretação psicanalítica não consegue ultrapassar o plano das representações e atingir seu reverso, cujo "princípio positivo de não consistência" pode dissolvê-las (Deleuze & Guattari, 1972, p. 324). Em resumo, a questão não é reduzir o inconsciente a uma significação dada pela interpretação, mas "produzir o inconsciente", através de uma "imperceptível ruptura" (Deleuze & Guattari, 1995, p. 36).

Os autores criticam certo caráter perverso da Psicanálise de aprisionar o desejo em territorialidades artificiais impostas por práticas analíticas viciadas. A solução, por sua vez, está em montar um campo analítico que considera a "natureza do desejo" "inseparável de um movimento de desterritorialização", a interpretação consistindo em uma operação de decodificação.

> Assim, a operação de decodificação não pode significar, na psicanálise, o que significa nas ciências do homem, ou seja, descobrir o segredo de um certo código, mas tem que consistir em desfazer códigos para conseguir atingir os fluxos quantitativos e qualitativos de libido que atravessam tanto o sonho, o fantasma e as formações patológicas, como o mito, a tragédia e as formações sociais. A interpretação psicanalítica não consiste em criar códigos rivais, em juntar mais um código aos códigos conhecidos, mas em decodificar de um modo absoluto, em isolar algo de incodificável em virtude do seu polimorfismo e plurivocidade. (Deleuze & Guattari, 1972, p. 314)

Como alternativa ao fracasso da interpretação tradicional, as propostas clínicas dos autores consistem em tarefas "negativas" e "positivas", que, apesar de distintas, são inseparáveis e devem ser executadas simultaneamente. Elas são negativas porque é necessário um movimento de "destruição" de representações, a fim de desprender os fluxos desterritorializados do inconsciente, isto é, fluxos ainda desprovidos de nomes e significados, ainda não presos a uma representação. E são positivas porque o processo só se completa através de um movimento de "criação", à medida que novos arranjos tornam-se possíveis. A respeito da tarefa de destruição, dizem os autores:

> A esquizoanálise deve empregar todas as suas forças para destruir o que é necessário destruir. Destruir crenças e representações, cenas de teatro. (...) não há material inconsciente, de modo que a esquizoanálise não tem nada para interpretar. Há apenas resistências, e depois máquinas, máquinas desejantes. (Deleuze & Guattari, 1972, p. 328)

"Furar", "atravessar" as várias camadas de resistências e formações reacionais, camadas de crenças e representações, a fim de se atingir o plano reverso, onde se encontram os elementos últimos e irredutíveis do inconsciente, máquinas desejantes dispersas que servirão de material bruto para a criação de novas representações. Trata-se de "desfazer incansavelmente os eus e os seus pressupostos, libertar as singularidades pré-pessoais que eles encerram e recalcam" (Deleuze & Guattari, 1972, p. 380).

Para executar tal tarefa, pede-se paciência e prudência. Trata-se de um desfazer lento e sucessivo, já que tal movimento é inseparável de reterritorializações "artificiais, exóticas, arcaicas, residuais", uma tentativa desesperada de reconstituição da identidade desfeita. É através de uma razão proporcional que se pode medir a relação entre desterritorialização e reterritorialização, já que a violência de uma sempre acaba por impulsionar a outra. Além disso, deve-se tomar cuidado para que as representações e os estratos não sejam destruídos desnecessariamente, afinal as representações são inseparáveis de uma função vital: "não se faz a coisa com pancadas de martelo, mas com uma lima muito fina. (...) É necessário guardar o suficiente do organismo para que ele se recomponha a cada aurora" (Deleuze & Guattari, 1995, p. 22-26).

As tarefas negativas que compõem a desterritorialização envolvem o desfazer dos três principais estratos que compõem um indivíduo: o organismo, a significância e a subjetivação (Deleuze & Guattari, 1995, p. 22). Seu efeito é possibilitar, por algum momento, a não interferência das representações – que incorporam todo elemento em uma identidade – deixando o desejo livre para formar os arranjos mais diversos e imprevistos. De modo que a primeira tarefa positiva consiste em apreender o funcionamento das máquinas desejantes quando estas estão desembaraçadas dos arranjos molares que as limitavam.

Como estas máquinas desejantes voltam a se embaraçar em representações quase imediatamente, a tarefa positiva é inseparável da negativa. O movimento de desterritorialização é inseparável de reterritorializações e novas territorializações, e faz-se necessário um destrinçar constante dos arranjos. Em suma, trata-se, acima de tudo, de "esquizofrenizar o inconsciente", lembrando que "a esquizoanálise tem esse nome porque em todo o seu processo de cura ela esquizofreniza, em vez de neurotizar como a psicanálise" (Deleuze & Guattari, 1972, p. 380).

Esta breve apresentação de *O anti-Édipo*, no que diz respeito ao modo como Deleuze e Guattari compreendem o inconsciente psicanalítico, derivando daí uma crítica à interpretação, é suficiente para podermos observar algumas ressonâncias entre esta concepção e o modo como Herrmann desenvolverá uma revisão crítica da Psicanálise ao longo de sua Teoria dos Campos. Vejamos.

A busca por uma "interpretação sob medida" da Teoria dos Campos

Herrmann elege outros pontos problemáticos para iniciar sua crítica à Psicanálise. Para este psicanalista, cujas ideias essenciais também foram elaboradas no fim dos anos 1960, as limitações do legado freudiano estão em sua fragmentação em escolas doutrinárias e no fato de todo o seu potencial ter sido reduzido a uma prática de consultório. Essas limitações trazem consequências práticas: na falta de um organizador metodológico para a vasta produção da Psicanálise, suas técnicas e teorias acabam condenadas à repetição e à reprodução, sendo transmitidas muitas vezes de modo doutrinário ou arbitrário e sendo aplicadas como se fossem um tradutor automático do inconsciente. A partir daí, Herrmann propõe como solução um resgate do método psicanalítico, contido de forma implícita no legado de Freud.

Sendo o método da Psicanálise o próprio método interpretativo, a interpretação psicanalítica inevitavelmente se tornará alvo de seu pensamento crítico. Herrmann procura demonstrar que, longe de se tratar de sentenças reveladoras proferidas pelo psicanalista, a interpretação sempre derivará de um acúmulo e de uma construção; melhor dizendo, a interpretação é o processo que deve levar a uma "ruptura de campo". Mas antes de entrarmos na ideia de interpretação como ruptura de campo, é interessante retomarmos o tratamento conceitual que Herrmann dispensa ao inconsciente. Em suas palavras,

> O inconsciente só se conhece por seus efeitos e tais efeitos não podem ser observados diretamente, apenas interpretados. Portanto, o inconsciente não se presta a ser definido como um sistema composto por figuras, esquemas e mecanismos. Quando assim se faz, criamos uma doutrina. Isto é, uma crença indemonstrável. (Herrmann, 2001b, p. 205)

A seu modo, Herrmann também apresenta o inconsciente como processo de produção, ou melhor, como "lógica de produção apreensível somente por meio de seus efeitos". Assim, quando ocorre uma interpretação durante uma análise, o conhecimento que se formula refere-se tão somente aos produtos do inconsciente, ou seja, à forma de sua cristalização provisória naquela circunstância, e não ao inconsciente em si, como se este fosse um "órgão psíquico".

Herrmann apresenta o inconsciente como um plano em que há "dois psiquismos em diálogo", sendo um de ordem múltipla e social

– *o real* – e outro de ordem singular e individual – *o desejo* –, que nada mais é do que o "real diferenciado", interiorizado e singularizado em um sujeito. Como inconsciente, portanto, há real e desejo, separados por uma superfície representacional, que é a camada que reveste o real. Real e desejo não se opõem nem se distinguem quanto aos fluxos que entre eles circulam. Estão tão conectados que entre um e outro há uma continuidade, uma região constantemente atravessada por linhas de forças em que os "campos" se constroem.

O real é geralmente descrito por metáforas, como um "reino de contágio" ou como um "magma borbulhando sob a organização do quotidiano". É da ordem do oculto e inapreensível, segue a "lógica do absurdo"; reino perigoso capaz de dissolver toda forma, misturar sujeito e objeto, alterar configurações. Nessa descrição subjaz a concepção de inconsciente como um plano antagônico à formação de qualquer identidade ou estrutura, e desprovido de uma unidade organizadora intencional, já que a ação do contágio não permite que nenhuma regra ou mecanismo se fixe e impere sobre seus ditames. Afinal, para Herrmann, o grande erro ao tratar do problema do inconsciente é dar-lhe o estatuto de uma "consciência inconsciente", atribuindo-lhe propriedades psíquicas, mecânicas ou de causa-efeito predeterminadas. É este equívoco que faz que as teorias psicanalíticas ganhem *status* de dicionário ou tradutor do inconsciente. Daí a importância de apresentar uma concepção de inconsciente cujo regime é radicalmente distinto do funcionamento da consciência, no sentido de que é somente esta que preza pelo encadeamento coerente das coisas e pela previsibilidade justificada. Por isso, segundo Herrmann, a interpretação não descobre o inconsciente nem seus objetos internos, mas produz uma versão, uma "ficção verdadeira" sobre os esquemas organizadores de determinadas representações.

O inconsciente só se deixa conhecer pelos seus produtos, que são as representações. De modo que é somente através de uma operação inversa, que parte do produto para a lógica produtiva que os concebe, que se tem acesso ao inconsciente, ou melhor, tem-se acesso a um conjunto de regras que sustenta determinada representação. É o campo, que só se deixa conhecer quando nele opera-se uma ruptura.

Um campo é um conjunto de regras do inconsciente que determinam certas relações, "delimitando um território de significação especial, onde certas formas de representação proliferam e mantêm-se" (Herrmann, 1991, p. 352). Toda forma da realidade, incluindo cada tipo de configuração humana e social, são encarnações de regras sustentadas pelos campos do inconsciente. Portanto, é da ordem de funcionamento do próprio campo manter-se fechado e com uma lógica bem estruturada, já que este é responsável por manter a "superfície representacional" que, por sua vez, guarda em si o próprio fundamento das relações humanas nas configurações da "identidade" e da "realidade". Sendo assim,

> Há campos que não interessa romper; contudo, há outros que limitam muito a capacidade de alguém experimentar a variedade de sentimentos e ideias que lhe são possíveis, campos que funcionam como nós, amarrando, por exemplo, o sujeito a uma forma neurótica de ser, com os sintomas delas decorrentes. (Herrmann, 2001b, p. 55)

A principal tarefa da clínica psicanalítica é efetuar rupturas de campo, o que significa permitir a dissolução de estruturas paralisantes e, consequentemente, a emergência de novos possíveis, por meio da instalação de novos campos. A intenção é permitir ao paciente sair da automaticidade de seu cotidiano, ajudando-o a suportar uma espécie de fissura em sua superfície representacional: "nosso psiquismo cria e procura manter seus campos, a situação analítica sistematicamente os desmancha" (Herrmann, 2001b, p. 61). É por isso que "a operação fundante de nossa clínica, por sua vez, implica certa dose de violência com respeito às representações do paciente" (Herrmann, 1991, p. 118). Opera-se uma "descamação" no inconsciente, uma perfuração através de sucessivas camadas de representações e crença.

> Na prática da arte da interpretação, nossas falas devem saber introduzir-se à maneira de lâminas dentro do discurso do sujeito, fazendo com que o eu dominante no momento profira sua própria sentença de morte, ou, menos drasticamente, de ruptura de campo. (Herrmann, 2001b, p. 148)

O que se segue a uma ruptura de campo é um estado de relativa irrepresentabilidade, um "trânsito por uma terra de ninguém", que Herrmann chama de "expectativa de trânsito". Trata-se de uma travessia dolorosa e angustiante, que analista e paciente devem saber suportar. Herrmann pede uma atenção especial a esse momento, pois é comum que o analista acabe recorrendo a aplicações teóricas ou a "sentenças interpretativas" – tais como emersões de núcleos psicóticos do paciente, uma psicose disfarçada ou alucinações paranoicas –, às quais o paciente costuma aderir submissamente. Tal situação configura uma tentativa desesperada de ambos para fugir do processo, ao passo que o analista deve ser cuidadoso para não interrompê-lo e não induzir a instalação de campos artificiais. Neste momento, recomenda-se nada fazer a não ser acompanhar cuidadosamente o processo, retendo a experiência, nem apressando, nem prolongando a ponto de molestar seriamente o psiquismo do paciente. O fato é que o psiquismo rapidamente se organizará, e é neste momento que as sentenças interpretativas devem ser formuladas. Tais sentenças compreendem explicações dos processos psíquicos, traduções de sentidos e reflexões. Herrmann diferencia o termo sentença interpretativa de interpretação. Sentenças interpretativas são reservadas para o que resulta do processo, é a organização teórica que acompanha a organização de um novo campo. Não devem ser formuladas durante o processo, a fim de não interrompê-lo. Já a interpretação é o conjunto de pequenas intervenções que induzem o processo de ruptura de campo. Para a eficácia da interpretação, qualquer teoria ou técnica pode tornar-se ferramenta adequada ou não, dependendo da relação que está se efetuando. Afinal, o processo terapêutico deve ser pensado como uma criação, em que as interpretações somente serão válidas nesse contexto em que foi criada e em que criou.

> A precisão da apreensão dos sentidos possíveis não equivale, portanto, a uma explicação de processos psíquicos, mas à precisão em fazer com que se choquem diferentes representações, nisso consistindo as interpretações. Há algum sentido em dizê-las verdadeiras ou falsas? (Herrmann, 1991, p. 82)

Esta questão visa a dissociar a interpretação do valor de realidade psíquica que ela seria capaz de revelar. Simplesmente, a questão do verdadeiro ou falso não se coloca em uma análise, pois tudo deve ser considerado sentidos possíveis, cuja existência é somente potencial. O que guia o analista durante o processo analítico é a teoria, ou melhor, são as "prototeorias" que vão se produzindo ao longo do próprio experimento analítico, "talhadas sob medida para cada analisando" (Herrmann, 2001b, p. 88). A passagem de um campo a outro gera um conhecimento específico, ao evidenciar os pontos que insistem em permanecer imunes às rupturas – pontos de resistência –, assim como a "transitividade dos campos", isto é, o modo como um campo sucede ao outro, começa a esboçar o desenho de um mapa. "Do desdobramento dos campos sucessivos acumula-se o conhecimento de uma organização geral, topografia das possibilidades significativas do paciente, que é o mapeamento do desejo" (Herrmann, 1991, p. 158). Assim, as teorias são usadas como operadores a favor da interpretação, cujo objetivo é fazer surgir novos possíveis das configurações em que são aplicadas. Dessa forma, sempre apontam para o inconsciente, mas não servem para explicá-lo como uma totalidade. As teorias nada designam de concreto, pois seu valor está na potencialidade de produzir novas teorias, que nada mais são do que versões de um inconsciente em constante produção. Escapa-se assim de reificar o inconsciente, que é o que ocorre quando este é transformado num palco onde sempre se encenam mitos e tragédias universais e atemporais.

Ressonâncias

Ao fim desta exposição, o que os autores de O anti-Édipo e Fabio Herrmann têm a dizer em comum? Há uma revisão crítica da Psicanálise presente tanto em Deleuze e Guattari quanto na Teoria dos Campos, que consiste em explorar conceitos psicanalíticos sob uma ótica contemporânea, revitalizando-os ao mesmo tempo que outros conceitos são criados. E se não há dúvidas de que se trata de concepções diferenciadas e de estratégias distintas, questões semelhantes subjazem no tratamento conceitual dado ao inconsciente e ao procedimento clínico da interpretação.

Em ambos encontramos a preocupação fundamental de conceber o inconsciente como essencialmente criativo e produtivo, que não se deixa reduzir a complexos, mecanismos ou estruturas predeterminadas. Trata-se de defender o inconsciente como processo, e não como coisa, invalidando por princípio qualquer teoria que pretenda reificá-lo. Estes autores mostram que há uma tendência ao longo da história da Psicanálise de reificar o inconsciente, e que isso seria responsável por paralisar o potencial clínico em torno de interpretações estereotipadas.

Assim, trata-se principalmente de dissociar o inconsciente enquanto lógica de produção - que Herrmann também chama de "lógica do absurdo", e que Deleuze e Guattari identificam como processo esquizofrênico de produção - de seus aspectos representativos, organizados e estereotipados. De modo que o inconsciente não se presta a ser revelado pela teoria, mas somente se mostra por meio do próprio processo analítico. Mas isso já envolve uma concepção diferenciada da interpretação psicanalítica.

Tanto a desterritorialização proposta por Deleuze e Guattari quanto a ruptura de campo proposta por Herrmann buscam atingir tais *regiões produtivas* do inconsciente, por meio da desestruturação de suas *regiões representativas*. A intenção, em ambos os casos, é destruir camadas de representação e crença, "desfazer o eu", para que, por um momento, nenhuma lógica organizadora que siga os ditames do interesse e da razão possa intervir, deixando o inconsciente funcionar livre das resistências e defesas que o mantinham em uma forma cristalizada e limitada.

Referências bibliográficas

DELEUZE, G. & GUATTARI, F. (1972). O anti-Édipo: Capitalismo e esquizofrenia. Trad. Varela, J. M. e Carrilho, M. M. Lisboa: Assírio e Alvim, s/d.

_____. (1980) Mil platôs, vol. 1. Rio de Janeiro: Ed. 34, 1995.

Herrmann, F. (1979) Andaimes do real: O método da psicanálise. 2ª ed. São Paulo: Brasiliense, 1990

_____. (1992). O divã a passeio: À procura da psicanálise onde não parece estar. 2ª ed. São Paulo: Casa do Psicólogo, 2001a.

_____. Introdução à Teoria dos Campos. São Paulo: Casa do Psicólogo, 2001b.

Roudinesco, E. Filósofos na tormenta. Rio de Janeiro: Jorge Zahar, 2007.

Parte 4
Homem psicanalítico em Freud e Herrmann

Capítulo 1
O HOMEM PSICANALÍTICO NA CONCEPÇÃO FREUDIANA

Cecilia Maria de Brito Orsini

*Eu sinto a cada instante o meu corpo, como se ele fosse de chumbo,
ou como se carregasse um outro homem nas costas.
Ainda não me habituei comigo mesmo. Eu não sei se eu sou eu.*

Ionesco

Lanço mão neste trabalho da ideia fundamental de *Homem Psicanalítico*, recortada de modo original por Fabio Herrmann em sua reinterpretação da obra de Freud. Ou seja, em enunciado sintético: a revelação ao homem, por intermédio daPpsicanálise, do absurdo que o constitui.

Pode-se perguntar: para que essa revelação? O objetivo do tratamento analítico, inaugurado por Freud, Breuer e suas históricas, busca a conciliação com tal absurdo constituinte, mediante sua reformulação, nos casos em que essa percepção congelou irremediavelmente o sujeito numa determinada posição.

Sob essa ótica, que será desenvolvida mais adiante, proponho pensar: em que lugar, a partir daí, situar o *Homem Psicanalítico* na metapsicologia freudiana?

Citemos o autor:

> Que nos pode ensinar a Teoria dos Campos acerca da metapsicologia? Numa primeira e breve aproximação, nossa teoria funciona como uma espécie de lâmina, separando dois níveis de asserções metapsicológicas: as especulações a propósito da essência desconhecida dos processos psíquicos, valor que tradicionalmente se atribui à metapsicologia, e a descrição objetivada das condições próprias ao método da Psicanálise, que constroem um ser ficcional adequado ao método, o Homem Psicanalítico. (Herrmann, 1992, pp. 171-172)

É esse "ser ficional", no entendimento do autor, o único capaz de abrigar em si o absurdo, como, de resto, é a própria literatura que acolhe o ser dos paradoxos em suas formas. Daí a necessidade da "lâmina", que põe a nu a imbricação desses dois níveis: a produção conceitual e o ser ficcional que brota da clínica.

Nesta breve exposição, tento responder de que modo se articula a concepção contemporânea do *Homem Psicanalítico* com as representações que Freud faz do funcionamento psíquico: os assim chamados modelos de aparelho psíquico.

Pensei, de início, em exemplificar esse "ser ficcional" com a emergência do sentimento de absurdo, conforme ele aparece na clínica. A paciente – senhora sexagenária, ora a viver sozinha – entra para a sessão, deita-se no divã e diz estar muito aflita e confusa com um recente sonho. Sonhara com seu ex-marido – que também não mais se casara –, com quem não tivera filhos e com quem desde a separação vinha mantendo, ao longo dos últimos trinta anos, uma excelente relação de amizade.

Naquele seu estranho sonho, o ex-marido havia novamente se casado e tinha agora uma filha. Acordara ela "com uma dor no coração, mas com uma dor!... Bem no meio do meu coração!", absolutamente inexplicável.

"Como a cabeça da gente é absurda. Não é possível uma coisa dessas! Eu desejo tudo de bom para o Wilson. Como é que acordo com essa dor? Uma dor no coração! Oh, meu Deus, será que estou me reapaixonando por ele?"

Tal processo, num crescendo, irrompera o campo daquela senhora sexagenária que, para cuidar dos pais idosos, achara ser necessário abrir mão da possibilidade de voltar a se casar e de sua sexualidade.

Nesse caso, por meio de um sonho, que já vinha sendo preparado pelo trabalho psicanalítico, a ruptura de campo assegurou para a paciente que ela estava realmente se reapaixonando pelo ex-marido (se é que em algum momento deixara de amá-lo).

Assombrada, ela perguntava:

"Em que lugar isso estava? Onde estava essa dor? Onde estava essa paixão?". Com suas perguntas, tentava inutilmente a paciente predeterminar um local objetivo para sua dor e seu amor. Não é o mesmo que Freud tentou fazer com seus incontáveis esboços de aparelho psíquico?

E de onde proviera aquele impronunciável amor? Na ficção teórica de um aparelho psíquico? É o que diria Freud? Ou na apresentação ao homem do absurdo de si mesmo, como define Herrmann, no *Homem Psicanalítico*, em condição de análise?

Desvelamento do absurdo na literatura

A época do nascimento da Psicanálise estava grávida do aparecimento do *Homem Psicanalítico*, esse homem incoerente que, ao constatar o disparate em si mesmo, vai passar a investigar as regras absurdas que coordenam seu mundo desejante, tão diferente daquele da racionalidade.

Tomo um exemplo fantástico, extraído da literatura e elaborado na mesma época em que Freud se formava. Trata-se de uma novela de Stevenson – uma das prediletas de Jorge Luis Borges: *O médico e o monstro*.

Escrita em 1886, seu enredo gira em torno da figura de um médico, muito correto e cheio de ideais. No entanto, em conflito com sua moralidade, ele tem vários prazeres escusos e obscuros, que o levam a se sentir no fundo um velhaco. Cada vez mais conflituado com esse lado de sua personalidade, ele resolve envolver nisso os estudos de medicina e encontra uma saída para o problema: a modificação de seu corpo por meio da ingestão de substâncias químicas. Mágica solução: um outro corpo, que abrigue o lado escuro de sua psique e, ademais, fique sob seu controle!

Cria ele, assim, uma poção que lhe permitirá manter a ilusão de separar em seu interior duas distintas personalidades. Uma que abrigará o Dr. Jekyll, o médico, probo e correto, e a outra destinada a manter sob domínio um outro corpo: o de Mr. Hyde, que será aquele que se encarregará dos prazeres escusos. (Prazeres esses que o autor tem a astúcia de não nomear, deixando a cargo da fantasia do leitor.)[1]

As peripécias protagonizadas pela dupla, a partir de então, têm início quando Mr. Hyde passa a frequentar a casa de Dr. Jekyll – para espanto e estranheza dos criados, que de nada desconfiam – e, num ritmo alucinante, seguem até o momento em que Mr. Hyde acaba cometendo um assassinato absolutamente gratuito. A bengaladas, altas horas da noite, ele mata com requintes de fúria e crueldade um desconhecido que na rua lhe pedira uma simples informação.

A sequência reveste-se de um clima de pesadelo e abdica o gênero fantástico: nessa novela, Stevenson, de alguma maneira, está prenunciando o gênero kafkiano do absurdo. Por quê? Determinado dia, no auge dessa loucura, do descontrole das transformações, tendo dormido como Dr. Jekyll – e sem tomar a poção – ele amanhece como Mr. Hyde. Dr. Jekill, ao acordar, olha para a sua mão: e a mão não é de Jekill. Horror: a mão é a de Mr. Hyde![2] A partir daí, Dr. Jekyll entra em parafuso. Mr. Hyde aparece quando ele menos espera. E é um ser repulsivo, abjeto, que só se interessa pelo mal. A única saída, após o crime cometido por Mr. Hyde, é o suicídio.

No final do livro, Dr. Jekyll deixa para os aturdidos amigos um relato de suas desventuras, que é o que nos interessa. Cito um pequeno trecho, em que ele explica aos amigos o que foi que acontecera, e que bem exemplifica aquilo que foi dito sobre a época estar grávida da Psicanálise e grávida para a percepção do homem enquanto absurdo. Pelas mãos do Dr. Jekyll, escreve Stevenson:

> A cada dia, e de ambos os lados da minha inteligência – o moral e o intelectual –, eu chegava cada vez mais próximo daquela verdade cuja descoberta parcial tinha-me condenado a um terrível fim: o de que o homem não é apenas um, mas sim dois.

O trecho a seguir vale a pena ser destacado:

---

[1] "...e como meus prazeres eram (para dizer o mínimo) vis": é tudo o que o autor se permite adiantar.
[2] Inevitável, aqui, a lembrança de um despertar semelhante: a do personagem de Kafka, Gregor Samsa, metamorfoseado em inseto monstruoso.

Eu digo dois porque meu conhecimento não vai além desse ponto. Outros vão prosseguir, outros vão ultrapassar-me, trabalhando na mesma linha que eu; e eu arrisco a suposição de que, ao final, o homem será firmemente conhecido como um mero estado multifacetado, incongruente e independente de vários alienígenas que nele fixam residência (grifos da autora).

Espantoso. Trata-se de uma concepção literária de 1886 que vamos encontrar nas novas conferências introdutórias sobre o ego, quando Freud fala: "Oh, pobre do Ego. Diz o ditado: 'Não se deve servir a dois senhores'. O Ego, coitado, serve a três. Os impulsos, as exigências críticas dos ideais do superego e as exigências da realidade" (em citação livre)[3]. Para Freud, que segue a senda aberta pela literatura, somos no mínimo três e no máximo todos aqueles cujas imagos portamos. E, para Herrmann, seremos quantos?

Caminhos de Freud

No mesmo momento em que Stevenson escreve essa novela, Freud está voltando de Paris, do estágio com Charcot, e a psiquiatria está, como Stenvenson, interessada pela dissociação psíquica e pela dupla personalidade. Tal, aliás, como todo o movimento romântico, que experimentava então seu apogeu: o duplo, o homem dividido, a nostalgia pelo uno estavam em voga.

Freud, como todos sabem, retorna insatisfeito com o que Charcot e Berheinm consideravam como explicação para tanto: tudo se deveria a uma astenia psíquica constitucional. A partir dessa decepção, Freud vai buscar novas soluções mais condizentes com o clima de absurdo que começa a ser partejado pelos últimos estertores do romantismo, abrindo brechas para o modernismo, cujo apogeu se dará no século subsequente, ao instaurar na cultura a ideia do conflito inconsciente.

Freud àquela altura já está 'contagiado' pelo método analítico, criado – inadvertidamente, como toda boa descoberta – no diálogo quase miraculoso entretido entre Breuer e Anna O., a paciente

---

[3] Em A dissecação da personalidade psíquica, Freud (1933) enfatizará: "Assim, o ego, pressionado pelo id, confinado pelo superego, repelido pela realidade, luta por exercer eficientemente sua incumbência econômica de instituir a harmonia entre as forças e as influências que atuam nele e sobre ele; e podemos compreender como é que com tanta frequência não podemos reprimir uma exclamação: 'a vida não é fácil!'".

inaugural da Psicanálise. Falando com Breuer, ela vai se libertando de situações aprisionantes e aflitivas: prática que ela própria denomina de "tratamento pela palavra" e seus efeitos de "limpeza de chaminé".

Freud e Breuer, em 1895, relatam seus extraordinários casos – que mais parecem romances, deplora Freud – no primeiro trabalho já essencialmente psicanalítico, *Estudos sobre a histeria*. Embora considerado oficialmente como pré-psicanalítico, vale assinalar que, do ponto de vista da metodologia analítica, enquanto ruptura dos campos – em que se assentava a comunicação entre Anna, Breuer e as demais pacientes de Freud, ali descritas com originalidade –, já é o mesmo totalmente psicanalítico.

Ao longo da redação dessa obra, Freud divergirá de Breuer em relação à questão da dissociação psíquica. Breuer quer afirmar que a histérica se dissociou psiquicamente em razão de uma predisposição inata a ter um estado hipnoide, um estado em que ela recebe as impressões traumáticas e não consegue interpretá-las, processá-las. Não conseguindo processá-las pela consciência, elas ficarão pulsando como um corpo estranho, dando energia de sustentação ao sintoma histérico. Ao falar com esse interlocutor especial, processa-se esse traumatismo: a energia é liberada, o sintoma removido.

Freud, no quarto capítulo de *Estudos sobre a histeria* – capítulo admirável, em que se percebe o método em estado nascente –, divergindo de Breuer, dirá: não, essa histérica não padece nem de astenia psíquica, como a denominava Charcot, nem do estado hipnoide, como quer Breuer. Padecem tais mulheres, na verdade, da defesa de um estado inadmissível à consciência. Portanto, do absurdo. (Naturalmente, não se achava ainda aqui o inconsciente definido substantivamente.) Ou seja, ela se defende de ideias que lhes são intoleráveis – o que, num certo sentido, constitui o dilema de *O médico e o monstro*. Dr. Jekyll inventa sua poção para separá-lo do intolerável em si. A histérica, o recalque, se é que se pode falar dessa maneira.

Em referido capítulo, "A psicoterapia da histeria", Freud elabora um primeiro esboço de aparelho psíquico, que busco articular com uma primeira tentativa de apreender teoricamente o *Homem Psicanalítico*, vale dizer, especular a respeito do funcionamento psíquico desse homem que se apresenta como absurdo a si mesmo.

O estatuto da Psicanálise

Nesse admirável livro, o último caso relatado por Freud é o de Elisabeth Von R., que Freud considerou o primeiro caso de Psicanálise integral. Elisabeth é uma moça de 24 anos, mal acostumada pelo pai. Caçula de três irmãs, o pai a tratara como se fosse ela o menino da família. Ativo e sem muito tato, o pai a carregava para todos os lados, o que acabou impedindo que ela recebesse uma educação *comme il faut* para uma mocinha dos fins do século XIX.

Atrevida, petulante, Elisabeth começa a concluir que não existia nenhum homem suficientemente bom para ela. Por essa ocasião, depois de ter o pai se adoentado e de ter ela o acompanhado, velando em sua cabeceira, ele falece. A agonia de Elisabeth com essa morte, o encerramento social que a perda significou para as mulheres da família, particularmente para ela, vai ter consequências na sua apreciação dos homens de um modo geral.

Alguns anos passados, ela começa a ter dores violentas na perna e muita dificuldade em caminhar. Sintomas esses que aparecem depois de um passeio numa cidade de estação de águas, em que ela fora com a família, e onde ela começa a rever sua visão sobre os homens, baseada na ternura que observara do cunhado em relação à sua irmã querida. O cunhado parecia-lhe ser agora o único homem capaz de fazer feliz uma mulher. Ele não era grosso, nem estúpido como o outro cunhado (do qual ela havia se desiludido).

Naquele estado denominado por Freud de "sabe, mas não sabe que sabe", Elisabeth vai se apaixonando pelo marido de sua irmã. Ela passara a ficar com muitas dores desde o dia do passeio que fizera com ele, sem a companhia da irmã, cuja saúde já muito frágil a obrigara ficar descansando. Elisabeth devaneia em como seria bom ter ao lado alguém como ele.

O casal vai embora e ela, que ficara, ao tomar um banho quente, continua com seus devaneios; resolvendo, mais tarde, refazer aquele passeio que fizera com o cunhado. Elisabeth vai a pé lá para a colina e começa a adoecer daquelas fantasias.

Notamos aqui uma mudança epistemológica: é a grande ruptura de campo teórica com a psiquiatria dominante na época. Ela adoece de seus devaneios absurdos em relação à felicidade que alcançaria com alguém como o seu cunhado.

Pois bem, quando a irmã vem a falecer, diante de seu leito de morte, Elisabeth é fulminada pela ideia: "Agora que ele está livre, eu posso me casar". O absurdo dessa fulgurância não pode ser admitido: é reprimido. No entanto, a partir de então, as dores aumentam muito e só pelo tratamento pela palavra – em que ela contando para Freud lembra-se de como fora fulminada – as dores podem finalmente ceder. E, a partir dali, ela sofre esmagada por essa percepção.

Freud, nesse contexto, elabora um símile do aparelho psíquico, cuja imagem lembra o que eu chamo de cebolas acopladas – e, na verdade, parecem mesmo. As lembranças se apresentam numa porção de camadas de representações organizadas como um arquivo, em relativa ordem cronológica, porque também estão em ordem lógica.

Sua ordenação não segue o sentido horizontal, como naqueles arquivos de papel de antigamente. Dispõem-se concentricamente, como as camadas da cebola, em torno do que Freud ainda está chamando de ideias patógenas ou grupos patógenos, que é a apresentação do absurdo, a forma que encontra Freud de representar o absurdo do homem: "Eu amo meu cunhado e quero que minha irmã morra", no caso de Elizabeth; ou: "Eu amo meu ex-marido, não quero que ele se case jamais e quero que ele volte para mim", no caso de minha paciente.

São vários núcleos temáticos patógenos porque são intoleráveis e se ligam uns aos outros, e são ao mesmo tempo ligados por um fio lógico. Temos o 'caminho metodológico', que vai da última coisa relatada: "Meu pai. Ah, meu pai. Ele era tão bom comigo! Me levava para todo lado. Mas também a minha mãe vivia doente. Era muito nervosa. E eu acabava fazendo companhia pra ele". Conclusão: não tem nenhum homem suficientemente bom pra mim que não seja como o meu pai. Um fio lógico liga essas lembranças, que é a ideia de transgredir um amor proibido.

A partir daí, assistimos às variadas tentativas de Freud de capturar o fugidio ser do *Homem Psicanalítico*, o homem apresentado ao absurdo de si mesmo em condição de análise, na malha teórica dos vários modelos de aparelho psíquico que desenvolverá no desenrolar de sua obra e que, oficialmente, se resumem a dois: o da primeira e o da segunda tópica. Em 1900, um psiquismo dividido em espaços com lógicas de funcionamento radicalmente distintas: a da consciência e a do inconsciente. Em 1923, o já vulgarizado modelo do aparelho psíquico dividido em ego, id e superego, ou seja, entre as exigências das pulsões, da defesa, da crítica e da realidade exterior. São como que estratégias consideradas por Freud como universais do gerenciamento do absurdo de si mesmo, do acordo possível entre Jekill, Hyde e a realidade. Vale lembrar que o objetivo terapêutico de uma análise, se é que se pode falar desse modo, é a conciliação possível, não sintomática, quer dizer, não aprisionante desses vários "eus" que nos habitam.

Importante também frisar que os modelos oficiosos de aparelho psíquico ultrapassam em muito as tentativas oficiais de Freud. Temos símiles de aparelho psíquico desde 1891, em *As afasias*, em que o ainda neurologista Sigmund Freud rompe com a anatomia ao propor um aparelho de linguagem articulado a um outro aparelho de linguagem e sem localização anatômica específica, portador de uma funcionalidade que prescinde daquela.

Segue-se o já mencionado aparelho do *Estudos sobre histeria* (que chamei de cebolas acopladas). Depois, em 1895, o famoso aparelho neurônico, portador de uma neurologia fantasiada, eivada de psiquismo, o aparelho do *Projeto para uma psicologia científica*.

Em 1896, o modelo da carta 52, na correspondência com seu então interlocutor-mor, Wilhelm Fliess, aparece um dos mais interessantes modelos, que faz um elo entre o de 1895, do *Projeto*, e o de 1900, que inaugura oficialmente a Psicanálise, o modelo da 1ª tópica, de *A Interpretação de sonhos*. São tentativas de articulação, por parte de Freud, desse ser movente que é o *Homem Psicanalítico*.

Os modelos expressam registros temporais, regimes lógico-temporais e formais diversos, supostos como diferentes lugares psíquicos, com funcionamentos e linguagem específicos, e que Freud formula e reformula, porque o método – que é a versão metodológica do *Homem Psicanalítico*, posto em movimento pela interpretação na clínica – vai provocando essas sucessivas reformulações: suas diferentes encarnações. Como diz Herrmann na citação acima, é a tentativa de objetivar a descrição das condições próprias ao método da Psicanálise, que constroem um ser ficcional adequado (Herrmann, 1992, p. 173). Justamente na primeira descrição oficializada por Freud desse aparelho, avisa ele o leitor que se trata de "uma ficção teórica" (Freud, 1900).

O modelo da carta 52, da incomparável correspondência com Fliess, por conter um aspecto tradutivo – traduzir um registro temporal em outro –, faz o elo entre o modelo neurônico do *Projeto* e o modelo temporal do capítulo VII da *Interpretação de sonhos*. Pelo perceptivo, entram as impressões, que ficam em estatuto de traços mnêmicos: são aqueles que só se transformam em traços em razão de sua qualidade de permanência no sistema inconsciente organizado por leis de associação de contiguidade, de simultaneidade, de similaridade, que são as chamadas fantasias inconscientes, que só passam a texto pela palavra. Os traços, portanto, traduzem-se em palavras e passam por diferentes transcrições no inconsciente. Como se fossem os vidrilhos de um caleidoscópio que se movem, criando diferentes figuras a cada vez.

Quando Elisabeth fala: "Agora que ela morreu, ele está livre", se dá conta de que a fantasia de casar com o cunhado encontrava-se em algum regime temporo-espacial psíquico do qual a consciência não dá conta. Quando minha paciente se pergunta: "Mas onde estava essa dor no coração? Onde estava esse amor?", se dá conta: "Meu Deus, será que eu me reapaixonei pelo Wilson?". Essas fantasias, fruto do desvelamento feito pelo trabalho do método em ação, mostram ao sujeito o absurdo que é para si mesmo, patenteando a descoberta do *Homem Psicanalítico*, com suas implicações práticas, cuja melhor consequência é a conciliação do sujeito em condição de análise com seu absurdo.

Seja Elisabeth, seja a minha paciente, vê-se que ambas já não serão as mesmas que se acreditavam ser. Quer dizer, os traços ligados a um amor interditado articulam-se nesse cenário, a cada vez. Para Freud, os traços do amor interditado deram-se algures, restando como rastros: pegadas da comovente experiência edipiana que todo ser humano teria de atravessar. Para essas histéricas, Elisabeth ou a minha paciente, o amor só pode valer sob a condição de reeditar esse amor precoce pela figura do pai.

Contudo, na visão do *Homem Psicanalítico*, que amor será esse? É aquele que aparece rompendo os campos das representações já constituídas. Em Elisabeth: "Serei uma eterna solteirona"; em minha paciente: "Já não amo mais ninguém".

Novamente, em 1914, com a teoria do narcisismo, temos uma nova versão do aparelho psíquico que aponta para a noção de superego, ainda incipiente. Prosseguindo, em 1920, com a grande especulação teórica da pulsão da morte, Freud é empurrado a fazer outra grande reformulação, que ele vai chamar de 2ª tópica, ou seja, o aparelho psíquico dividido em três regiões diferentes: o id, o ego e o superego. No começo, o bebê é pura pulsionalidade, que vai estruturando um eu na relação com seus outros cuidadores significativos. Ego que vai, no desenvolvimento da primeira infância, se especializando no superego, o herdeiro, na sua versão idealizada, do narcisismo do bebê majestoso, das primeiras relações com a mãe e dos ideais da cultura, trazidos pelo pai. Vem daí a famosa frase: pobre do ego, que no lugar de servir a um ou dois senhores (o que já é penoso), é obrigado a servir três: os impulsos do id, a crítica dos ideais do superego e as demandas da realidade, detectadas pelo ego, como disse anteriormente.

Voltando um pouco à literatura, a citada frase de Stevenson termina assim:

A maldição do gênero humano foi a de que esses ramos incompatíveis ficassem fortemente amarrados um ao outro – que esses gêmeos polares vivessem em luta contínua no angustiado útero da consciência.

O herrmanniano Homem Psicanalítico

Depois de observarmos as tentativas de apreensão teórica, universalizante, por parte de Freud, do "sacudido" ser do absurdo, recorro a Fabio Herrmann (1983) e a definição temporal que ele faz do *Homem Psicanalítico*, muito criativa e prenhe de consequências para a clínica, como uma fabricação transtemporal incessante. É essa fabricação transtemporal incessante, provocada pelo uso do método na clínica, que vai impelir Freud às sucessivas reelaborações do aparelho psíquico, no limite: tentativas de capturar em conceito diferentes formações da subjetividade. Não sem razão, o modelo de tradução transtemporal da carta 52 é dos mais simpáticos.

Em razão da constante fabricação – lembrando que a etimologia da palavra fabricar se liga à da ficção –, talvez Fabio tenha achado uma solução mais condizente ao nosso objeto, abrindo mão da generalização conceitual de diferentes formas de manifestação da subjetividade. Uma teoria para cada análise, como uma veste de alta costura, é o que requer a sofisticação de seu ensino e, de resto, de nosso objeto. Em Psicanálise, está interditado o uso do *prêt-à-porter*, gostava ele de dizer.

A imagem seguinte, que Herrmann sugere, é útil para dar conta do movimento do *Homem Psicanalítico* na análise. Quando ele surge em condição de análise é como se fosse um transeunte em direção a um poste de luz. A luz é a interpretação, que está um pouco mais na frente do processo psicanalítico, mas que já ilumina o presente da caminhada do transeunte. Ao iluminar, projeta uma sombra atrás de si – sombra essa que se dá sobre as pegadas daquele caminho que estava sendo feito. É a marcha do *Homem Psicanalítico*:

> A lâmpada segue, entrementes, retroprojetando sua sombra. Esta assombra outro tempo. Nutre um movimento anterior, que somente como rastro e forma se pode apreender, ainda assim, se uma interpretação o detiver, desvelar o rastro sombrio, fizer que surja. Senão será também transeunte doutro passado. (Herrmann, 1983, p. 418)

Nós estamos no terreno do ficcional, porque a marcha já é em direção à interpretação. As pegadas são em cima de uma história infantil que é acreditada, e os significados são os significados estabelecidos no que hoje o fazem tal qual é. "Onde estava aquela dor" de minha paciente? No poste à sua frente, no sonho do amor recém-descoberto, que joga sua sombra sobre as pegadas deixadas em sua alma pelas marcas de ter sido criada por um pai alcoólatra e de ter se casado com um homem igualmente viciado, que a abandonara, e ao casamento, para se tratar e retornar a ela como o pai-amigo, do qual a paciente jamais se separou.

Para concluir: o pensamento de Fabio Herrmann implica necessária e radicalmente, no meu entendimento, com a ficção. Portanto, o *Homem Psicanalítico* como ele afirma não pode ser o homem inteiro e completo, nem mesmo pode ser fixado numa apreensão conceitual generalizante e sim, tão somente, habitar as formas da ficção.

Como outro componente da mesa da qual participei era niestzcheano, ocorreu-me consultar o volume sobre Niestzche, na coleção *Os Pensadores*. Maravilhada, deparei-me com um achado, um posfácio de 1954, de Antônio Cândido, talvez nosso maior crítico literário, em que ele diz:

> A acuidade psicológica, por exemplo, não se confunde com competência dos especialistas, e deve ser buscada menos neles do que nas obras como as de Dostoiévski, Proust, Pirandello ou Kafka; e não é de estranhar que o maior psicólogo do nosso tempo, Freud, **seja uma espécie de ponte entre o mundo da arte e o da ciência, entre os processos positivos de análise e a intuição estética**. (grifos da autora)

A par disso, Antonio Candido refere-se à Niestzche também como o maior psicólogo do século.

Freud dizia que não iria ler Niestzche para não se perturbar – com toda razão, creio que ele ia ficar muito perturbado. E igualmente afirmou que não iria se aproximar de Arthur Schnitzler, seu duplo na literatura.

E o próprio Niestzche diria que o outro grande psicólogo, com quem ele muito aprendera, tinha sido Dostoiévski... (Giacoia, 2006).

Referências bibliográficas

CARONE, M. (1995-2010) Comunicação oral em seminários de literatura.

FLEM, L. *O homem Freud* – O romance do inconsciente. Rio de Janeiro: Campus, 1994.

FREUD, S. (1891). Contribution à la conception des aphasies. Paris: Puf, 1986.

_____. (1895). Projeto para uma psicologia científica. In: S. Freud, *Edição standard brasileira completa das obras psicológicas de Sigmund Freud* (J. Salomão, dir., Vol. 1, p. 335-346). Rio de Janeiro: Imago, 1969.

_____. (1896). Extratos dos documentos dirigidos a Fliess, carta 52. In: S. Freud, *Edição standard brasileira completa das obras psicológicas de Sigmund Freud* (J. Salomão, dir., Vol. 1, p. 281). Rio de Janeiro: Imago, 1969.

_____. (1893-1895). Estudos sobre a histeria. In: S. Freud, *Edição standard brasileira completa das obras psicológicas de Sigmund Freud* (J. Salomão, dir., Vol. 2, p. 39-161). Rio de Janeiro: Imago, 1969.

_____. (1900). A interpretação de sonhos. In: S. Freud, *Edição standard brasileira completa das obras psicológicas de Sigmund Freud* (J. Salomão, dir., Vols. 4 e 5, caps. II, p. 131-155; VI, p. 303-363; VII, p. 402-404). Rio de Janeiro: Imago, 1969.

_____. (1905). Fragmento da análise de um caso de histeria (O caso Dora). In: S. Freud, *Edição standard brasileira completa das obras psicológicas de Sigmund Freud* (J. Salomão, dir., Vol. 7, p. 26-108). Rio de Janeiro: Imago, 1969.

_____. (1914). Sobre o narcisismo: Uma introdução. In: S. Freud, *Edição standard brasileira completa das obras psicológicas de Sigmund Freud* (J. Salomão, dir., Vol. 14, p. 81-108). Rio de Janeiro: Imago, 1969.

_____. (1917). Conferências introdutórias sobre Psicanálise. In: S. Freud, *Edição standard brasileira completa das obras psicológicas de Sigmund Freud* (J. Salomão, dir., Vol. 15, p. 105-203). Rio de Janeiro: Imago, 1969.

_____. (1920) Além do princípio do prazer. In: S. Freud, *Edição standard brasileira completa das obras psicológicas de Sigmund Freud* (J. Salomão, trad., Vol. 18, p. 81-145). Rio de Janeiro: Imago, 1969.

_____. (1923). O ego e o id. In: S. Freud, *Edição standard brasileira completa das obras psicológicas de Sigmund Freud* (J. Salomão, dir., Vol. 19). Rio de Janeiro: Imago, 1969.

_____. (1933) A dissecção da personalidade psíquica. In: S. Freud, *Edição standard brasileira completa das obras psicológicas de Sigmund Freud* (J. Salomão, dir., Vol. 22). Rio de Janeiro: Imago, 1969.

_____. (1940). A divisão do ego no processo de defesa. In: S. Freud, *Edição standard brasileira completa das obras psicológicas de Sigmund Freud* (J. Salomão, dir., Vol. 23, p. 293-296). Rio de Janeiro: Imago, 1969.

GARCIA-ROZA, L. A. Freud e o inconsciente. Rio de Janeiro: Zahar, 1984.

_____. L. A. O mal radical em Freud. Rio de Janeiro: Zahar, 1990.

_____. A metapsicologia freudiana (3 vols.). Rio de Janeiro: Zahar, 1991-1995.

GIACOIA JÚNIOR, O. Nietzsche como psicólogo. São Leopoldo: Unisinos, 2006.

Herrmann, F. O homem psicanalítico – Identidade e crença. *Revista Brasileira de Psicanálise*, 1983, vol. XVII, n° 4, p. 417-427.

_____. *A clínica psicanalítica*: A arte da interpretação. São Paulo:Brasiliense, 1991.

_____. *Andaimes do real*. O método da Psicanálise. São Paulo: Brasiliense, 1991.

_____. O escudo de Aquiles. In: *O divã a passeio*. São Paulo: Brasiliense, 1992.

_____. Psicanálise do quotidiano. Porto Alegre: Artes Médicas, 1997.

_____. *O que é Psicanálise*: Para iniciantes ou não... São Paulo: HePsichê, 1999.

_____. *A infância de Adão e outras ficções freudianas*. São Paulo: Casa do Psicólogo, 2002.

_____. Da clínica extensa à alta teoria – A história da Psicanálise como resistência à Psicanálise. *Percurso*, 29, 2002.

IONESCO, E. (1959) O rinoceronte. (Luís de Lima, trad.). São Paulo: Abril Cultural, 1976.

MONZANI, L. R. Freud, o movimento de um pensamento. Campinas: Unicamp, 1989.

_____. A fantasia freudiana e Discurso filosófico e discurso psicanalítico. In: Prado Jr., B. (Org.), Filosofia da Psicanálise. São Paulo: Brasiliense, 1991.

STEVENSON, R. L. (1886). O médico e o monstro. (José Paulo Golob, Maria Angela Aguiar, Roberto Sartori, trad.). Porto Alegre L&PM, 2002.

Capítulo 2
HOMEM PSICANALÍTICO

Marilsa Taffarel

O ser, o Homem, o sujeito, o eu, a pessoa: Fabio Herrmann desfaz as distinções usuais entre esses termos a fim de produzir novas concepções que, como todas as demais criadas por ele, surgem de rupturas, seja no plano teórico, seja no clínico. De outro lado, Herrmann sempre fez notar que a validade dessas concepções restringe-se ao âmbito da Psicanálise: O *Homem Psicanalítico, o sujeito da psicanálise, o eu na psicanálise, a pessoa em transferência*.

Este Homem é, ao mesmo tempo, revelado e criado pela interpretação. O sujeito na Psicanálise encontra-se em processo de humanização, uma vez que a interpretação como ruptura de significados e abertura para novos sentidos produz o estranhamento diante de si e do mundo cotidianizado e, com isso, abre a possibilidade de novas dimensões do humano em cada um.

Para Fabio Herrmann, o Homem Psicanalítico é um ser híbrido de gente concreta e método interpretativo. Em seu livro *Andaimes do real: O método da psicanálise*, editado em 1991, especialmente ocupado com a clarificação de seu programa – recuperar a Psicanálise a partir da identificação do método interpretativo e lançar as bases para a construção de uma ciência psicanalítica – Fabio escreve, em nota de rodapé, que a noção de Homem Psicanalítico é um *construto auxiliar*. Ou seja, sua função é a de facilitar a compreensão do método, especificamente da face ontológica do método psicanalítico. O método imbricado com o objeto que investiga não é só lógico e epistemológico, mas feito da mesma matéria que seu objeto.

Vamos à nota:

> A noção de Homem Psicanalítico tem um sentido preciso. Descreve o objeto clínico da análise, que não é o mesmo que o ser humano (o paciente), mas antes o espaço de sua crise representacional: é o ser da interpretação. Trata-se de um construto auxiliar útil, pois, designando com rigor a intersecção entre o ato interpretativo e a psique a que este se dirige, dá conta da dimensão psíquica do método da psicanálise... (...) De modo geral, a noção de Homem Psicanalítico abstrai o sentido ontológico do método e o concentra como objeto metodológico. Previne-nos sobretudo de confundir o objeto da Psicanálise com o homem total, trabalhando contra nossa proverbial onipotência[1].

Fabio irá insistir nesses dois pontos: a imbricação estreita entre o método e o objeto da Psicanálise e o fato de que a Psicanálise não é suficiente para a compreensão do mundo humano. Afirma porém com convicção que *o domínio de direito da Psicanálise é a vida psíquica do ser humano*. A Psicanálise é a ciência que apresenta maiores possibilidades de ocupar o lugar, do que o autor denomina, uma de teoria científica da alma. Nela encontramos reflexões sobre o homem absolutamente inovadoras que absorveram e logo foram absorvidas pela cultura. Como aponta Herrmann, ecoando Foucault, isso talvez se deva à sua posição peculiar entre Filosofia, Psicologia, Medicina e Literatura. Além disto, a Psicanálise, ou seja, o saber psicanalítico, constitui-se, em sua inextrincável vertente de práxis terapêutica, na mais difundida base para a abordagem transformadora do psiquismo.

Para Fabio o horizonte da Psicanálise é o de uma Psicologia completa do indivíduo, da coletividade e, sobretudo, da psique do real – o universo de sentido humano.

---

[1] Herrmann, F. Andaimes do real: o método da psicanálise. São Paulo: Brasiliense, 1991, segunda parte, nota n. 7, p. 20 (grifos da autora).

Fabio parte, como sempre, de uma constatação empírica, até onde podemos ser empíricos, nós, seres humanos, que estamos sempre interpretando: embora a concepção de interpretação psicanalítica seja tão díspar nas várias correntes psicanalíticas elas, as interpretações, têm um mesmo e inegável resultado, *provocam um abalo, uma crise identitária*. Escreve Fabio:

> De início, diria categoricamente, ocorre um efeito comum e universal: entrando em análise o paciente sofre uma conversão e deixa brotar de si o Homem Psicanalítico. Ele, que possuía uma identidade aparentemente confiável, crível (...), submete-se a uma crise experimental que lhe questionará o mais íntimo do ser[2].

Independentemente da vontade ou decisão, a identidade consciente, numa terapia analítica, é levada a um colapso. Com isso se abre a possibilidade de sucessivas experiências provisórias de assunção de identidades alternativas que poderão ser firmadas, desenroladas, desenvolvidas. O homem em análise se surpreenderá sendo outro que nunca cogitou ser: o marido infiel, o amigo invejoso, a pessoa sedenta de vinganças e de extermínio do outro... Se verá criativo, forte ou fraco, melancólico ou generoso. Será o que cabe dentro das possibilidades, não infinitas, do espectro de seu desejo.

Para entender melhor a situação do Homem Psicanalítico no psiquismo individual e social, ou seja, na Psique do Real, precisaremos abordar, ainda que brevemente, a questão do eu na Psicanálise.

O eu, como conceito verdadeiramente psicanalítico, é para Fabio o eu construído por autorrepresentações. O ego ou eu das funções psíquicas como memória, atenção, percepção, juízo, herdado da psiquiatria, é um conceito estranho à Psicanálise, sempre afirmava Fabio. Já o eu constituído por autorrepresentações corporificadas é expressão do desejo inconsciente.

O caráter insaciável do desejo se mostra na existência de vários núcleos ou complexos de representações de si e do mundo que aspiram à hegemonia. Quando um desses núcleos se torna dominante, então, para Fabio, ele ocupa a posição de sujeito e passa a controlar as funções egoicas, isto é, predominam determinadas memórias, certas percepções, gestualidades, juízos. Nossa apreensão das coisas, o nosso

---

[2] Ibidem, p. 22.

comportamento é diverso e nossa memória abre circuitos diferentes se estamos imersos no campo da melancolia ou se enveredamos pelas trilhas da ambivalência obsessiva, por exemplo.

Para Herrmann o núcleo de eu dominante – a identidade reconhecida – sofre a ação dos demais eus, entidades potenciais adstritas a outras vertentes do desejo. O eu tentará inutilmente ser sujeito unificador de seu desejo que se joga em várias direções. Mas, como diz Fabio, há, entre eles, "um abismo e enormes mal-entendidos"[3].

Fabio põe em questão a tripartição ego-id-superego, as três instâncias da segunda tópica freudiana, e sobretudo a famosa *vassalagem do eu*. O eu é também sujeito porque mantém o campo em que se conforma uma face do desejo e é assujeitado, uma vez que não o comanda. Ao invés de um eu submetido a pressões do id e do superego podemos pensar em uma possibilidade de certa circulação de eus a ocupar a posição de sujeito psíquico, pressionado pelos eus potenciais. O eu seria a tendência à organização psíquica através da síntese de autorrepresentações que tenham algum nexo entre si. Como escreve Fabio no seu livro sobre o eu: "A instância egoica é apenas um limite de concentração, uma tendência, enquanto os campos inconscientes são múltiplos e a consciência fragmentária"[4].

A partir deste reconhecimento de vários eus que pela ruptura do campo dominante se mostram e desdobram, podemos entender como a interpretação reduz a fragmentação, sem contudo dissolvê-la.

A ruptura permite a experiência de sair de si, mais do que se ver em profundidade. Experiência semelhante à que o psicanalista lacaniano J. D. Nasio considera a mais importante em uma análise. Não ir ao íntimo de si, mas ao que ele denominou ex-timo. Diz Nasio: "(...) penso que a análise cria condições para que o sujeito se torne estranho a si mesmo"[5]. Para Nasio o objetivo de uma análise é propiciar o surgimento do que existe de mais estranho, mais impessoal no paciente. Tão estranho que soa como vindo de fora dele[6]. Para Fabio a experiência de "sair de si", de ruptura, é visada sempre na interpretação.

Herrmann concebe o Homem Psicanalítico não como aquele que tem uma profundidade irredutível, e sim inúmeras possibilidades de

---

[3] Herrmann, F. Introdução à Teoria dos Campos. São Paulo: Casa do Psicólogo, 2001, p. 141.
[4] Herrmann, F. A psique e o eu., São Paulo: HePsyché, 1999, p. 49.
[5] Nasio, J. D. Cinco lições sobre a teoria de Lacan. Rio de Janeiro: Jorge Zahar, 1993, p. 87.
[6] Idem, p. 88.

ser. A noção de Homem Psicanalítico é aparentada a de homem finito-ilimitado de Foucault[7]. Escreve Fabio,

> A identidade presente de meu eu não oferece, de hábito, grandes problemas para ser determinada. Há um forte sentido de ser-se por dentro que responde de imediato à questão da identidade. Entretanto, se minha inquirição psicológica avança, esta certeza começa a vacilar. Que se passou?[8]

Para o autor, o que se tem tomado por identidade "(...) não era senão o *sentido de imanência*, essa intuição, certamente importantíssima para a vida quotidiana, de ser eu mesmo que pensa meus pensamentos ou sente meus sentimentos"[9]. Quando nos indagamos um pouco mais demoradamente a certeza desaparece e podemos descobrir que nos enganávamos. "Em cada ponto da superfície da minha consciência, na verdade, é provável que pudesse encontrar um autêntico abismo de incertezas, caso o viesse a esmiuçar"[10].

No momento em que o sentimento de imanência é abalado, a angústia prevalece. Como no pequeno Hans, o famoso caso de Freud. Hans encontra na imagem do cavalo caindo e esperneando a representação que lhe permite sair do vórtice: o cavalo, forte e agônico pai que é também Hans, neste preciso momento de seu conflito edípico. No momento da prevalência da angústia é que se presentifica o Homem Psicanalítico, o ser em crise, condição da realização de sua multidimensionalidade.

O real e o desejo

Desde o início de sua obra, no fim dos anos 1960, Herrmann propõe que pensemos o real e o desejo como dois psiquismos profundos em diálogo, em estado de continuidade. O real pode ser pensado como os sistemas produtores de sentido humano, ou camadas produtoras de sentido tais como os sistemas de produção descritos pela economia política de Marx, estruturas míticas ainda presentes como as descritas por Lévi-Strauss, as redes fundamentais

---

[7] Deleuze, G. Foucault, São Paulo: Brasiliense, 1988.
[8] Herrmann, F. A psique e o eu, 1. São Paulo: HePsyche, 1999, p. 79 (grifo da autora).
[9] Ibidem, p. 79.
[10] Ibidem, p. 79.

de Foucault. É como se o real se dobrasse sobre si em uma parte para, nesta dobra, constituir o desejo que fará parte do íntimo do indivíduo e irá funcionar como uma matriz de pensar e de agir. Cada repertório *individual* é limitado pelo desejo e pelo real que constituem a subjetividade. A confluência deles é o campo. Nele se produz a superfície representacional da identidade e da realidade. Os campos do inconsciente, e isto é básico para a Teoria dos Campos, pensa Fabio, são espaços que se derramam um pouco para *dentro* e um pouco para *fora* do sujeito. Ou seja, não há uma delimitação precisa e, sim, uma zona de fronteira.

Podemos apreender a identidade nas representações do mundo mais do que no discurso direto sobre si, assim como as representações do real do mundo, a realidade, são representações de desejo. Não se trata só de representações mentais: o mundo do homem vem sendo construído à medida do desejo e com isso tornou-se um mundo, *unheimlich*. Mundo familiar/estranho que, não fosse a rotinização, seria temível e apavorante. Com a massiva intermediação da industrialização e da comunicação de massas o mundo pensa, escolhe, aciona desejos e objetos de desejo. Para Herrmann, o mundo humano se transformou num psiquismo sem sujeito, uma psique extensa – psique do real. Nada escapa da manipulação, de tal forma que, a rigor, não podemos afirmar que uma ideia é nossa. Ela pode ter sido implantada. Contudo quem acredita que quem a implantou será mesmo seu autor? Por isso tudo só uma ciência geral da psique pode pensar este mundo. Para ele esta ciência precisa recolher o que a literatura do século XX, a grande literatura de Kafka, de James Joyce nos revela.

Escreve Fabio em *A infância de Adão e outras ficções freudianas*: "(...) Kafka talvez tenha encontrado a medida justa entre o espanto ilimitado, que tira o fôlego e tolhe a palavra, e a banalidade dos fatos, que mal merecem ser mencionados"[11].

Gunther Anders, o maior crítico literário de Kafka, identifica o método de Kafka como desloucamento. Escreve ele:

> A fisionomia do mundo kafkiano parece desloucada. Mas Kafka desloucou a aparência aparentemente normal do nosso mundo louco, para tornar visível sua loucura. Manipula, contudo, essa aparência louca como algo

---

[11] Herrmann, F. A infância de Adão e outras ficções freudianas. São Paulo: Casa do Psicólogo, 2002, p. 18.

muito normal e, com isto, descreve até mesmo o fato louco de que o mundo louco seja considerado normal[12].

O eu para Kafka é um estranho, ou melhor, ele é um *non sum*, eu "não sou"[13]. Não tem pertinência, está sempre de fora em um mundo que ele não consegue jamais alcançar. Esse caráter do mundo, explica Anders, não é um truque de Kafka e sim um fenômeno do mundo em que vivemos que, no entanto, fica encoberto. "(...) mundo do poder total e totalitariamente institucionalizado"[14].

Contudo em *A infância de Adão*, Fabio diferencia-se de Kafka ao ver o Homem Psicanalítico como um pouco fora de si, um pouco incapaz de reconhecer-se e ao mundo em que vive. É que nosso autor acredita na força do método de ruptura. Pelo poder da ruptura o homem unidimensionalisado de Marcuse tem a condição de reencaminhar-se para uma pluridimensionalidade.

O homem pode se conhecer embora só negativamente.

> Digamos que a descoberta de si mesmo é tão impossível (como ato positivo de apreensão direta do inconsciente), quanto inevitável (enquanto tendência a aprender em cada objeto um representante de mim mesmo). (...) Sendo tudo que penso, no sentido de que cada coisa me representa de algum modo, perdendo a possibilidade de dizer que isso são os outros... (...) Sobra o esforço de ir em frente e a recompensa de descobrir-se diverso a cada momento, conhecendo-se melhor, embora negativamente, por experimentar alternativas, diferenças, contraposições entre diversas formas de autorrepresentação. (...) Essa condição da consciência não é privativa da situação analítica. Seria, com efeito, um estrato sempre possível e presente do ser consciente, o estar em trânsito entre a consciência de objeto e a inapreensível consciência das condições da própria consciência; a psicanálise apenas fatora tal condição e põe-na em evidência. Principalmente porque interessam-lhe os determinantes mais repetitivos da vida humana, lídima estrutura da consciência – o inconsciente...[15]

---

[12] Anders, G. (2007). Kafka: pró e contra – Os autos do processo. São Paulo: CosacNaify, p. 15.
[13] Ibidem, p. 28.
[14] Ibidem, p. 30.
[15] Herrmann, F. Andaimes do real: O método da psicanálise. São Paulo: Brasiliense, 1991 p. 61-62.

Em *A infância de Adão e outras ficções freudianas*, referindo-se a seu empenho em desreificar a Psicanálise e em desfazer dualidades tão enraizadas nela, como mundo interno/mundo externo, Fabio declara que, nesse ponto, sua concepção de sujeito é radicalmente pós-moderna. Faz então sua experimentação de escrever *teoria com recursos ficcionais*. Escrever um conto teórico permite valer-se o autor da suspensão da demonstração que a ficção permite. "Seria uma superestimação desproporcional da presença da ficção na Psicanálise, contudo, julgar que, sob seu manto protetor, estamos livres para mostrar sem nunca pagar a pena da demonstração"[16]. Trata-se apenas de uma liberdade condicional a serviço da liberdade criativa.

Em "Notícias de Límbia", um dos capítulos de *A infância de Adão*, ele nos introduz em um espaço/tempo chamado, não por acaso, Límbia que, pelas suas características, põe-se como o lugar onde o Homem Psicanalítico viveria sua fragmentação e a insaciabilidade do desejo sem crise identitária. Este espaço constituiria-se de abalos sociais maiores e também de momentos em que as oposições congeladas, as dualidades que organizam o pensamento comum estão desfeitas.

O sujeito, em Límbia, estaria entre o Homem e o coletivo, a consciência e o campo inconsciente, no agora sem rejeitar o que foi contraditório, sem ambição de resolução da contradição.

Para Fabio o grande teórico desse sujeito foi Fernando Pessoa. "(...) Pessoa desinventou-se meticulosamente". E reinventou-se em numerosos heterônimos. "Eu em Pessoa," diz Fabio, "não é tanto um pronome, mas a borda de um vórtice metafísico, sorvedouro de que o verbo ser é o fundo inatingível"[17].

Límbia, definida por Fabio, neste que é um de seus mais belos textos, é, na verdade, uma ficção e uma descrição de um espaço/tempo da invenção, onde desinventa-se o já visto. O *script* some e no vazio que esse desaparecimento produz mostra-se "(...) o que se perdeu na realidade comum, ou nem chegou a haver, a ciência artística, a vida quotidiana dos habitantes das utopias, memórias do não ser da mais remota infância"[18]. Dir-se-ia uma nova utopia, mas não o é porque todos nós temos o registro de tê-la visitado em noites de "Pirlim-psiquice". Este é o nome de um conto de Guimarães Rosa em seu livro

---

[16] Ibidem, p. 15.
[17] Herrmann, F. A infância de Adão e outras ficções freudianas. São Paulo: Casa do Psicólogo, 2002, p. 19.
[18] Ibidem, p. 29.

Primeiras estórias. Neste conto, meninos de uma escola se veem, subitamente, em sua apresentação, impossibilitados de usar o *script* de uma peça ensaiada. O susto, o vazio, primeiro paralisante, faz que eles improvisem brilhantemente levando a plateia das vaias iniciais a um encantamento que não quer mais se desfazer.

Fabio escreve sobre James Joyce, usa-o em seus seminários clínicos para ampliar a escuta do psicanalista, revela que se apaixonou por seu *Ulisses*, que leu e releu durante oito meses seguidos no original, quando o descobriu. Absorveu e enriqueceu o pensamento psicanalítico com essa monumental investigação da consciência e do agir do homem. Fazendo o que o grande crítico E. Wilson lastimava em seu texto sobre Joyce, que ainda não tivesse acontecido. A importância de *Ulisses*

> (...) do ponto de vista da psicologia, nunca foi, ao que me parece, devidamente apreciada, conquanto sua influência sobre outros livros e, por conseguinte, sobre nossas ideias acerca de nós mesmos, já tenha sido profunda. (...) quanto mais lemos o Ulisses, mais nos convencemos de sua veracidade psicológica, mas nos surpreende o gênio de Joyce no dominar e apresentar, não por meio de análise ou generalização, mas pela completa recriação da vida no processo de ser vivida, as relações dos seres humanos com seu meio ambiente e entre si, a natureza de sua percepção do que lhes vai no íntimo e em derredor, e a interdependência de suas vidas intelectual, física, profissional e emotiva[19].

Creio que Límbia e o homem que a habita devam muito a Bloom, o Ulisses de Joyce e também a H. C. Earwicker e outros personagens de *Finnegans Wake*, criação de Joyce posterior a *Ulisses*. Nessa obra que trata da consciência/inconsciente, do onírico, Joyce recorre a Freud e suas descobertas sobre a linguagem onírica. Fabio continua a percorrer criativamente esse circuito Freud-Joyce na apreensão e colocação em palavras que têm uma bagagem de múltiplos sentidos (palavras-*portmanteau*), com sua prosa poética e sua própria experiência de ter vivido nesta terceira margem do rio.

A confiança de Fabio na ruptura do que é estatuído, do diagnóstico firmado – semelhante à confiança que Walter Benjamin tinha na cesura, na interrupção do discurso histórico oficial – o conduziu

---

[19] Wilson, E. O castelo de Axel – Estudo sobre a literatura imaginativa de 1870 a 1930. São Paulo: Companhia das Letras, 2004, p. 218-219.

firmemente pelo seu caminho. Uma perspectiva nascida da familiaridade com Límbia que alimentou seu trabalho clínico-teórico. Que o susteve em seu diálogo critico/criativo, sobretudo com Freud. E possibilitou também que fizesse suas as questões de pensadores como Foucault, como Walter Benjamin. Que absorvesse os fenomenólogos, as postulações de Isaías Melsohn; a literatura e a poesia, as quais se transformaram em uma das suas paixões.

Mostrou-se mais nitidamente um habitante de Límbia diante do anúncio de sua própria morte. Embora ele tenha escrito que não é recomendável residir permanentemente em Límbia para quem não seja poeta ou louco. Sabia que ia morrer e desacreditava isso vivendo sua vida quase como sempre viveu, ou seja, mais intensamente.

Sobre os autores

Alice Paes de Barros Arruda. Psicanalista. Membro da SBPSP e do Cetec.
alicepba@uol.com.br

Aline Sanchez. Psicóloga pela Unesp-Assis, mestre e doutoranda em filosofia pela UFSCar. Estudo desenvolvido com apoio da Fapesp.
psicoaline@yahoo.com.br

Ana Carolina Soliva Soria. Doutoranda em Filosofia pela Universidade de São Paulo. Sua pesquisa atual, intitulada "A concepção de proto-fantasia na obra freudiana" conta com o financiamento das agências CNPq/Capes. É autora dos seguintes artigos: "O caso Dora: algumas concepções acerca de sua redação", "*Minima moralia*: o passado preservado no presente" e "O sonho na *Antropologia* de Kant", entre outros.
anasoliva@usp.br

Ana Cristina Cintra Camargo. Psicanalista. Coordenadora-geral do ateliê Acaia. Mestre em Psicologia Clínica pela PUC-SP.
cintracamargo@gmail.com

Ana Maria Loffredo. Psicanalista. Membro filiado da Sociedade Brasileira de Psicanálise de São Paulo e do Cetec. Doutora em Psicologia Clínica e Docente do Instituto de Psicologia da USP.
analoffredo@usp.br

Andréa Gonçalves Dias. Psicóloga. Mestre em Psicologia Aplicada pela Universidade Federal de Uberlândia. Professora do Centro Universitário de Patos de Minas (Unipam) na área de Saúde Mental e Psicoterapia na abordagem Existencial-Fenomenológica.
andreagondi@hotmail.com

Cecília Maria de Brito Orsini. Psicanalista. Membro efetivo da SBPSP e do Cetec.
ceciliaorsini@uol.com.br

Camila Salles Gonçalves. Psicanalista. Psicóloga pela PUC-SP. Membro do Cetec e do Departamento de Psicanálise do Instituto Sedes Sapientiae. Professora de filosofia. Doutora em Filosofia pela USP. Autora de *Desilusão e história na psicanálise de J. P. Sartre* e de vários artigos sobre Filosofia, Psicanálise e Teoria dos Campos.
camila_salles@uol.com.br

Claudia Amaral Mello Suannes. Psicóloga e psicanalista. Professora do curso de Psicologia Jurídica do Instituto *Sedes Sapientiae*. Mestranda em Psicologia Clínica pela PUC-SP.
clausuannes@terra.com.br

Christian Ingo Lenz Dunker. Psicanalista (AME) pela Escola de Psicanálise dos Fóruns do Campo Lacaniano. Professor livre-docente do Departamento de Psicologia Clínica da USP. Pós-doutorado em teoria crítica e psicanálise na Universidade Metropolitana de Manchester. Autor de *Lacan e a clínica da interpretação* (Hacker, 1996) e *O cálculo neurótico do gozo* (Escuta, 2002).
chrisdunker@usp.br

Débora Ferreira Leite de Moraes. Psicóloga. Mestranda pelo Departamento de Psicologia Escolar e do Desenvolvimento Humano do Instituto de Psicologia da Universidade de São Paulo. Participante do Laboratório de Psicanálise e Análise do Discurso da USP. Ex-leitora de José Mindlin, membro da Academia Brasileira de Letras.
deboramoraes@usp.br

Fernanda Sofio Woolcott. Psicanalista. Mestre em Psicologia Clínica (PUC-SP). Doutoranda em Psicologia Social (USP). Membro do Cetec.
fernanda.sofio@usp.br

Iso Alberto Ghertman. Psicólogo. Psicanalista. Membro do Departamento de Psicanálise do Instituto Sedes Sapientiae. Mestre em Psicologia do Aprendizado pelo IPUSP.
isoag@uol.com.br

João A. Frayze-Pereira. Psicanalista. Professor livre-docente do Instituto de Psicologia da USP e colaborador do Programa de Pós-graduação Interunidades em Estética e História da Arte da USP. Membro da Sociedade Brasileira de Psicanálise de São Paulo na qual coordena a Comissão "Clínica e Cultura" e o Grupo de Estudos "Estética-Arte-Psicanálise". Membro da Association Internationale des Critiques d'Art-AICA. Autor de vários artigos e livros, entre eles, *Arte, dor*; Inquietudes entre psicanálise e estética (Atelier Editorial, 2005).
joaofrayze@yahoo.com.br

José Juliano Cedaro. Psicólogo. Mestre e doutor em Psicologia pela USP. Professor do Departamento de Psicologia e Coordenador do Mestrado em Psicologia da UFRO.
cedaro@msn.com

Leda Herrmann. Psicanalista. Membro da Sociedade de Psicanálise de São Paulo. Presidente do Cetec. Doutora em Psicologia Clínica pela PUC-SP. Autora de *Andaimes do real*: A construção de um pensamento. São Paulo: Casa do Psicólogo, 2007.
herrmannfl@globo.com

Leda Maria Codeço Barone. Psicanalista. Membro do Departamento de Psicanálise do Instituto Sedes Sapientiae, da Sociedade Brasileira de Psicanálise de São Paulo e do Cetec. Doutora em Psicologia pelo Instituto de Psicologia da Universidade de São Paulo. Professora do Centro Universitário FIEO.
ledabarone@uol.com.br

Letícia Francisca Alves da Silva. Mestre em Psicologia Aplicada pela Universidade Federal de Uberlândia. Especialista em Trabalho Social

com Famílias. Psicóloga da Secretaria de Ação Social da Prefeitura da Araguari. Professora da Pós-graduação da Universidade Estadual de Goiás – UEG.
lefransilva@yahoo.com.br

Lourdes Tisuca Yamane. Psicanalista. Membro da Sociedade Brasileira de Psicanálise de São Paulo. Pós-graduada em Psicologia Social pela PUC-SP
lourdesyamane@uol.com.br

Luciana Bertini Godoy. Doutora em Psicologia Social da Arte pelo Instituto de Psicologia – USP. Membro do Depto. Psicanálise da Criança – Instituto Sedes Sapientiae e Coordenadora do Espaço Potencial-Winnicott desse Instituto.
lb-godoy@uol.com.br

Luciana Saddi. Psicanalista. Membro da Sociedade Brasileira de Psicanálise de São Paulo. Mestre em Psicologia Clínica pela PUC-SP. Colunista quinzenal da Revista da Folha, Jornal *Folha de S.Paulo*.
lusaddi@uol.com.br

Luís Henrique de Oliveira Daló. Psicólogo Clínico. Mestrando pelo Instituto de Psicologia da USP. Pesquisador do Laboratório de Psicanálise e Análise do Discurso – PSA. Membro do Cetec e membro-fundador da Gesto – Rede Psicanalítica.
luishenriquedalo@yahoo.com.br

Marcela M. Borges Leite. Psicóloga. Especialista em Clínica Psicanalítica pela UFU.
marcela.m.b.l.@bol.com.br

Maria da Penha Zabani Lanzoni. Psicanalista. Membro Efetivo da SBPSP. Analista Didata da Sociedade Psicanalítica do Rio de Janeiro. Membro fundador do Cetec.
mariadapenha_@uol.com.br

Maria de Lourdes Carrijo. Psicóloga da área organizacional. Mestre em Psicologia Clínica pela PUC-SP. Membro Cetec.
malu-carrijo@uol.com.br

Maria Lúcia Castilho Romera. Psicanalista. Membro Associado da SBPSP e do Cetec. Professora-associada do Instituto de Psicologia e do Programa de Pós-graduação em Psicologia Aplicada da Universidade Federal de Uberlândia. Doutora em Psicologia Escolar pelo Instituto de Psicologia da USP e Pós-Doutorado pelo Cetec PUC-SP.
mluciaro@terra.com.br

Marina Ramalho Miranda. Psicanalista. Membro associado da Sociedade Brasileira de Psicanálise de São Paulo. Mestre e doutora em Psicologia Clínica pelo Núcleo de Psicanálise da PUC-SP. Especialista em Saúde Mental pela Faculdade de Saúde Pública da USP. Supervisora clínica pelo CRP-SP. Autora de capítulos de livros e artigos que versam principalmente sobre as perturbações alimentares e os desafios que a clínica contemporânea enfrenta em relação ao sofrimento psíquico.
m.r.miranda@uol.com.br

Marilsa Taffarel. Psicanalista. Membro da Sociedade Brasileira de Psicanálise de São Paulo e do Cetec. Mestre em Filosofia pela PUC-SP. Doutora em Psicologia Clínica pela PUC-SP. Autora, em colaboração com Bela Sister, do livro *Isaías Melsohn. A psicanálise e a vida* (Escuta, 1996).
mtaffare@terra.com.br

Nelson da Silva Junior. Psicanalista. Doutor pela Universidade Paris VII, Professor livre-docente do Departamento de Psicologia Social e do Trabalho do Instituto de Psicologia da USP. Professor-visitante da Université de Bretagne Occidentale. Professor do Curso de Psicanálise do Instituto Sedes Sapientiae. Membro do Departamento de Psicanálise do Instituto Sedes Sapientiae e da Associação Universitária de Pesquisa em Psicopatologia Fundamental. Autor dos livros: *Le fictionnel en psychanalyse. Une étude à partir de l'œuvre de Fernando Pessoa*. (Presses Universitaires du Septentrion, 2000), e *Linguagens e pensamento. A lógica na razão e desrazão* (Casa do Psicólogo, 2007).
nsj@terra.com.br

Osmar Luvison Pinto. Psicanalista do Instituto de Psicanálise da Sociedade Brasileira de Psicanálise de São Paulo. Membro do Cetec
osmarlp@uol.com.br

Renato C. Tardivo. Psicanalista. Psicólogo social e escritor. Mestre em Psicologia Social da Arte pelo IP-USP. Professor da Faculdade de Psicologia da Universidade São Marcos.
retardivo@uol.com.br

Ricardo Gomides Santos. Psicanalista. Psicólogo clínico. Acompanhante terapêutico. Membro do Cetec. Mestre em Psicologia Social-USP. Professor da Universidade Nove de Julho-SP.
ricardo_gomides@yahoo.com.br

Sonia Saj Porcacchia. Psicopedagoga Clínica. Professora e Supervisora de Estágio no curso de Pós-graduação em Psicopedagogia Clínica e Institucional na Universidade de Santo Amaro – Unisa, SP. Mestre em Psicologia Educacional pelo Centro Universitário Unifieo. Especialização em Psicanálise e em Psicopedagogia Clínica.
sonia_sp@terra.com.br

Sandra Regina Moreira de Souza Freitas. Psicanalista. Membro da SBPSP e. da Diretoria do Cetec.
sandrasouzafreitas@gmail.com

Impresso por :

Graphium
gráfica e editora

Tel.:11 2769-9056